濤石文化

濤石文化

組織犯罪與被害者學：
二個犯罪論理之延伸概念

陳慈幸　著

濤石文化事業有限公司
WaterStone Publishers

目　錄

第二部分、被害者學之基礎論理與延伸概念

自序

本書為整合組織犯罪與被害者學二大犯罪學論理之應用研究，旨在於輔助有基本概念之研究者理解組織犯罪與被害者學之各式延伸概念。此亦是本人彙整本人早期組織犯罪與被害者學之學術論文而成。

組織犯罪與被害者學，此雖是犯罪學當中二種獨立之學理，惟組織犯罪之意涵，謂之「人的集合體之犯罪」，亦即多數有貪欲之人，為此單一之貪欲所共同行使之犯罪。而犯罪之相對概念為被害者學，亦即討論「被害」概念之論理。承此，此二者並非無交會之概念。惟本書於編排上，將被害者學之部分僅集中於性被害之論理解釋，其他關於被害之論理，讀者可參考其他基礎學理。

要專心於學，首先須求得內心的寧靜。在民雄的四年，早已習慣幽靜，但沈重的教學與研究雙重的壓力，使我在這個空間喘息不已。

忙碌，真可使思緒呆滯不前，也是令人擺脱不了的夢魘，這忙碌大多來自內心的張力與焦慮，一種自我期許，一種完美的要求。做學問的壓力很大，有些苦悶，用音樂洗滌，是抒解壓力的好方法。或許多年後，我將會懷念這苦悶並歌頌它，也或許，會覺得這是不可缺的生命之美，只因為人是不可能重生的。

成長不單指知識，也不單指浮名，更指心性的調整，生命狀態的豐厚。

在沈潛研究的日子當中，關於人的體會，或許較為生動，泛泛人生，真要感謝許多貴人與摯愛家人相助，然而，亦需感謝的，是生命當中的真小人與偽君子們所增加的研究動力。

如此體會，使我不斷洗刷性靈，唯有此種人生，才有生命的喜悅。

陳慈幸序於紐西蘭威靈頓

民國九十四年早春新綠

摘要

本書分爲二大部分，主要整錄組織犯罪與被害者學之現象與對策問題之論理形塑十四篇學術論文，全數論文並於國內外重要學術研討會發表完畢，並於國內外研究學術期刊登載。

第一部分共分「組織犯罪基礎理論概念形塑」、「組織犯罪現象與法規範之比較研究：台日法理之現象」、「組織犯罪與白領階級之共生性研究」、「組織犯罪形成論：從中國組織犯罪發展雛形爲中心」與「組織犯罪形成論：從霸凌（*bully*）被害現象檢測青少年幫派之形成」等五篇論文。此部分除基礎理論概念之形塑之外，並衍伸至形成論之發展，最後並銜結本書第二部份被害者學之論理，闡釋青少年被害之現象與幫派形成之相對論點。須說明的是，「組織犯罪與白領階級之共生性研究」爲本人與胡乾鋒先生共著，並會發表於警察大學警學叢刊，「組織犯罪形成論：從中國組織犯罪發展雛形爲中心」爲本人與唐大宇先生共著，並會發表於國立中正大學犯罪學期刊。

第二部分節錄共九篇論文，各爲「被害者學之基本論理整合：被害者學形成與發展」、「性被害論：法律之定位與二度傷害」、「性被害論釋義：性騷擾被害處理之法理程序」、「性被害法理程序之比較研究：日本學理與實務之廣義性分析」、「性被害非法理程序面之問題：*PTSD*與*RTS*二個問題」、「青少年網路加害與被害相對論理之實證性萃取研究」、「青少年網路性被害：援助交際法論理之廣義探究」、「青少年網路性被害：援助交際問題比較實證論理」、「青少年網路性被害：援助交際之比較法理探析」。本部分摒除傳統被害者學學術論文集中於廣義性探討，而集中於廣義性被害論與青少年網路性被害特於援助交際之論解，此主要在於釐清性被害論，特別是關於援助交際之論點。

本論文集爲應用性研究，主要在於形成與重塑組織犯罪與被害者學二個概念問題，除可釐清傳統論理，並透過比較分析，重啓理論思維之概念。

第一部分、
組織犯罪之基礎理論與延伸概念

第一章、組織犯罪基礎理論之形塑

第二章、組織犯罪現象與法規範之比較研究：台日法理之現象

第三章、組織犯罪與白領階級之共生性研究

第四章、組織犯罪形成論：從中國組織犯罪發展雛形為中心

第五章、組織犯罪形成論：從霸凌（BOLLY）被害現象檢測青少年幫派之形成

第一章

組織犯罪基礎理論概念形塑

- 組織犯罪之定義
- 鳥瞰幫派型態與其營利活動－以我國爲例比較日本與中國大陸地區之幫派活動
- 我國組織犯罪法規範之變革與防制組織犯罪之困境
- 結語

摘要

我國目前幫派問題，爲影響治安的一項重大因素。其中尤以黑道干涉政治之問題，亦是屢見不鮮。

幫派問題既然如此嚴重，爲何政府歷經多年來之掃蕩，例如一清、二清專案之實施，仍不見其成效？此爲政府機關、警檢單位等所必須正視之問題。

以犯罪學之立場而言，組織（幫派犯罪）屬暴力犯罪。組織犯罪涵蓋甚廣，許多學術上之訛誤使得一般人皆把幫派與組織犯罪混同而論。其實，幫派犯罪屬組織犯罪中之一，也就是，組織犯罪涵蓋善廣，其中包括了暴力幫派組織。

組織犯罪爲國際間嚴重治安問題，已不容忽視。關於組織犯罪防制對策的探討，成爲國際間一大盛事，世界各國，莫不競相以組織犯罪相關對策爲議題，進行立法之程序。

「組織犯罪」的立法制訂，首重定義的界定。目前組織犯罪相關法令中對於組織犯罪的定義，卻產生爭議性的模糊。原因是，一般實務人員、學者多以傳統暴力性質的幫派犯罪觀點來詮釋組織犯罪，不僅我國，多數國家組織犯罪防治條款及其相關刑法修正也多以針對此爲出發點，因此，法令中歷歷可聞暴力幫派魅影聳聲。

縱覽目前組織犯罪，組織型態、規模及謀求利益的手段已逸脫傳統暴力幫派。例如，企業犯罪，是以合法企業型態爲掩護肆伸犯罪之爪；目前少數宗教團體，也超乎世人「信仰爲善」信念，從事非法行爲。因此，對於組織犯罪的定義，不應單以依循暴力性質爲主，此爲學者專家所必需深思。

承述所言，以組織型態犯罪之主體已非幫派，或不僅爲幫派情形，已在目前社會中所發生的組織犯罪類型中歷歷可見。但往昔的定義，例如以暴力犯罪的性質及以「團體」爲主的概念，仍是不可或缺要件。因此，日本擬定「組織犯罪對策法」草案時，擴大了以往的定義，將「『以暴力犯罪爲宗旨之組織』，或『以非法利益爲宗旨從事犯罪行爲之組織團體』」合併爲「組織性質的犯罪」。

以下，將針對組織犯罪之犯罪類型做一概要性之介紹。

壹、組織犯罪之定義

組織犯罪一般而言，係指透過（犯罪）組織所進行的犯罪行爲。

根據一九九九年五月聯合國國際組織犯罪對策條約改訂草案第二條之二規定，組織犯罪之定義爲：

「『組織犯罪集團』（*organized crime group*）[2]是，爲獲得金錢及其他利益，以脅迫、暴力、貪污或其他直接或間接手段行使跨國性重大犯罪[3]，三人以上，已存續相當時期之集團[4]。」

爾後，上述條約中僅對構成組織犯罪之構成人數、非法謀求利益之方式等有所規定外，刑責方面卻無明文規定，因此造成判刑上之不便。謂此，*EU*（歐洲共同體）對於共同體內所訂定之組織犯罪相關法令，除因循上述聯合國國際組織犯罪對策條約中所規定內容之外，又針對共同體內犯罪組織之規模，將構成組織犯罪集團之人數採「二人以上」說，另外，增加自由刑之規定。關於*EU*之組織犯罪的定義爲：

「犯罪組織是，組織本體已存續相當期間，有犯下四年以上之自由刑，或相當於四年以上之自由刑之犯罪意圖，並具有二人以上共同協力活動之組織性聯合體（*structured association*）。」[5]

根據目前我國組織犯罪相關學術研究中得知，我國實務上因幫派組合難以嚴謹名確定義，故警察機關早期對於不良幫派組合之定義，可參閱內政部於民國八十三年七月二十二日警署刑檢字第四〇五七函：「稱不良幫派組合者，為三人以上之結合，其成員中於三年內仍有檢肅流氓條例第二條各款之情形之一者或有具體事證足認為有流氓行為之虞者」[6]。

我國早期防制幫派犯罪之相關法令僅有檢肅流氓條例及刑法第一百五十四條，但上述二則中刑法第一百五十四條期其內容過於簡單，無法肆應多變之組織犯罪型態，亦與世界主要國家之立法例與一九九四年那不勒斯宣言中所指出的立法目的未盡符合。而檢肅流氓條例為行政命令而非正式法律條文之故，其部分條文有為違憲（司法院釋字第三八四號）[7]，如以此詮釋組織犯罪之定義，恐有不適切之虞，再加上目前幫派組織其規模早已壯大衍生，其組織型態亦已跨越國際化，純屬一般行政命令之檢肅流氓條例其防制之效，已無法符合處罰幫派活動並達防制之效果，故我國於一九九八年正式發佈並施行組織犯罪防制條例。組織犯罪防制條例中除規定關於組織犯罪非法行為之罰責外，其中並針對組織犯罪之定義，有下述明確之規定：

組織犯罪防治條例第二條中規定：「言名組織犯罪，係指三人以上，有內部管理組織，以犯罪為宗旨或以其成員從事犯罪活動，具有集團性、常習性及脅迫性或暴力性之組織。」

詮此上述條文之意，言明我國法令中構成組織犯罪之隱喻，除有刑法中共犯性之意外，並強調與一般偶發性之集團或法人組織犯罪型態有所差異。

本法之重點主要指出組織犯罪集團為具有集團性、常習性及脅迫性或暴力性之組織。此外，同文中亦規定構成組織犯罪集團之集團人數明定為三人以上，此規定之趣旨為諄照各國之立法例而設。緣此，二人以下所構成的犯罪集團於不符合組織犯罪防治條例之規定定義爲組織犯罪集團，而僅予稱之爲「角頭」、或爲「犯罪聚合」。

綜覽世界諸國當前構成組織犯罪要件以及其定義之精義，可歸納爲十一點特徵。筆者認爲，其中之第一、三、五、及第十一點爲構成組織犯罪定義之必須要件。

第一、爲二人以上之成員所構成

（*The organization consists of more than two members*）。

第二、組織成員皆被組織賦予特定任務

（*Each member is entrusted with a specific task*）。

第三、組織成員已有相當或不定期間共同活動之經歷

（*The members have worked together for a considerable or undetermined period of time*）。

第四、組織內部各項活動皆在已制定且已確定之規則下進行

（*The activities of organization are performed according to an established set of rules*）。

第五、組織有涉嫌重大犯罪之嫌疑

（*The organization is suspected of serious offences*）。

第六、組織活動爲跨國性

（*The organization 's operations span more than one country*）。

第七、行使暴力及脅迫行爲爲其組織經常性之手段

（*The use of violence or intimidation comprises part of the organization regular working methods*）。

第八、其組織爲管理非法所取得之收益，擁有企業公司或是相關商業活動之場所。

（*The organization employs commercial or commercial-like structures to control profits*）。

第九、其組織有涉嫌洗錢行爲之嫌疑。

（*The organization engages in money laundering activities*）。

第十、其組織有進行使政治家、傳媒、行政機關以及其國家之經濟等重大影響性之活動

（*The organization works to influence politicians, the media, public administrations, and the legal community of the country's economy*）。

第十一、組織活動之重點爲致力於獲取非法利益及政治權力

（*The activities of the organization focus on gaining profit or power*）。

貳、鳥瞰幫派型態與其營利活動—以我國爲例比較日本與中國大陸地區之幫派活動

幫派活動主要目的爲維持組織存續及發展。依其性質，又可細分爲「純爲經濟利益」，以及「爲擴展或維持組織存續」等二大類。

以往幫派爲謀求利益，多從事賭場經營、賣春斡旋、麻藥非法販售等傳統非法行業。近幾年，爲求更多利益，幫派以脅迫的手段，從事交通案件和解斡旋，及從事討債活動等之民事案件介入暴力的行爲。此外，許多大型幫派成立地下金融機構，或以幫

派之名，成立討債公司或專門以上市公司小股東身分在股東會上鬧場、恐嚇，其他尚有以勒索分紅專擾中小企業及銀行。

針對國內學者之調查（許春金，民85：507-508），民國八〇年代時我國幫派主要經營方式可窺視出其動態。

【圖表1】　台北市本省幫與外省幫從事違法活動[8]

幫派省籍／違法活動	外省幫	本省幫	合計	百分比
經營色情理髮廳	0	4	4	3.5
經營酒家	0	3	3	2.6
經營賓館	0	2	2	1.7
經營卡拉OK	0	2	2	1.7
經營賭場	8	9	17	4.7
主持六合彩	0	3	2	1.7
向商店、攤販敲詐勒索	10	31	41	35.3
組成遊藝團斂財	0	9	9	7.8
爲野雞車爭地盤拉客	0	1	1	0.9
代人討債	4	8	12	10.3
圍標工程	0	2	2	1.7
充當特種行業保鏢	3	8	11	9.5
無違法活動	1	9	10	8.6
合計	26	90	116	100
百分比	22.4	77.6	100	100

民國九〇年代以後，我國幫派事業發展迅速，當前我國幫派營利之型態有：綁架球員、控制職棒比賽結果；砂石業、廢棄物之處理；勾串保險員、詐領保險金；擄鴿勒贖、擄妓勒贖；人蛇集團仲介假結婚眞賣淫；刮刮樂詐騙集團；洗錢圖利；侵入校園吸收學生進入幫派；介入選舉、以暴力、金錢等方式綁樁[9]。

八〇年代至九〇年代中我國幫派經營事業之變徙，可推測出我國幫派以暴力型態牟取非法利益逐漸減少，轉爲以合法事業掩護非法之狀態逐漸增多，此說明了我國近幾年警檢機關「掃黑」政策已有顯著效果，爲防杜警察機關之取締，幫派其營利紛紛以「合法掩護非法」方式取代。幫派營利方式已朝向非暴力手段爲主之原因，除防止警察取締以外，近來民眾配合警檢機關共同打擊幫派犯罪以爲潮流，在此種趨勢之下，如何使幫派繼續生存並使達至漂白之效果，因此以合法掩護非法才爲取締政策之狂流下最佳生存之道。承此，未來我國幫派謀求其生存之手段，也就是將其營利事業竄至社會各大行業以及承續過往之政治選舉漂白方式，此種手段對於警檢機關而言，將有取締不易之困境，因此，對於未來幫派營利事業之阻斷，除目前我國所推行之「打擊黑金」以外，是否應顧及並施行各大行業之「掃黑」政策，亦是當局者所應意識到之問題。

再介紹鄰近國日本與大陸幫派發展與其營利事業。

在於介紹外國之幫派時需將幫派型態做一解說。

德國學者*Schwind*將幫派的型態，依其規模，可分爲「犯罪聚合」(*Bande*)、「無明顯犯罪目的之犯罪集團」(又稱爲「角頭型」)以及「有明顯犯罪目的或有組織構造之犯罪集團」(又稱「組織型」)等三種類型[10]。

依照德國學者之說，「犯罪聚合型」爲幫派最基本的雛形，也就是相當於刑法中「共犯」的理念；「無明顯犯罪目的之犯罪集團」較「有明顯犯罪目的或有組織構造之犯罪集團」有組織化，但其牟利之手法，主要爲以「暴力性質」爲主；而『有明顯犯罪目的或有組織構造之犯罪集團』已不限於傳統主要以暴力犯罪爲犯罪手段牟利，以更爲現代化之方式侵襲國家經濟體制，求取利益。目前國際社會當中，較爲先進國家，例如德國、美國、日本等之幫派，可以上述之類型而區分。惟我國、中國大陸等國家、地區，傳統犯罪學學者之分類，亦將幫派分爲「犯罪聚合」、「角頭型」以及「組織型」三種類型，其中最爲顯著之不同在於「角頭型」較「聚合型」有組織化，但無明顯入幫幫規；「組織型」則爲現代型之幫派型態，也就是今日警政單位所取締的組織犯罪最終型態，但仍以暴力性質爲主[11]。此種分類方式，亦因應催生我國組織犯罪防治條例之催生，其條例中第二條所規定之「本條例所稱犯罪組織，係指三人以上，具有集團性、常習性、脅迫性或暴力性之組織」，說明了我國「組織犯罪」之型態，仍是無法逸脫「暴力性」與「脅迫性」，惟此種方式亦導致目前有部分避免使用暴力，以合法企業型態營利之幫派有無法可循之難處。

在於八〇年代初，有學者提出比照德國學者分類方式，將犯罪集團分爲「犯罪集團」（*organized gang criminality*）、「恐嚇詐欺集團」（*racketeering*）、「犯罪企業組合」（*syndicated crime*）等三種[12]。「犯罪集團」（*organized gang criminality*），多從事搶劫銀行、擄人勒贖、謀殺、劫機、偷車、扒竊等，並常毫不猶豫地使用暴力，例如殺人集團屬之；「恐嚇詐欺集團」（*racketeering*）則是使用威脅敲詐的方式向合法或非法之商人索取財物是一種寄生型的犯罪型態，如流氓幫派。「犯罪企業組合」（*syndicated crime*）則是提供社會急需的不法物資或服務，如賭場、娼妓、走私、毒品等。其組織較爲嚴密，同時也避免使用暴力，甚至也以合法的公司爲掩護，如同一般公司行號的員工，其首腦份子也長身處高級社會階層。

以上之分類方式，較符合世界先進國之組織犯罪型態，再端視我國目前國內組織犯罪活動，此種方式亦似乎較爲符合目前之型態。惟目前我國組織犯罪防治條例則以傳統之幫派活動手法，也就是以「暴力性質」為主而訂定，此亦使得目前我國組織犯罪防治條例產生一個無法因應不敷使用之窘態。

再論大陸地區幫派犯罪之狀況。

對於中國大陸犯罪集團之起源與後續之發展約可分為三個階段[13]。對照於我國，也就是依次為，初期階段：「地區性的犯罪聚合」；中期階段：「普通犯罪集團的聯合」(帶黑社會性質的犯罪集團）；最後階段，犯罪組織的成形，即核心部分的縮小與惡勢力的擴大。

此種分類型態可窺視出大陸之幫派犯罪情況與我國傳統組織犯罪之分類型態相同，其最後階段，也就是「組織型」之犯罪集團型態，仍是以「暴力性質」為主。

要論大陸地區之幫派犯罪，需從一九七八年以後談起。在於七○年代之前，因大陸地區進行文化大革命等政治統格，加上連年飢饉民不聊生，幫派發展不易。

中國大陸自一九七八年改變經濟體制以來，犯罪問題也隨之擴大加深，特別是犯罪集團這一犯罪形式從一九八○年代中期起日漸突出，至今仍存在增長態勢。根據中國公安部門公佈的數字可發現，查獲的犯罪集團個數自一九八六年的三萬多件增長到一九九四年的二○萬件；集團成員人數自一九八六年的十一萬四千人增長到一九九四年的九○萬人。據一九九五年的資料顯示，查獲的犯罪集團個數更急增到四十三萬九千五百件，與 一九九四年的二○萬件相比激增了一倍有餘。而從七○年代八○年代初出現的集團犯罪，到了八○年代末九○年代初有不少已發展演變帶有黑社會性質的犯罪集團（時高峰、劉德法2001)。上述資料顯示出，近年來中國經濟成長愈快速、發達，其集團犯罪問題愈嚴重，簡言之，在市場經濟體系下，經濟增長與犯罪率增長之間存在著密切的聯繫。經濟發展與犯罪的關係雖是犯罪學關注的傳統領域，但由於東西方社會與文化情形有所差異，但實施資本主義的進程不同，因此吾等在試圖尋求組織犯罪成因的探索過程中，以中國的犯罪組織發展歷程爲觀察櫥窗之際，除了從常見的社會、心理與文化因素分析以外，尙可嘗試探討經濟體系的變革、演化與犯罪組織發展的關連性[14]。

近年來因沿海地區與台港澳交流甚多，爲逃避取締政策，許多台港澳之幫派紛紛走往大陸，甚者，許多台港澳幫派至大陸地區發展「產業」，開創再次非法營利之春[15]。例如，目前在於台港地區青少年甚爲流行之「搖頭丸」等非法藥品，亦是幫派在於台港地區非法製造販售，爲躲避警察機關之取締走往大陸非法製造再回流台灣。自改革以來，由於多方面的原因，大陸地區犯罪逐年增多。隨著集團犯罪在數量上的增加與發展，集團犯罪出現了一些新的特徵[16]：

一、集團犯罪在數量上逐年增多，並在性質上像黑社會犯罪集團（類似於我國的幫派）發展。這是以上海等沿海地區之幫派受到台港澳地區幫派之影響，亦有類似台港澳幫派之犯罪集團產生。此種組織，除有嚴密的組織，有明確的分工，有嚴格的等級劃分，甚至還炮製了專門應對警方的「回答口供紀要」[17]。

二、集團犯罪遍佈中國城鄉。例如一九八七年湖南邵陽取締60個幫派。一九八九年深圳捕獲幫派份子共395人，四川安岳縣一地就有幫派50多個，幾乎各鄉鎮登有。湖南益陽地區，自一九八五年以來，先後出現了”龍虎幫”、”梅花幫”等250個幫派，共有成員3,120人。在沿海城市溫州，近年來涉及到數百人（時高峰、劉德法2001）。這些資料顯示，大陸地區的組織（幫派）問題，不再僅是侷限於沿海或某一地而已，隨著改革開放所帶來的交通自由與通訊便利，如今中國社會與面對的，是一個普遍性的犯罪危機。

三、集團犯罪多以暴力爲手段侵奪財物。大陸地區集團犯罪主要是非法掠奪公私財物，此點與改革開放前有明顯不同。目前中國幫派犯罪型態，多使用暴力手段劫取錢財，符合犯罪組織在早期以暴力爲主要特徵之論述，而此亦可能與犯罪成員素質有關，在缺少犯罪技能的訓練之下，僅會使用原始打家劫舍的方式奪取錢財。

四、集團犯罪由單一型向綜合型發展。目前有不少中國幫派勾結境外幫派勢力後，已經學習到從事其他獲利豐富、風險更小而且不容易被查獲的犯罪行爲，例如利用地利之便進行走私、販毒、偷渡與買賣人口的犯罪。過去集團犯罪單一類型的較多，竊盜集團則多反覆實施竊盜犯罪活動；詐騙集團則多次實施詐騙犯罪活動，一般不實施其他的犯罪。而現在多數集團既從事搶劫、竊盜、詐騙、勒索，也從事其他的販毒、吸毒、嫖娼賣淫、賭博等多樣化的違法犯罪爲一體，五毒俱全（時高峰、劉德法2001）。

在於大陸目前經濟發展迅速的同時，一些犯罪亦紛紛顯現於大陸社會，未來大陸幫派的發展，朝向智能化、現代化，犯罪集團跨區域、國際化以及犯罪集團人數越來越多，成員越來越複雜的趨勢，亦是吾等所需注意的。

參、我國組織犯罪法規範之變革與防制組織犯罪之困境

取締幫派與組織犯罪，自民國四十四年來，我國實務開始對於幫派份子進行大規模之取締。迄今已實施之專案，從歷史演革而言，從最早之「服妖專案」、「捕鼠專案」、「除暴一號、二號專案」、「除四害專案」，至近幾年之「一清專案」、「二清專案」之實施，更擴大規模實施所謂之「治平專案」[18]。惟上述之取締

專案之實施有其成效存在之實，可從學術文獻之統計當中得知。然多次專案之實施，可暫時取得一時之成效，卻無法完全根除之問題，仍是困擾檢警機關之一大問題。究其原因，除可從法制與執行探討之外，幫派份子之處遇政策與一般市民的呼應，亦是無法徹底消除幫派之原因所在。

在於實施並取締組織犯罪之橫生，我國傳統與組織犯罪相關法令，主要是刑法第一百五十四條犯罪結社罪[19]、特別刑法檢肅流氓條例之規定以及目前之組織犯罪防治條例爲主。晚近與組織犯罪相關之法令共有「組織犯罪防治條例」、「洗錢防制法」、「通訊保障及監察法」、「證人保護法」等[20]。

傳統與組織犯罪相關法令之一：刑法第一五四條之參與犯罪結社罪

按現行刑法第一五四條第一項之規定，參與以犯罪爲宗旨之結社者，處三年以下有期徒刑、拘役或500元以下罰金；首謀者，處一年以上七年以下有期徒刑。第二項爲犯本罪而自首者，減輕或免除其刑。本罪所要保護的法益爲社會和平性，包括公共秩序與社會安寧。社會若有犯罪結社之存在，則社會之和平秩序易遭破壞，故本罪之設在於以刑罰嚇阻犯罪結社之成立或抑制已成立犯罪結社之活動及存在，具有預防組織犯罪之任務[7]。

惟刑法第一五四條，雖有處罰首謀及參與以犯罪爲宗旨之結社罪，但卻不見對於組織犯罪基本定義和概念界定之，以致在解釋上有其困難處。此可能會造成實務在適用上之困擾，定罪與否及科刑範圍易生疑問。

傳統與組織犯罪相關法令之二：檢肅流氓條例

關於「檢肅流氓條例」，其第二條規定：「本條例所稱流氓，爲年滿十八歲以上之人，有左列情形之一，足以破壞社會秩序者，由直轄市警察分局、縣（市）警察局提出具體事證，會同其他有關治安單位審查後，報經其直屬上級警察機關複審認定之：一、擅組、主持、操縱或參與破壞社會秩序、危害他人生命、身體、自由、財產之幫派、組合者。二、非法製造、販賣、運輸、持有或介紹買賣槍砲彈藥、爆裂物者。三、霸佔地盤、敲詐勒索、強迫買賣、白吃白喝、要挾滋事、欺壓善良或爲其幕後操縱者。四、經營、操縱職業性賭場，私設娼館、引誘或強迫良家婦女爲娼，爲賭場、娼館之保鏢或恃強爲人逼討債務者。五、品行惡劣或遊蕩無賴，有事實足認爲破壞社會秩序或危害他人生命、身體、自由、財產之習慣者。」此乃有關於流氓之認定規定。即實務上乃因幫派組合難以嚴謹明確定義，故於流氓之認定，無法僅按第一款幫派組合流氓行爲而界定者，尚須有檢肅流氓條例第二條其餘各款個人流氓行爲存在[8]。

另外，其第六、七條乃規定授權警察機關得逕行強制人民到案，無須踐行必要之司法程序。第12條是關於秘密證人制度，剝奪被移送裁定人與證人對質詰問之權利。第21條規定受刑之宣告及執行者，無論有無特別預防之必要，均應使其受感訓處分等[9]。不過，雖然檢肅流氓法制，經過多次修正，且參酌多年警察機關取締流氓實際案例經驗，乃針對擅組、主持、操縱或參與破壞社會秩序、危害他人生命、身體、自由、財產之幫派、組合者予以處罰，惟其構成要件比刑法參與犯罪結社罪更加寬泛模糊，如此擴大解釋可能會產生「道德刑罰化」之嫌[10]。

此外，檢肅流氓條例一方面本質係屬行政法性質，故排除了有檢察官參與及刑事審判之三級三審制，另一方面流氓行爲亦與犯罪行爲有別，是故不僅無法有效規範組織化、企業化之集團性犯罪型態，亦難以符合抗制組織犯罪所需實質與程序正義基本要求。

況且若從各國的組織犯罪活動型態觀之，大部分均是先由流氓演變至幫派，最後發展至組織犯罪。因而從組織犯罪活動型態演變過程觀之，目前我國的檢肅流氓條例，其適用的對象僅只適用於個人的流氓行為而已[11]，並無法有效防制以從事犯罪為宗旨之犯罪集團組織。所以制定相關抗制組織犯罪法規之急迫性便應運而生。

在於法制之層面，對於幫派組織犯罪活動之進行，卻缺乏制裁之力量。不僅刑法第一百五十四條之規定過於簡陋；特別刑法檢肅流氓條例之規定，亦僅針對於個人之流氓行為加以處罰，而對於其背後之幫派組織、犯罪集團，則缺乏制裁之力量，使幫派份子之行徑日漸囂張。檢肅流氓條例中對於流氓行為之認定，必須要有具體之實證，亦即需有具體之流氓行為，同時其行為也必須具有不特定性、侵害性、以及慣常性，也因此造成了檢警機關在舉證上之困難，其成效亦不甚理想。同時我國之公職人員選舉罷免法或先前之檢肅流氓條例，均未定訂有不許黑道參選之條款，使得許多黑道份子，藉由選舉方式進入民意機關，進行自身之漂白，並藉著自己公職人員之身分，參與圍標等公共工程事業，從其中獲取不法暴利，並使的我國之治安情形更加敗壞[21]。藉此，目前所施行之組織犯罪防治條例，在實行上似乎符合目前組織犯罪之多數類型，惟前述已有所提，目前多數組織犯罪類型已逸脫傳統暴力性質，組織犯罪防治條例已面臨不敷使用之狀況。針對此點，我國目前所實施之證人保護法，以及目前正草擬之臥底警員條款、監聽法等之配套，除可避免未來法令之見窘外，亦可在組織犯罪之防制與取締方面，獲得更新之途徑。

台灣地區黑道幫派，由早期的流氓角頭，霸佔地盤、互收取商家保護費、經營私娼館開始；到六、七十年代的經營地下錢莊、討債公司、工程圍標、綁標。至近年來，更逐漸以組織化、企業化的型態，將其觸角伸展至各行各業。更以合法掩護非法，從事販賣走私槍械毒品、經營地下錢莊、大型賭場或簽注站、圍標公共工程、販賣人口及洗錢等活動，並介入各行各業正常經營，如介入股票市場，而影響上市公司正常營運等等。因此，爲因應社會事實需要，面對輿論要求，制定專門防制組織犯罪法律呼聲日增，且參諸德國、美國、日本、義大利等國家立法例，均定有對抗組織犯罪之專法，法務部與內政部遂於民國八十五年四月間，參考外國立法例與多次邀集各機關代表、學者專家研討，共同研擬「組織犯罪防制條例草案」。而於同年八月八日陳報行政院審查，復於九月十日函請立法院審議，乃於民國八十五年十一月二十二日三讀通過立法，總統並於同年十二月十一日公布施行，組織犯罪防制條例於焉誕生。另外亦制定組織犯罪相關範疇之法律，如洗錢防制法、毒品危害防制條例、槍砲彈藥刀械管制條例、通訊保障及監察法，以及證人保護法等法規，在在顯示出我國對抗組織犯罪之決心及重視。

晚近與組織犯罪相關之法律之一，組織犯罪防治條例：

現行「組織犯罪防制條例」第二條，則將組織犯罪規定爲：「三人以上，有內部管理結構，以犯罪爲宗旨或以其成員從事犯罪活動，具有集團性、常習性及脅迫性或暴力性之組織」。茲扼要說明如下[12]：

一、所謂「內部管理結構」：在於顯示犯罪組織內部，指揮、從屬等層級管理之上下隸屬關係特性，以別於刑法概念中的共犯、結夥犯之組成。換言之，組織犯罪團體內部必須有上下從屬之指揮控制結構，不論其稱呼方式爲何，惟必有首領與幫眾之存在。至於一般共犯或結夥犯之犯罪型態，例如三人因缺錢用，一時興起而聯手共同強盜者，雖在外觀上有類似團體之外觀出現，但其內部間，係屬平行關係，無指揮從屬之控管關係存在，因此，不屬本條之規範對象。

二、所謂「集團性」，指以眾擊寡的特性，乃排除個別之不法行爲及偶發共犯。

三、所謂「常習性」，指經常性、習慣性(如：具有機會就犯的企圖、意圖或不務正業等習性)，以排除偶發、突然、一時間之犯罪態樣。

四、「暴力性」，指足以危害公共安寧秩序，一切對人或物所實施之不法暴力(如：持棍毆擊、攜槍殺人等均是)。

五、「脅迫性」，指以一切足以使人造成精神上畏懼之威脅、迫害。如：持槍威嚇、寄發恐嚇信等均屬之。

六、至於所謂「以犯罪爲宗旨或以其成員從事犯罪活動」，係指該組織以從事犯罪爲其成立之目的，或以其成員從事犯罪活動之意。

惟此一定義雖較刑法第154條及檢肅流氓條例相關規定周延明確，不過將犯罪組織界定爲具有脅迫性或暴力性，明顯是僅針對不良幫派組織。至於對於非暴力或脅迫性之『智慧型組織犯罪』則未含蓋在內，有一法律漏洞存在。

晚近與組織犯罪相關之法律之二，洗錢防制法：

組織犯罪存在基礎，最主要爲「錢」、「人」、「物」等三種結合。因此斷絕其資金、成員及武器毒品等來源，則可能成爲防制組織犯罪有效利器。於是政府亦於民國八十五年十月二十三日公布實施「洗錢防制法」，賦予金融業者防制洗錢的義務，並且針對重大犯罪所得財產，予以追徵、追繳、沒收。除此之外，對從事不法洗錢者則處以重刑及罰金[13]。

晚近與組織犯罪相關之法律之三，通訊保障及監察法：

另外，在組織犯罪偵查活動中，監聽可謂爲重要偵查工具之一。其一方面可建構犯罪組織內部系統架構，另一方面亦可掌握犯罪組織活動情形，而瞭解組織犯罪整體狀況，並確定對象行蹤，因而我國實務上常使用之。[14] 我國於民國八十八年七月十四日，正式公布實施「通訊保障及監察法」，使我國之通訊監察正式邁入有法制的規範，以保障憲法上人民秘密通訊自由不受不法之侵害。

晚近與組織犯罪相關之法律之四，證人保護法：

爲了有效對抗組織犯罪，往往非常需要獲得證人的充分合作，才能了解組織犯罪的行動計劃，因此證人之配合偵查追訴可謂相當重要。惟要證人毫無顧忌的陳述其所知所聞，則須有充足的制度保護證人及其家屬，以獎勵及保障證人勇於作證。因此，爲了能確實保護證人及其家屬於刑事訴訟程序中之安全，減低證人遭受報復恐嚇之心理畏懼，勇於出面作證，以免嚴重影響社會安寧，立法院乃於民國八十九年一月十四日三讀通過「證人保護法」，總統於民國八十九年二月九日公布實施。如此將使得證人之權利及地位獲得了更周延之保障。

縱使我國現行對抗組織犯罪的法制基礎已較以往完善周全，然有待改進之問題，例如有關犯罪組織定義周延性之問題、賦予臥底偵查的法律權限及其效果、有關證人財產權受損之保護、遵守監聽的法律界限及違反時其法律效果，以及強化人員之專業訓練以進行洗錢防制工作，仍是今後法制加強之重點。

除法制之層面以外，防制組織犯罪當中所需注意的是幫派份子之處遇與一般市民對於打擊幫派之呼應。

目前對於幫派份子之處遇，主要在於避免幫派份子受刑人互相串聯、成立其他幫派及重大事故之發生，法務部針對幫派份子受刑人訂定「監院所加強幫派份子管教應行注意事項」[22]，以教化矯治該類受刑人，防止其在矯治機構內繼續發展，該注意事項，主要是加強素行蒐集[23]；列冊加強管理[24]；注意配房配業[25]；

隔離監禁或移監[26]；嚴禁調用為雜役、自治員或視同作業人員[27]；防杜發展組織[28]；實施突擊檢查[29]；輔導脫離組織[30]；防杜掛勾[31]；注意幫派份子資料移送[32]等。

幫派份子處遇制度良善與否，亦是防制組織犯罪之重大環節。上述我國矯正設施之作為，其要旨有二，其一在於預防幫派份子於監院所內隊職員反抗、威嚇其他受刑人等情事發生，需分散收容；其二在於幫派份子對於組織歸屬意識非常強，出所後再回歸幫派傾向相當高，因此，需嚴格督促其脫離幫派之意欲。為防止幫派份子出所後再回到幫派，需斷絕其對幫派之經濟、身心方面的依存感。此二點在於對於幫派份子之處遇方面，可以說是相當艱難之點，其主要原因是，多數幫派份子已習慣豪奢之生活方式，因此，在於一般生活當中，以擇投機獲取利益，亦是幫派份子加入幫派後，無法脫離幫派之原因。

為杜絕幫派份子出獄後，再回歸原來幫派從事違法行為，許多國家（例如日本）在其監院所內所實施之處遇方式，主要為職能訓練，再輔以出獄後以個別追蹤方式關切出所後的就職情況。此在於我國以及日本監院所已多年實施職能訓練，近幾年，針對受刑人需要，我國監院所內並開設高中補校以及空中大學課程，此外，又針對社會目前之需要開設電腦學習班等。惟我國社會各行各業對於持有犯罪前科記錄者有所偏見，甚者不為雇用，再加上目前社會經濟不景氣之不良因素，此是否導致幫派份子在於出獄後無法謀得正職之因素，或許亟需有關單位考量。

組織犯罪防範對策所經常被提及的，除法規範之整備、強化取締措施、及監院所適切之處遇方策外，民眾之呼應亦是極為重要之事。

一般來說，民眾對於幫派觀點較為複雜。一方面，民眾對幫派存有恐懼之心並有厭惡感的為大多數。惟民眾有此懼怕之意，卻也因畏懼幫派之威深受其害後不敢報警的，也歷歷可數。在另一方面來說，最令人所不解的，還是民眾普遍存有在國家公權力不彰時，藉由「地下司法程序」，也就是利用幫派來解決一時之需者之心態，例如追討債務、車禍和解斡旋等一般民事案例中，皆可見得幫派涉足其中之魅影。除此之外，一般影視節目當中常以悲劇英雄刻畫幫派份子之壯烈人生，混淆民眾對於幫派不良印象，甚至湧發青少年崇拜幫派份子為偶像之例，亦是吾等所需注意之事。

民眾對於幫派取締之呼應，雖不及整備法規範及取締政策、監院所機管對於幫派受刑人之處遇模式之事來得重要。惟民眾之心態需做相當程度之調整，例如不提供幫派任何經濟來源、不以幫派威嚇之力作為後盾從事個人一般日常生活行為等等之認知，有此種自我之覺醒，對於協助取締政策相信會有更大之助益。

肆、結語

傳統犯罪學當中，組織犯罪隸屬於暴力犯罪，這是以傳統的定義，也就是幫派組織的犯罪行為多以暴力為宗旨之觀點來劃分。但日益變遷之社會當中，犯罪的型態也逐漸改變，目前幫派謀求利益的目的雖然不變，但其手法在嚴格取締措施下逐漸轉為非暴力性質，因此犯罪學當中對於組織犯罪的規類，應該重新詮釋。

犯罪，不免有黑數，恐於犯罪組織之威嚇、報復者，畏於向警方報案的企業與民眾大有所在。雖現代人相信良善之刑事司法制度是維護人民權益，但人心不免恐於刑事司法制度的疏漏，借重犯罪組織的「地下司法體系」解決日常生活所困之例，在社會中經常可見。民眾的複雜心境，提供了組織有肆虐社會之良機。

環顧國際社會，再覷我國目前社會狀況，組織已深入民間與企業，其與社會密切結合之程度，有如人體已臨惡性腫瘤膏肓知其。此時，如將徹底根除幫派，社會及國家經濟將有癱瘓之虞。日本政府鑑此，採懷柔漸進式之幫派登錄制，此種登陸制爲將幫派本部所在地、領導者及所有幫派份子均以登錄，並嚴加控管，防止其進行暴力行爲，破壞人民日常生活。日本政府此行，或許欠缺直接性的強制，對於徹底消滅幫派犯罪的取締宗旨，略有出入。但日本政府如貿然以強制手法取締，組織與社會經濟密切契合之程度，將使社會經濟有突發性癱瘓的可能，在此種狀況之考量下，日本政府遂採「登錄制」之間接性強制手法，將可避免國家經濟遭到突發性的危難。

縱覽我國組織幫派所涉及之非法營利行爲，從傳統暴力性質犯罪爲宗旨，轉至近年來以非暴力性爲主之情形，此說明了我國組織犯罪之型態在於進幾年已逐漸呈現現代化國家當中所發生的組織型之犯罪，惟我國防治組織犯罪之法規範及取幫派之手法，仍是承續傳統「以暴力犯罪爲宗旨」之說。因此，如無因應現有犯罪型態迅速修訂現有法規範並改善取締方式，未來民眾生活，豈不爲充滿著幫派之重重魅影？

犯罪行使端靠於人，生物之進化演論，使得人類腦部之聰穎別於其他動物。語文學家*Charles Hockett*曾論：

「撒謊與欺騙是人類之特性，在於此點是人類有別於動物，人類的語言訊息有時是假的，此也主導人的行爲日益錯綜複雜...」[33]。

由此點是否可直接呼應人類心性亦隨著進化，逐漸使犯罪類型錯綜複雜化，此似乎在於筆者所從事之犯罪生物、生理學之研究當中，可得到科學性之解答，惟以非科學之角度而言，研究犯罪因素之終極結果，或許將偏屬於探討人性之哲學。

組織犯罪，根據目前之現象而言，逐漸逸脫過往的單純暴力性質，但無論其手法為暴力性質與否，謀求利益之宗旨，卻是亙古不變之實。多數人結合體之組織犯罪類型，較之其他犯罪類型，更具體描繪出迷離的利欲與貪婪之人性。因此，組織犯罪之深層，是複雜人性與利益關係之糾葛，此或許也凸顯出一個迷離，再完善之法規範與其他取締措施，或許無法徹底將組織犯罪決滅，唯有人性的轉換，才可能將犯罪終止於人間。

註釋

1. 本文摘自於本人所著之博士論文，摘自陳慈幸，《組織犯罪之法理性探究》，日本中央大學法學博士論文，2001年3月。
2. 「組織型集團（*structured group*）」不為一時起意而當場組成之集團，亦不需要有持續性社會地位或是擁有發達性之構造，惟組織成員皆被任給一定之任務。
3. 「重大犯罪」為判處長期性之自由刑而言。
4. 「已存續一段期間（*existing for a period of time*）」為實行犯罪或構成犯罪計畫之一段期間之存續之意。
5. *W. Bruggeman*（1999年10月13日），「組織犯罪對策の國際的動向ヨーロッパにおける取り組み—」，警察政策フォーラム中央大學總合政策フォーラム，頁2-4。
6. 許福生（民國90年7月18日），「法院審理組織犯罪案件之實證研究」，2001年犯罪防治學術研討會（民國90年7月18日於中央警察大學召開），頁245。

7.蘇南桓（86年11月），《組織犯罪防治條例之實用權益》，頁129，永然文化。

8.摘自陳慈幸編，《組織犯罪》一書當中，胡乾鋒，《組織犯罪現象面研究》，頁317，濤石文化。

9.摘自陳慈幸編，《組織犯罪》一書當中，胡乾鋒，《組織犯罪現象面研究》，頁319，濤石文化。

10.Schwind, Hans-Dieter, Definition und Geschichite der organisierten Kriminalit_t im kuryen _berblick. in ：Schwind/Steihilper/Kube(Hrsg.)：Organisierte Kriminalit_t. 1987 S.17. 另外，Schneider, H.J., Das organisierte Verbrechen. JURA 1984 S.169.

11.參照蔡德輝、楊士隆，《犯罪學》一書當中第八章《組織犯罪》。

12.此參考詹火生等（民83）之分類，摘自陳慈幸編，《組織犯罪》一書當中，胡乾鋒，《組織犯罪現象面研究》，頁315，濤石文化。

13.此參考陳慈幸編，《組織犯罪》一書當中，針對大陸與台灣學者莫洪憲與陳慈幸之論述作爲總結。唐大宇，《黑社會犯罪組織成因探討-以1987年中國大陸黑幫發展爲例》，頁264，濤石文化。

14 唐大宇，《黑社會犯罪組織成因探討-以1987年中國大陸黑幫發展爲例》，摘自陳慈幸編，《組織犯罪》，頁248-249，濤石文化。

15.例如南京大學研究犯罪問題學者蔡少卿指出，以台灣的四海幫爲例，六個領導人中就有四個移居上海，並計畫將總部遷至上海。此參考陳慈幸編，《組織犯罪》一書當中，唐大宇，《黑社會犯罪組織成因探討-以1987年中國大陸黑幫發展爲例》，頁

272，濤石文化。

16.此部分改寫於前註書，頁259-263。

17.此參考《上海審結首起"組織領導黑社會組織案"》2000年中心網北京10月30日。參考前注書，頁260。

18.參閱蘇南桓，《組織犯罪防條例之實用權益》，頁137-143，永然文化。

19.我國刑法第154條所規定的犯罪結社罪，首先將組織犯罪之行爲予以犯罪化，並訂有處罰之規定，其內容爲：「參與以犯罪爲宗旨之結社者，處三年以下有期徒刑、拘役或五百元以下罰金。首謀者，處一年以上七年以下有期徒刑。」

20.本部分參考於高庭順同學在本人於中正大學犯罪防治學系所開設「組織犯罪專題講座」，中所發表之報告。

7.參照林山田，刑法各罪論，第164頁。

8.警察機關早期曾對於不良幫派組合之定義爲：「稱不良幫派組合者，爲三人以上之結合，其成員中於三年內仍有檢肅流氓條例第二條各款情形之一者或有具體事證足認爲有流氓行爲之虞者」。

9.「檢肅流氓條例」無論在形式上及實質上，乃存有諸多問題。因此，司法院大法官會議曾於八十四年七月二十八日作出釋字第三八四號解釋，於該解釋文中明白宣示，該條例中第六、七、十二及二十一條等條文因違反比例原則，欠缺實質正當（即違反正當法律程序）而違憲。

10.參照翁玉榮，動員戡亂時期檢肅流氓條例及其相關法規之研究，台灣高等法院高雄分院八十年度研究發展項目研究報告，141-142頁。

11.參照內政部警政署編印，警政工作概況，20-22頁。

21.參閱蔡德輝、楊世隆，《犯罪學》，頁242-243，五南書局。

12.參照蘇南桓，組織犯罪防制條例之實用權益，永然文化，131頁。

13.由於洗錢防制法係在組織犯罪防制條例制定前公布實施，因此洗錢防制法中所列舉之重大犯罪類型中，並無組織犯罪一類。因而在組織犯罪防制條例中，必須要符合五年以上有期徒刑之罪者，方屬於洗錢防制法之重大犯罪，始得依洗錢防制法處罰。

14.參照李建廣，《組織犯罪偵查活動之研究》，中央警察大學刑事警察研究所碩士論文，78-79頁。

22.法務部，監院所加強幫派份子管教應行注意事項，八十五年十一月一日，法85監決字第27874號函。參照陳慈幸編，《組織犯罪》一書當中，許茂雄，《台灣監獄內幫派問題》，頁132-133，濤石文化。

23.收容人入監院所後，應即函請警察等單位，提供在外素行、參加幫派組織情形、違警資料、前科紀錄等，並將該等資料登記於個人個案資料內，提供教化、管理人員爲管教之參考。

24.參加幫派之收容人應予列冊建檔，對其通信與接見來往對象及平時言行舉止、各項處遇實施情形，均應加強考核與記錄；列冊管理情形，應按月報部。

25.對幫派同夥份子應予打散，化整爲零，分配於不同舍房和作業單位，以避免互通聲息，成群結黨，惹生事端，並對於所配舍房之言行，嚴加考核。

26.幫派首惡及頑惡份子入監院所後，應即予以隔離獨居監禁，除運動與接見外，嚴禁在外逗留或與其他人接觸。執行中如發現有幫派份子嚴重對立爭鬥或其他不良影響之傾向者，對於領導份子，除即予隔離獨居考核外，必要時得移送適當之監院所執行。如綠島監獄。

27.各場舍單位於遴選雜役、自治員或視同作業人員時，應檢具其所有相關資料，機關首長應予審核，嚴禁調用幫派份子爲前揭之人員；各場舍主管對於雜役、自治員或視同作業人員之行狀，應嚴加考核，如發現有組織小團體或爲龍頭傾向者，應及撤換。

28.對幫派份子之保管金額及其消費額，應嚴加管制；嚴禁幫派份子以金錢或其他物質資助其附合份子，吸收成員發展組織或幫派結盟。

29.對於幫派份子除需加強書信檢查、接見監聽外，更應對其身體及所攜帶之物品及作業、居住場所，不定時實施突擊檢查。

30.對於幫派份子應加強個別教誨，輔導其脫離組織，如宣誓並確實脫離組織者，得酌予獎勵；另應禁止與參加幫派之友人通信與接見。

31.加強管理人員之品德考核，防杜與幫派份子掛勾互相利用，對幫派首惡及頑劣份子獨居監禁之舍房主管，應愼選優秀管理人員。

32.各監院所對於幫派份子考核及相關資料，對其移送執行或移禁他監院所時，應即隨案移送。幫派份子之假釋案件、感訓處分免予繼續執行案件及保安處分免予、停止繼續執行案件，應審愼、從嚴提報。各監院所應成立督導小組，指定副首長或秘書爲召集人，每月召開會議一次，逐項檢討執行成效。

33.Charles Hockett（2001），《The Study of Language An Introduction》，書林出版。

第二章

組織犯罪現象與法規範之比較研究：台日法理之現象[1]

摘要

社會型態蛻變，犯罪類型亦不斷變遷。綜觀當前，犯罪暴力性加劇，持槍殺人、搶劫案件及經濟領域犯罪現象突出。此外，組織犯罪、製販吸食毒品、賭博等各類犯罪多早已演化成國際性犯罪。因此，研究犯罪之學，已無法僅限於過往研究方法及一國國境之內。於此之中，組織犯罪研究亦不例外。

不僅我國，世界先進國的組織犯罪防治條款及其相關刑法修正多以防治幫派犯罪的出發點，因此，法令之中略可聞暴力幫派魅影聳聲[2]。如此法令的詮釋造成了，「組織犯罪即爲幫派犯罪」之狹隘觀念。但關於組織犯罪及其相關學說中，最大的論點訛誤是，恐怖份子的活動與組織份子的活動之概念是否有重疊之處。近年來，西方世界恐怖主義組織紛擾國際社會案件頻發，其中尤爲去年（二○○一年）美國九一一事件爲令人記憶猶新。「九一一案」後，恐怖組織主義研究大肆風行，或許因文彙有雷同之處，「恐怖份子的活動即等於與組織份子的活動」的理念廣爲人心。但如參考犯罪學等相關學術論點而言，恐怖份子雖在嚴密的分工與計畫，以及採取血腥的暴力活動方面或許與組織犯罪有相同之處爾外，但恐怖份子的活動宗旨，乃在於政治的改革，而非同於組織犯罪份子的「以經濟利益爲主要目的」[3]。也可說是，組織犯罪主要以牟利爲目的，現有政治的穩定與否關切著組織牟利及未來組織拓展的問題，因此現有政治的穩定多是組織份子所希冀之事；但恐怖主義份子的宗旨卻在於政治改革，現有政治體系的推翻，即是組織的主要目的。以上的分析即可窺二者之最大差異。

本文原針對組織犯罪本體做深入探討，惟組織犯罪之定義過廣，爲使本議題更爲精確，故擬將組織犯罪中擇取幫派犯罪爲對象，並以「現象面」及「法規範」二方面論述。此外，並針對「恐怖主義組織犯罪即爲組織犯罪」的觀念做修正性的探討。

壹、日本組織犯罪之現象

一、組織犯罪之定義

日本幫派統稱爲「暴力團」(*Bouryokudan*)，此語相當於我國「幫派」。

「暴力團」之語最初非法律用語及一般慣用語。二次世界大戰後，日本警方及報章傳媒爲求文字語彙統一，逕將當時「やくざ」(*Yakuza*)、或「極道」(*Gokudou*) 等幫派的稱謂一概統稱爲「暴力團」。此使得「暴力團」一語逐漸普及化，成爲一般常用語。

「暴力團」成爲法令用語是在二次世界大戰結束數十年後。爲有效防制幫派犯罪，日本政府於一九九二年三月一日公佈並施行「暴力團對策法」，「暴力團」一詞於此正式成爲法定用語。

「暴力團對策法」爲日本最初制衡幫派犯罪的專法。在制訂法令的時間順序來看，本法與一九九九年公布施行之「組織犯罪防治法」在時間上與我國的「檢肅流氓條例」與「組織犯罪防治法」相近。若比較法的觀點來說，以法條內容而言，我國組織犯罪防治法的規模，約介於日本暴力團對策法及日本組織犯罪防治法之間，但比較趨向於日本暴力團對策法。因我國組織犯罪防治法的規定，主要也是以暴力幫派犯罪所量身而設，此從我國組織犯罪防治條例中第二條關於組織的定義詮釋中，即可窺視端倪。也就是，我國組織犯罪防治法中的關於「組織犯罪」的定義是，「所謂犯罪組織是指三人以上，有內部管理結構，以犯罪爲宗旨或以其成員從事犯罪活動，有集團性、常習性及脅迫性或暴力性之組織。」。因此，我國組織犯罪防治法中的關於組織犯罪的定義，可以歸納出成員有三人以上、有內部管理結構、組織以犯罪爲宗旨、以及所從事的活動需具有脅迫性或暴力性等等重點。尤其，我國組織犯罪的定義中，強調以犯罪爲宗旨及所從事的活動需具有脅迫性或暴力性的要點之下，不難體會出，我國關於組織犯罪的基本定義仍偏向傳統的暴力幫派犯罪的詮釋。

此外，日本暴力團對策法中的「暴力團」的定義是：「成員有三人以上，加諸人民日常生活威脅之虞的反社會性質集團。」[4]。由上述的定義而言，略可領會出與我國組織犯罪的定義重疊之處。

由以上的評析，不難窺視出當今我國的組織犯罪防治條例在制訂當時，仍在傳統性幫派犯罪議題中詮釋，

此與日本當今的「組織犯罪關連三法」已逸脫傳統幫派犯罪範圍而言，更接近「暴力團對策法」，但由於日本制訂「組織犯罪關連三法」時，仍是以取締大型幫派爲宗旨，細入探討「組織犯罪關連三法」的內容，隱隱帶有幫派犯罪的風韻。

因此，暴力團防治法施行爾後，山口組等大型幫派擴充勢力的情況日趨嚴重。往昔暴力團防治法已不敷使用，日方於是於一九九九年公布了「組織犯罪關連三法」。針對本法內容之說明，本文的第二部份將有詳盡介紹。

根據一九九九年五月聯合國國際組織犯罪對策條約改訂草案第二條之二規定，組織犯罪之定義爲：

「『組織犯罪集團』（*organized crime group*）[5]是，爲獲得金錢及其他利益，以脅迫、暴力、貪污或其他直接或間接手

段行使跨國性重大犯罪[6]，三人以上，已存續相當時期之集團[7]。」

爾後，上述條約中僅對構成組織犯罪之構成人數、非法謀求利益之方式等有所規定外，刑責方面卻無明文規定，因此造成判刑上之不便。謂此，*EU*（歐洲共同體）對於共同體內所訂定之組織犯罪相關法令，除因循上述聯合國國際組織犯罪對策條約中所規定內容之外，又針對共同體內犯罪組織之規模，將構成組織犯罪集團之人數採「二人以上」說，另外，增加自由刑之規定。關於EU之組織犯罪的定義為：

「犯罪組織是，組織本體已存續相當期間，有犯下四年以上之自由刑，或相當於四年以上之自由刑之犯罪意圖，並具有二人以上共同協力活動之組織性聯合體（*structured association*）。」[8]

根據目前我國組織犯罪相關學術研究中得知，我國實務上因幫派組合難以嚴謹名確定義，故警察機關早期對於不良幫派組合之定義，可參閱內政部於民國八十三年七月二十二日警署刑檢字第四〇五七函：「稱不良幫派組合者，為三人以上之結合，其成員中於三年內仍有檢肅流氓條例第二條各款之情形之一者或有具體事證足認為有流氓行為之虞者」[9]。

我國早期防制幫派犯罪之相關法令僅有檢肅流氓條例及刑法第一百五十四條，但上述二則中刑法第一百五十四條期其內容過於簡單，無法肆應多變之組織犯罪型態，義與世界主要國家之立法例與一九九四年那不勒斯宣言中所指出的立法目的未盡符合。而檢肅流氓條例為行政命令而非正式法律條文之故，其部分條文有為違憲（司法院釋字第三八四號）[10]，如以此詮釋組織犯罪之定義，恐有不適切之虞，再加上目前幫派組織其規模早已壯大衍生，其組織型態亦已跨越國際化，純屬一般行政命令之檢肅流氓條例其防制之效，已無法符合處罰幫派活動並達防制之效果，故我國於一九九八年正式發佈並施行組織犯罪防制條例。組織犯罪防制條例中除規定關於組織犯罪非法行爲之罰責外，其中並針對組織犯罪之定義，有下述明確之規定：

組織犯罪防治條例第二條中規定：「言名組織犯罪，係指三人以上，有內部管理組織，以犯罪爲宗旨或以其成員從事犯罪活動，具有集團性、常習性及脅迫性或暴力性之組織。」詮此內容之意，言明我國法令中構成組織犯罪爲具有除有刑法中共犯性之意以外，並強調與一般偶發性之集團或法人組織犯罪型態有所差異，故本法之重點主要指出指出組織犯罪集團爲具有集團性、常習性及脅迫性或暴力性之組織。此外，同文中亦規定構成組織犯罪集團之集團人數明定爲三人以上，此規定之趣旨爲諄照各國之立法例而設。緣此，二人以下所構成之犯罪集團於我國不爲符合組織犯罪防治條例之規定定義爲組織犯罪集團，而僅予稱之爲「角頭」、或爲「犯罪聚合」。

日本「暴力團對策法」與一九九九年所施行之「組織犯罪關連三法」中，對於構成幫派基本人數對於構成組織性犯罪之成員人數採「多數人構成說」。二法中的規定中，皆可發現構成不良幫派組合之構成人數皆爲：有共同目的之『多數人』以上之集團（參考日本組織性犯罪及非法犯罪收益防制法第二條規定）。非同歐美各國採「三人構成說」及「二人構成說」，採「多數人構成說」的原因是，組織犯罪關連三法草案時期，日本學術界對構成人數之說爭議多時，遲遲無法歸納一明確定義。因日本國內之幫派組織早已蛻變爲跨國性大型犯罪組織，傳統之幫派聚合已不多見，因此，採「多數人構成」說，較爲適宜。此也正是日本較其他國際諸國之組織犯罪相關法令中較爲特殊之處[11]。

綜歸世界各國對於構成組織犯罪要件以及其定義之精義，構成現代組織犯罪定義可歸納爲十一點特徵。其中我認爲，第一、三、五、及第十一點爲構成組織犯罪定義之必須要件。

第一、爲二人以上之成員所構成

（*The organization consists of more than two members*）。

第二、組織成員皆被組織賦予特定任務

(*Each member is entrusted with a specific task*)。

第三、組織成員已有相當或不定期間共同活動經歷

（*The members have worked together for a considerable or undetermined period of time*）。

第四、組織內部各項活動皆於已制定且已確定規則下進行

（*The activities of organization are performed according to an established set of rules*）。

第五、組織有涉嫌重大犯罪嫌疑

（*The organization is suspected of serious offences*）。

第六、組織之活動爲跨國性

(*The organization 's operations span more than one country*)。

第七、行使暴力及脅迫行爲爲其組織經常使用之手段

（*The use of violence or intimidation comprises part of the organization regular working methods*）。

第八、其組織爲管理非法所取得之收益，擁有企業公司或是相關商業活動之場所。

（*The organization employs commercial or commercial-like structures to control profits*）。

第九、其組織有涉嫌洗錢行爲之嫌疑。

（*The organization engages in money laundering activities*）。

第十、其組織有進行使政治家、傳媒、行政機關以及其國家之經濟等重大影響性之活動

（*The organization works to influence politicians, the media, public administrations, and the legal community of the country's economy*）。

第十一、組織活動之重點爲致力於獲取非法利益及政治權力

（*The activities of the organization focus on gaining profit or power*）。

此外，在組織犯罪與恐怖份子的活動方面，有許多重疊之處。此二者最大的相似點在於，皆以獲取經濟利益爲目的。但是，恐怖份子的最終標的，在於顚覆國家。

日本國內所發生的恐怖份子活動，主要是早期的右派組織「赤軍連」，以及近年的宗教團體「眞理教」。

「赤軍連」進行顚覆活動最頻繁時期是在二次世界大戰後至六〇年代。當時因日本昭和天皇宣布投降，擁皇派的赤軍連份子不滿皇權成爲有名無實的現象，於是發動許多反政府的活動。因當時無相關的法律規定，遭逮捕的赤軍連份子皆以刑法中的反社會法益之「騷擾罪」處分（日刑160）。但近幾年，因日人對於政治的關切已不如過往，赤軍連的行動亦因份子年齡衰老，新加入成員減少，無經濟來源等原因而逐年減低。最近赤軍連份子活動也僅止於東京鬧區一角開著箱型車搖旗吶喊，成爲東京有趣街景之一。

然而，眞正成爲日本全國民衆夢魘的是一九九五、一九九六年間眞理教所策動的長野縣沙林事件與一九九七年地下鐵沙林毒氣事件。在此之前，眞理教僅給人普通宗教組織的印象，雖教主麻原彰晃於前二件沙林事件之前曾參與國會議員選舉，但因相貌

奇特，難以讓世人接受，以及無明確政見等理由慘遭落選。麻原對政治的熱衷度並未因落選而減低，甚至可說是，沙林一案是對於政治異常關切的一種呈現。

眞理教的活動雖然不至如美國九一一事件的血淋淋駭人驚聳，但是，推翻現有社會體制及擾亂社會秩序的觀點來說，卻是不折不扣的恐怖活動。也可以說，日式的恐怖活動雖無歐美各國戲劇般的血腥動感，但靜謐的殺人行動，卻十分弔詭離奇。

山口組等組織犯罪集團的取締已層層考驗日本治安。但，眞正帶給日本民眾生活的恐慌，卻是眞理教等恐怖份子活動。原因是，山口組等組織犯罪集團主要以大型企業爲對象，與一般民眾較無直接的接觸，但眞理教的恐怖行動卻是以一般民眾爲標的的「無差別式殺害」，民眾被害恐懼的程度尤勝於前者。

二、幫派的歷史演革

日本學術根據德國學者*Schwind*將幫派的型態，依其規模，可分爲「犯罪聚合」[12]、「角頭型」以及「組織型」三種類型[13]。

國內多數文獻皆可查閱到以上三種行態的基本定義[14]，在此我已不做重複性說明。簡單來說，「犯罪聚合型」爲幫派最基本的雛形；「角頭型」較「聚合型」有組織化，但無明顯入幫幫規；「組織型」則爲今日警政單位所取締的組織犯罪最終型態。

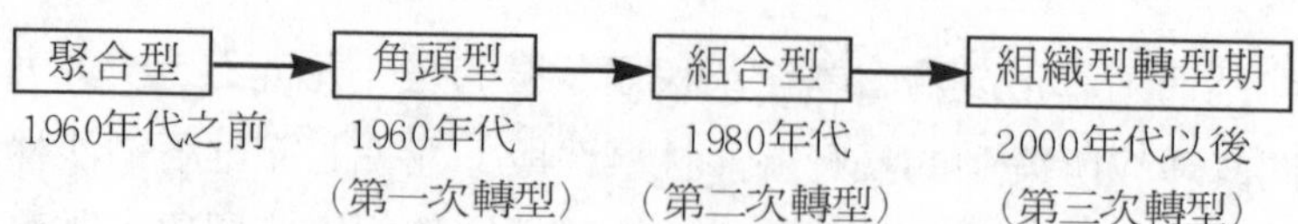

【圖表2】　日本幫派組織織轉型期之說明

學術研究報告中指出，日本幫派組織一共歷經三次轉型期（參閱圖表2）[15]。

第一個時期爲在昭和三〇年代，相當於民國六〇年代

昭和三〇年代以前，日本國內幫派呈現最傳統的「聚合型」。組成員大多爲地方地痞流氓，犯罪行爲皆是臨時起意爲多，並無明確化的組織型態。昭和三〇年代以後，「聚合型」逐漸轉型爲「角頭型」，也就是稱爲「暴力團」之幫派組織。此時，爲謀求更多的經濟效益，地方的犯罪聚合逐漸演化爲較有組織型態的「暴力團」。經濟來源多是從事娼妓、博奕、麻藥販售等等。

第二時期爲昭和六〇年以後，相當於民國八〇年代以後

從事傳統非法牟利行爲的「暴力團」組織，因國內經濟變化及拓展國際化，迅速發展轉型爲「組織型」類型，並公然以幫派威名擾民。例如，幫派集團以幫派之名，成立討債公司或專門以上市公司小股東身分在股東會上鬧場、恐嚇，以勒索分紅之方式（日人稱爲「總會屋」）專擾中小企業及銀行。此外，在幫派營利事業方面，保有傳統非法營業類型比較少，此時期組織幫派集團已拓展爲一般企業型態。

因此，第二時期可說是日本幫派集團發展之最快速時期，亦是奠定日本幫派集團朝向經濟活動發展之重要關鍵。

第三時期爲平成十二年至十三年，亦就是民國八九年至九〇年

因日本國內經濟不景氣，經濟成長率低迷不振，後又連遭全球性經濟不景氣波動等影響，失業率年年屢高不降。各企業爲求自保，採裁員等各種濟急措施，拯救企業危機。在低迷景氣下，幫派組織無法如同往昔吸取大型企業利益。此外，一九九九年日本政府公布實施組織犯罪對策三法，此法於實務及學術界大力倡導下，企業界與實務機關同聲共同抵制組織幫派的威嚇。因此，

組織幫派無法再公然以威名侵擾企業界，爲避免幫派消滅，組成份子一方配合有關單位登記（請參閱本文「三」），另一方潛入地下從事非法營業活動。例如，與大陸幫派從事偷渡客非法入境日本的斡旋，或與其他亞洲黑道幫派串連從事僞造貨幣、信用卡，以及販售毒品工作。

日本國內幫派組織雖早於一九八〇年時已轉爲「組織型」型態，但挾其威名震喝企業界的風光卻因經濟不景氣影響，大受折損。此外，幫派所經營的各式企業也受到不景氣波及倒閉的狀況非常多。因此，第二時期（一九八〇年代）與第三時期（二〇〇〇年代）組織幫派類型雖皆是「組織型」，但其牟取利益的方法已由「公然化」轉爲「非公然化」。每況愈下的變遷同時也說明了組織的滄桑。

三、 特徵與現況

組織犯罪的基本特徵，簡單來說是，主要目標：獲取極大利潤；行爲方式：分工與專業；職業化；掩飾性；階層組織；隔絕與紀律等[16]。

論日本組織犯罪的特徵中，最明顯的是，階層組織。

日本的文化是充斥著濃冽的封建式階級構造。當然，這也是因儒家文化東傳的輝煌。封建式階級制文化的影響，日本社會中下對上服從是社會的中堅理念。正因如此，日本社會中有一種井然有致的秩序，除了，經濟的爬升外，犯罪率也得到有效的控制，於是，二次世界大戰挫敗後短短數十年內，日本晉升爲世界強國。

在日本的組織犯罪集團中，層級組織也歷歷可見。

日本組織犯罪集團基本上由大哥（日語稱爲「親分」（*Oyabun*））及小弟(日語稱爲「子分」（*Kobun*）)之擬制關係所組

成。雖我國的組織幫派中也強調大哥與小弟的層級觀念，但是，此種服從是比較傾向於弟對兄長，然日本的層級觀念，比較富含子弟對家長的崇敬。我認爲，在服從理念方面，日本幫派對於首領的服從的內涵更甚於台灣。

從下列圖表中台日二國組織結構比較，我國幫派組織中，著重人治管理。以竹聯幫爲例，我們可以看到總堂主（首領）以下的明顯層級構造，其狀態似爲一國之規模，堂主之地位如同一國之君。

日本組織雖是人治管理，但是其組織構成主要是管理部門與執行部門的分層管理方式，注重管理部門與執行部門之間的協調性，其分層構造也非常井然有序，與一般企業極爲相似。

縱覽我國與日本幫派組織，雖二者皆爲上下層級的封建關係爲主，惟我國幫派演革較強調以首領層級爲主統籌管理，日本幫派較注重團體合作的經營理念，因此仍可窺出我國幫派組織與日本的區別。

【圖表3】 竹聯幫組織結構[17]

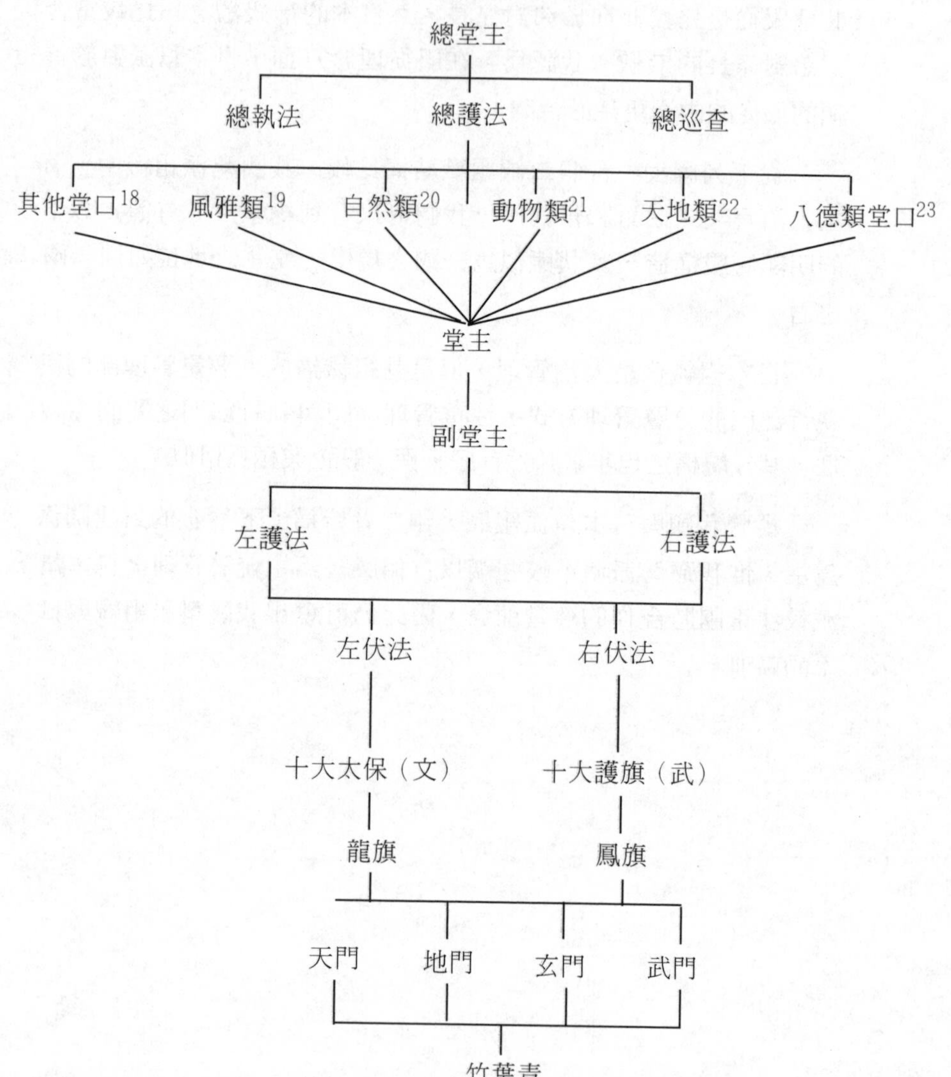

【圖表4】 日本大型組織─山口組之結構[24]

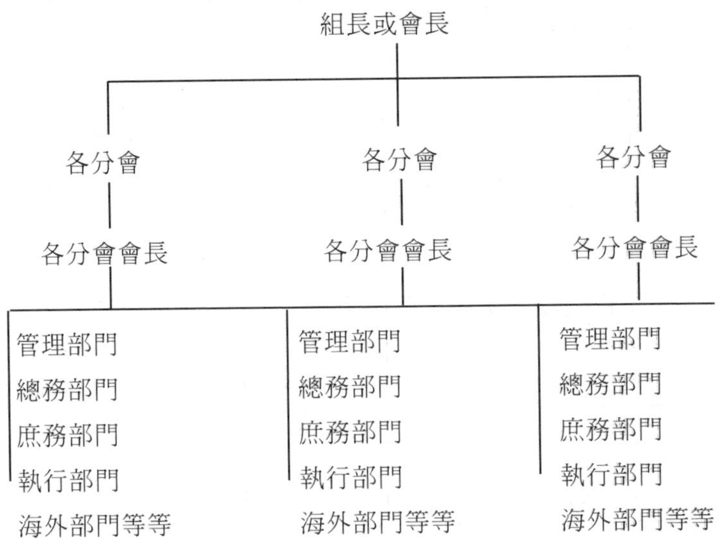

【圖表5】 日本主要登記在案之幫派名稱、總部事務所所在地、代表人、總人數[25]

No	名稱	總部事務所所在地	代表人	勢力範圍	幫派人數
1	五代目山口組	兵庫縣神戶區篠原本4之3之1	渡邊 芳則	東京、北海道、京都、大阪以及其他39個縣市	約17,500人
2	稻川會	東京都港區六本木7之8之4 代代木大樓6樓/7樓	道川 角二	東京、北海道及其他22個縣	約5,100人
3	住吉會	東京都港區新橋5之4之1 HUKUYA大樓3樓	西口 茂男	東京、北海道、大阪及其他17個縣	約6,200人
4	二代木工藤連合草野一家	福岡縣北九州小倉北區神岳1之1之12 工藤連合草野館	溝下 秀男	九州地區3個縣	約520人
5	三代目旭流會	沖繩縣那霸市首里十嶺町4之301之6	翁長 良宏	沖繩縣	約270人
6	沖繩旭流會	沖繩縣那霸市 TSUJ 12 之6之10	富永 清	沖繩縣	約370人
7	四代目會津小鐵	京都府京都市下京區東高瀨川筋上之口岩瀧町176之1 會津會館	姜外秀	北海道、京都、以及兵庫縣	約1,100人

【續圖表5】

No	名稱	總部事務所所在地	代表人	勢力範圍	幫派人數
8	四代目共政會	廣島縣廣島市南仁保町2之6之5	沖本 勳	廣島縣	約280人
9	六代目合田一家	山口縣下關市竹崎町3之14之12	溫井　完治	以山口縣為主附近4個縣	約190人
10	四代目小櫻一家	鹿兒島縣鹿兒島市甲突町9之1	平岡　喜榮	鹿兒島縣	約120人
11	三代目淺野組	岡山縣笠岡市笠岡615之11	串田　芳明	岡山、山口縣	約120人
12	二代目道仁會	福岡縣久留米市通東町6之9 日建興業大樓2樓	松尾　誠次郎	九州地區4個縣	約530人
13	親和會	香川縣高松市鹽上町2之14之4	細谷　國彥	以香川縣為主附近2個縣	約70人
14	雙愛會	千葉縣市原市辰巳台西5之9之9 黑田大樓2樓	申　明雨	以千葉縣為主附近3個縣	約460人
15	三代目山野會	熊本縣熊本市本莊町712之14	池田　鐵雄	熊本縣	約70人
16	二代目俠道會	廣島縣尾道市新高山3之1170之221	森田　和雄	以廣島縣為主附近6個縣	約180人
17	三代目大州會	福岡縣田川市大字弓削田1314之1	大馬　雷太郎	福岡縣	約130人
18	五代目酒梅會	大阪府大阪市中央區東心齋橋2之6之33	谷口　正雄	京都、大阪以及附近2個縣	約280人

貳、組織犯罪之法規範—日本組織犯罪防制法令簡介

日本於一九九九年七月公佈施行組織犯罪對策三法。

組織犯罪對策三法與暴力團對策法的最大區別是，暴力團對策法只針對暴力團的定義，以及取締幫派犯罪的方式做簡略的說明。組織犯罪對策三法則是因應目前組織犯罪的類型，所修訂出的現代取締法令。組織犯罪對策三法主要是由組織犯罪防制法爲主、刑法與刑事訴訟法修訂爲輔三者組成。本法內容與德國「對抗組織犯罪法案」中有極爲類似之處。

例如，本法的重點可歸納出三大部分，分別是有關於一、剝奪組織犯罪不法利潤措施，二、有關搜查組織犯罪時竊聽法令之使用，以及三、刑事訴訟法的新修正。

1.組織性犯罪之處罰及有關防範犯罪非法收益之法律

(1) 加重組織性犯罪之刑罰

(2) 有關防範犯罪非法收益

1) 明定防範犯罪非法收益之規定

2) 對於洗錢行爲之處罰

3) 沒收及追收犯罪非法利益

4)金融單位需向警政單位報告可疑性之金融交易行爲

2.有關搜查組織犯罪時竊聽法令之使用

(1) 刑事訴訟法第222之2條中訂立強制處分規定作爲警政單位進行竊聽時之法令根據。

(2) 明定警政機關進行竊聽時之要件。

(3) 警政機關進行竊聽行爲之實施要點之訂定。

(4) 爲求司法公正，警政機關進行竊聽時須向當事人提出令狀書（第九條）；如有干預警政機關進行竊聽者，依法處罰之（第十條）；警政機關可依法請求相關單位協助之（第十一條）。

(5) 警政機關進行竊聽時需有電信公司之管理人員或地區工作人員在場（第十二條第一項）；上述之在場人員需依法確認警政機關進行竊聽之所有法定程序與紀錄（第十二條第二項）。

(6) 檢察官需確認進行竊聽時之通聯紀錄是否符合竊聽令狀書中之需竊聽之通信紀錄，並針對只需竊聽之最小範圍內電話進行竊聽（第十三條第一項）；如上述之通聯紀錄中如以外語或一些無法立即辨認之符號表達時，此時將所有信號全部接收並立即於現場解讀之（第十三條第二項）。

(7) 警政機關如於進行竊聽中發現其他重大犯罪行爲之通信時，可依現行犯之處理方式立即處理之（第十四條）。

(8) 醫師等（除本身爲嫌疑者外）之通聯紀錄，本社會信賴保護之原則，不得進行竊聽之行爲（第十五條）。

(9) 已竊聽後之通信紀錄，需以錄音或其他適切之方法之紀錄器材紀錄之（第十九條）；在場人確認後簽章（第二十條第一項）後，送致法官（第二十條第三項）保管。竊聽後之資料因需於訴訟程序中提出，因此需從元紀錄中複製之與該當犯罪無關連之通訊計紀錄消除之（第二十二條第一至四項）。

(10) 事後防範措施

(11)需向當事人發佈進行竊聽之通報（第二十三條第一項）；以上之通報如當事人身份或其行蹤中無法確定時，需於進行竊聽後三十日之內補足之，惟法官認爲有妨礙搜查之時，可依檢察官之請求延長至六十日（第二十三條第二項）。

(12) 被進行竊聽之當事人、檢察官或司法警察、被告、辯護人可將閱覽竊聽記錄或影印之（第二十四條、第二十五條）；法官做成之紀錄，如檢察官不服時，可申訴之（第二十六條）。

(13) 檢察官、檢察事務官及司法警察、辯護人或其他知曉竊聽記錄者，應遵守通信秘密之保護原則（第二十八條）。

(14) 政府需將已進行竊聽之件數、本制度運用之狀況向國會報告（第二十九條）。

(15) 本法爲針對重大案件搜查時之強制處分規定，如有違反者，需處以重罰。其中，竊聽法中有設立公務員侵害通信秘密罪之規定（第三十條）。

3. 刑事訴訟法之新修正

訂定強制處分爲進行竊聽行爲之根據及訂定有關證人保護之規定。

4. 施行日之規定

於一九九九年九月七日開始實施

參、組織犯罪未來的趨勢

由以上之歸納，對於構成組織犯罪之基本要件以及定義有基本概念後，關於目前組織犯罪之趨勢，亦是吾等學術研究者所需深究研討。

於此，吾人將目前組織犯罪之趨勢分別以組織本體及組織活動兩大方面說明之：

一、組織本體之趨勢

關於目前組織犯罪最爲顯著之趨勢爲，爲因應世界性貿易市場需求及變化，組織本體積極進行擴充重組之事。交通、工商業發達以及各種技術進步、自由化金融市場與環球化通訊發達所帶來之多重利益，除給人民更富庶之生活外，亦使黑道份子習得了各項專門之技術與常識提供了組織犯罪集團迅速發展之契機。

組織犯罪型態變化之種種原因之一，爲與犯罪組織所處周遭環境有關。上述之交通、工商業發達以及各種技術進步、自由化金融市場與環球化通訊發達，除可擴增法律執行活動之實效性外，亦使組織犯罪集團，以及一般犯罪集團之構造產生一連串變化。

一般而言，依目前大型犯罪組織之大規模且嚴格分層階級構造，因目標過於顯著，對於法執行單位而言較易取締。因此，各大型犯罪組織爲延續組織，迴避搜查機關之對策，因此捨其大型中央集權式，也就是所謂封建式之構造，轉而逐漸將權力分散之小型單位此種柔軟性應急措施。因此，目前大型犯罪犯罪組織爲謀求更新獲利方式，並使受警政單位取締之脆弱性減爲更低，組織本身不再同以前般重視組織之規模性，而轉爲積極使組織構造順應新市場之需求。

二、活動之傾向

上述已有提及目前跨幫派集團跨國際性之犯罪已是常見之現象。而此種對於跨國際性之犯罪案例之計算統計，雖不是不可能完成但也是相當困難之事。目前關於跨國際性之組織犯罪之案例黑數比例相當高，因此，目前各國對於組織犯罪統計之眞實性，以及此種數據是否有嚴格劃分國內或者是跨國際性之犯罪，實令人存疑。

目前，組織犯罪營利活動傾向爲開拓新市場，並且積極採取低成本之利益取得行爲。而實際上，組織份子本身於決擇是否進行利益獲取之非法行爲時之關鍵性，亦在於犯罪結果之勝算與獲利情形之比例多寡。而組織份子學習目前現代先進專門技術與否，亦使得組織份子於決擇是否進行利益時之比例相對亦有所異。

電話、傳眞、電腦等情報通訊技術之發達、企業界對於電腦資訊技術需求量逐年增大，銀行及金融機關電子系統化、

依據上述之研究報告結果可得知，台日二國之組織犯罪之型態於早期雖有相似之處，但近幾年，因兩國經濟發展及國內政治體系、穩定度不同，犯罪組織發展型態，以及活動趨勢亦有所分歧。目前我國雖然與日本相較之下，國內幫派組織發展較爲傳統化，但依目前國內幫派活動日趨跨國化（尤其目前跨海至大陸、港澳地區，或與大陸、港澳地區幫派結合進行非法活動狀況增多）、企業化之發展趨勢之下，未來與日本同樣已呈現組織化、企業化之現代組織犯罪典型，將於我國逐漸定位，並成組織犯罪類型之主流。

惟二者相異之點可投射於雙方政治穩定度之差異。日本社會長期處於政治穩定狀態，因此，民眾較無我國國人對於政治體制變徙之敏感性，亦如此，日本國內之幫派組織著重於非法利益之

取得。反之，因我國內政長期處於不穩定之狀況，民眾對於政治狀況之關心度較高。此正也反映於幫派組織上，例如，煩擾我國國家社會秩序穩定之「黑金政治」，正可說明黑道組織與地方政治派系之結合，產生所謂「權力」、「金錢」、「暴力」三者密不可分之共生關係[26]。而觀之日本之現況，幫派組織多朝向企業經營，而無似我國幫派組織較積極牽涉政治。此爲近年來二國幫派組織方面最爲重大之分歧點。

組織犯罪於世界各國造成嚴重治安問題已不容所忽視。尤其大型幫派組織之非法利益取得以及所涉及各式暴力犯罪，除對其社會造成治安不良問題之外，甚而有危害一國存續之虞。因此，目前世界諸國共同連署打擊國際性犯罪組織，維護各國政治經濟穩定爲主要目標。我國目前雖有最新之組織犯罪防制法令，惟國內黑道與地方派系、政黨政權掛勾情形已是相當嚴重之問題。此外，目前因我國與大陸地區外交關係仍爲敏感，因而導致黑道份子得以利用大陸、港澳地區從事偷渡斡旋、走私販毒等等跨國性非法行爲，甚至於犯罪後潛逃藏匿之處。因此，我國國內實務單位除與學術界針對我國國內犯罪組織共同研擬防制組織犯罪與政治勾結之特殊情形之對策外，黑道幫派利用大陸地區作爲犯罪資源之問題亦需重新正視之。

目前我國對於打擊犯罪組織之階段性防制工作仍僅限於國內執行，而反觀目前我國國內組織犯罪之犯罪型態早已轉爲跨國際性，此與我國現階段防制工作有相當大之落差。爲使我國組織犯罪之法令能充分發揮其效，除法令中與日本法令中規劃最新防制組織犯罪之洗錢、竊聽等法令規定，並加上檢討組織成員之更生處遇及自新條款規定是否有達成效爾外，國民是否亦有共識共同與政府打擊黑道幫派亦是我國政府亟需重視之問題。

目前因國內幫派組織早已滲透於一般政治及經濟體系，並已嚴重紛擾一般民眾日常生活。正亦因我國社會黑道幫派侵蝕我國政經體系之情形頗爲嚴重，並深擾民眾之日常生活，因此，我國國民早已由不堪黑道紛擾，轉而形成利用黑道幫派解決個人日常問題之怪異思想。民眾此種之思想、心態上之形成，正可證明我國防制組織犯罪之對策除需法文之修訂，及重整實務方面之對策仍須重新檢討。爲解決我國民眾利用黑道解決私人紛爭此種心態而導致犯罪組織無法徹底取締，政府需負擔教育人民對於幫派組織擾民之責，同時正視目前我國黑道勾結政治並嚴重侵蝕經濟體系之現狀，不再以敷衍心態而避之。

日本政府及學術、實務界爲打擊組織犯罪，政府及學術、實務界結合，除研討最新取締犯罪組織方法之外，並規劃定期對一般企業及國民教育正確組織犯罪相關知識，同時教導一般企業及民眾如何打擊黑道犯罪，此行獲得極佳之效果，同時也使現階段日本國內幫派無法似同以往挾其威名伺機擾民。日本之例正可提供我國政府參考，唯有民眾以及企業界對於政府防範組織犯罪對策之配合，俾使黑道幫派無法於我國發展，民眾生活才得以保障。

肆、結語

「癌症理論」[27]，是我對組織犯罪蝕國的聯想。

癌症是一種致命疾病。導致癌症的原因眾說紛紜，但，癌症並非外界所產生的傳染病，無法預防。癌症細胞是從人體內產生，逐漸成爲腫瘤組織肆虐人體。觀其腫瘤本體，僅不過爲體內橫生出的壞組織，但其侵蝕人類並使人類的生命受到威脅的程度，相信是非常聳人的。

癌症細胞逐漸形成惡性腫瘤，腫瘤爲求生存，於是連結附近的血管，將體內的營養素充分輸於其中。初期腫瘤，經由外科手術可以簡單摘除，人體存活的機率相當高。但癌症細胞遍佈全身後，就算有手腕高超的外科良醫，但病人不免受到死神的召喚。

犯罪組織的拓展與變遷如同體內癌症組織的拓展。當組織仍在初期，也就是僅在「犯罪聚合型」時，一般對抗組織犯罪法令及警察的卓越取締方式即可應付完全。但犯罪組織已深入國家社會，並與企業結合爲一，掌控國家經濟命脈，民眾日常生活都需經過組織的「眷顧」時，完全滅絕幫派，恐已無法可能。

日本犯罪組織，經歷各時期的變遷，加上國內經濟蓬勃發展，逐漸蛻變爲跨國性的大型組織。爲拓張勢力，日本犯罪組織深入日本企業，吸取其精華，並搗亂日本金融股票市場，使日本組織犯罪呈現獨特「侵襲企業暴力犯罪」的特徵。雖然日本一些大型組織也有涉及傳統非法營業，例如，娼妓業以博奕業、麻藥販售等等，但日本犯罪組織相信，掌控企業經濟及國家金融市場，將可獲取更大量的非法利益。

犯罪，不免有黑數。在組織犯罪方面，因恐犯罪組織之威嚇報復行動，畏於向警方報案的企業及民眾，大有所在。雖現代人已相信，良善的刑事司法是保護其生活的最佳方式，但，人心不免恐於朝刑事司法制度疏漏之處，在此種複雜心境的糾葛下，給予了組織犯罪侵襲最佳良機。

多數人都相信，徹底取締掃蕩是滅除黑道幫派的最佳方式。但究竟用任何方式才可杜絕黑道的存續？研究文獻眾說紛紜，並熱烈反應於各大學術雜誌，但現實上，是否眞正可運用於實務工作，不得而知。

日本鑑於黑道已深入民間與企業，其與社會密切結合的程度，已如人體已臨癌症膏肓之期。此時，如徹底根除黑道，社會整體將有癱瘓可能，遂採漸進的幫派登錄制（見本文第一部份），將幫派所在及其相關份子以登錄方式加以控制。雖日本政府此行在表面看來，或許有不徹底掃蕩，與幫派妥協等等之虞，但以目前黑道充分掌控整體經濟方面而言，或許也可收其良效。

我國目前掃蕩幫派的取締方法，其手法並無額外創新。「××專案」的口號，在實務單位呼喊多年，仍是我國取締幫派組織的主力措施。如我國與世界各先進國同步，如與德國般採「臥底警探制」，或是如日本採「幫派登錄制」等監控幫派成長，其效果的良鄙，我不敢突兀發言。畢竟，外國與我國的文化有相當的差距，我國如無配套措施，唐突施策的話，相信也僅於徒勞一舉。

曾看過一外科醫生將病患的癌症腫瘤摘除後，原以爲，已摘除的腫瘤在離開人體後應無生命跡象，但外科醫將腫瘤放入消毒水盆中的那一剎那，腫瘤開始像烏賊般蠕動，其景象弔詭重重，不輸鬼魅影片一景。當時，我的驚聳與震撼，也勝過好奇。

儘管歷史波動與警方計畫性掃蕩，犯罪組織在一段時期之間似有決滅的跡象。但其後逐波而起橫虐社會的幫派犯罪現象與實例，似乎說明犯罪組織沒有徹底絕滅，反是因應嚴格的掃蕩，隱遁於某一個空間，等待取締之聲稍息後，再肆虐社會的機會。

或許以癌症蝕體論隱喻組織犯罪蝕國論，難免誇言。組織犯罪的研究，已有研究的極限，難有向上研究的空間。在此，如有創新之說，需要法令再爲修訂，搜查方式再爲改變。

我認爲，多數的犯罪現象，如僅以探討僅以從法律規範的探討，或是單從實證問卷的角度評析，將會使犯罪之研究停滯於艱澀文字詮釋，或是單調數字佐證。因此，研法學、或是犯罪之學學者經常有「法學爲犯罪學之上」，或「犯罪學爲法學之上」學派攻訐之紛爭。犯罪行使端靠於人，撲溯迷離的人類情性，將影響犯罪學之研究，因此，文字密度大的哲學、文學領域將是詮釋犯罪之學的最高境界。

組織犯罪是最基本的「人的結合體」之犯罪現象，因此，組織犯罪的特徵當中，較起其他犯罪，富含了「人性之光」，因此，探討組織犯罪之象，除一般實證犯罪現象及法規範之研究外，其中，關於「人性及文化的研究」，也是研究此現象的學者及實務專家所不能忽視的一環。

註釋

1.本文原名爲：《組織犯罪現象與法規範初探：關於日本組織犯罪之探討》，發表於2001年犯罪學學會，並發表於本人所著之博士論文，摘自陳慈幸，《組織犯罪之法理性探究》，日本中央大學法學博士論文，2001年3月。

2.例如日本、中國大陸等等。

3.林山田，林東茂，《犯罪學》，三民書局，頁322。

4.同註二。

6.「組織型集團（*structured group*）」不爲一時起意而當場組成之集團，亦不需要有持續性社會地位或是擁有發達性之構造，惟組織成員皆被任給一定之任務。

7.「重大犯罪」爲判處長期性之自由刑而言。

8.「已存續一段期間（*existing for a period of time*）」爲實行犯罪或構成犯罪計畫之一段期間之存續之意。

9.*W. Bruggeman*（1999年10月13日），「組織犯罪對策國際的動向－ヨーロッパにおける取り組み―」，警察政策フォーラム 中央大學總合政策フォーラム，頁二–頁四。

10.許福生（民國90年7月18日），《法院審理組織犯罪案件之實證研究》，2001年犯罪防治學術研討會（民國90年7月18日於中央警察大學召開），頁二四五。

11.蘇南桓（86年11月），《組織犯罪防治條例之實用權益》，永然文化，頁一二九。

12.陳慈幸（2000年3月），《關於日本組織犯罪對策三法之研究》，日本中央大學刑事法研究會報告。

13.也就是相當於刑法中「共犯」（*Bande*）的理念。

14.Schwind, Hans-Dieter, Definition und Geschichite der organisierten Kriminalit_t im kuryen _berblick. in ：Schwind/Steihilper/Kube(Hrsg.)：Organisierte Kriminalit_t. 1987 S.17. 另外，Schneider, H.J., Das organisierte Verbrechen. JURA 1984 S.169.

15.例如蔡德輝，楊士隆（2000年），犯罪學一書的第八章《組織犯罪》的部分，五南出版社。

16.松下義行（2001年5月），「暴力団の實態と對策－関西暴力団を中心として」，警察政策會資料第十五號，頁一。

17.同注3，頁176-179。

18.資料來源：莊榮宏，竹聯幫三十六堂口成員名單，自由時報，民國85年11月11日。

19.可分斗六堂、戰堂、捍衛隊。

20.可分梅、蘭、竹、菊、月、聖等。

21.可分東、西、南、北、風、火、雷。

22.可分龍、獅、天蠍、天龍。

23.可分天、地、至、尊、萬、古、長、青。

24.可分忠、孝、仁、愛、信、義、和、平。

25.資料來源：陳慈幸（平成十一年），《暴力團迷你講座》，日本松江八束建設業暴力團追放對策協議會，2000年5月11日。

26.「暴力団情勢と対策」，全国暴力団追放運動推進センター警察庁暴力団対策部，1999年11月，頁三二。

27.許福生（民國九十年三月），《刑事學講義》，頁二五三。

28.同樣理論，國立中正大學犯罪防治研究所碩士班唐大宇同學也曾於九十年度上學期我的組織犯罪專題研究中提出同樣的看法。

第三章

組織犯罪與白領階級之共生性研究

- 白領階級與組織犯罪共生之定義
- 白領階級與組織犯罪具備之特徵
- 白領階級與組織犯罪之共生結構
- 白領階級與組織犯罪之共生關係
- 白領階級與組織犯罪案例
- 當前校園內共生結構得以染指之利益
- 白領階級犯罪造成有形與無形之損害—代結論

摘要

白領階級運用自身掌握之行政資源與公權力，與營利團體或非法組織進行利益交換、分配及共享之共生關係謂知「組織犯罪共生結構」。該共生結構內包含人員組成、手段及利益交換等三要素，並具有**人員集體性**、**手段計畫性**、**利益交換性**等特徵，形成一白領階級（公務員與民意代表）和營利團體、不法組織結合之共生關係。

白領犯罪雖不如一般型態的犯罪對民眾的身家性命造成威脅，但是其對國家法益與社會法益卻構成無窮盡的傷害。白領階級犯罪造成的犯罪黑數甚高，若非共生結構內成員自行揭露內幕，或是其他白領階級分子舉發，犯罪很難被發現。就算是案件已被舉發而由檢調單位調查偵辦，其涉案人遭起訴、判刑與受到懲罰的比率依舊偏低，且審理曠日費時，令一般民眾無法對司法公正性信服。

壹、白領階級與組織犯罪共生之定義

政府機關內各階層公務員或民意代表，運用自身掌握之行政資源、公權力與監督職責，與營利團體或非法組織進行利益交換、分配及資源共享之共生關係（張甘妹，民87；陳慈幸、唐大宇，2002：185）。該共生關係具有人員集體性、手段計畫性、利益交換性等特徵（*Siegel*, 2003；黃朝義，1998；蘇南桓，1997：15-18），係一公務人員長時間與民意代表、營利團體與不法組織共同合作侵蝕國家社會資源之犯罪行爲。

貳、白領階級與組織犯罪具備之特徵

白領階級與組織犯罪之共生關係具有人員集體性、手段計畫性、利益交換性等特徵，試分述如下：

一、人員集體性

當營利團體與不法組織說服白領階級加入共生結構時，不會單純地只找一兩位有關業務之公務員，而是從上到下、層層關卡加以疏通，以防在檢調單位查察時露出馬腳，是爲「人員集體性」。因此每當破獲白領階級犯罪之共生結構時，受到株連的公務員與民意代表往往達到上百人。

在白領階級加入共生結構的犯罪類型中，並非必然有公務員或民意代表涉入其中，企業內部有較高決策權力與掌握核心事務之精英，往往容易受到利益或其他不正利益的誘惑，進而牽連涉案。

二、手段計畫性

白領階級通常較社會其他階層熟悉法律、精通法令設計的漏洞。一旦加入共生結構後，必然和營利團體與不法組織經過縝密的計畫，研商利益的獲取手段、躲避檢調警三方查緝的技巧、法律漏洞之所在、共生結構還缺少哪些成員、所得利益該如何分享等等內容，事先計畫周詳，是爲「手段計畫性」。

三、 利益交換性

白領階級與營利團體及不法組織所圖之利益可在共生結構內交流、互換，如同買賣交易一般，各取所需。白領階級需要的是選票、是小額的賄賂、或是其他不正之利益。當他們獲得這些需求的滿足後，便透過關說、包庇、洩密或是施予其他單位壓力的方式，將營利團體及不法組織的所圖交換出去，是為「利益交換性」。

參、白領階級與組織犯罪之共生結構

白領階級與組織犯罪之共生結構內要素主要包含人員組成、手段及利益交換等三要素（*factor*），試分述如下：

一、 人員組成

(一) 白領階級：

包括公務人員、民意代表與企業精英。

1. 公務員：在政府機關內依公務人員任用法與保障法任免之公務員[2]與不受任用資格限制而任用之政務官[3]，上從握有行政資源與決策權力之行政官員、下至執行公權力之基層公務人員，皆為共生結構內重要之一環。
2. 民意代表：依公職人員選舉罷免法選舉產生之立法委員、直轄市市議員、縣（市）議員與鄉鎮（市）民代表。
3. 企業精英：企業組織內不乏熟諳法律與企業經營與管理的高階主管。他們雖然各自隸屬於企業內部不同的結構中，卻是企業生存與發展的重要成員。

(二) 利益團體：

依照其使用的手段有可區分為營利團體與不法組織：

1.營利團體：透過合法方式成立、經營之團體，並和政府機關發生民事上關係以獲取利益為目的之營利組織。這些營利團體大多數是依民法或公司法成立，以營利為唯一目的的財團法人或企業集團。

2.不法組織：又包含幫派組織與其他非法組織兩種組 織。

(1) 幫派組織：以武力、暴力為手段遂行目的之幫派、暴力集團。

(2) 其他非法組織：以詐騙、直銷或是洗錢等不法手段獲取利益之團體。

二、手段

(一) 公務員、民意代表與企業精英使用之手段

1.包庇：公務員對其所執掌之職務曲解法令或降低標準。例如：警察對八大行業減少臨檢次數、消防安檢人員對公共場所消防設備稽查「放水」、公務員對違法或失職事件予以「吃案」或「知情不報」。有時負有監督責任的上級主管或民意代表也會對於直屬公務員的執法作為加以袒護，「睜一隻眼，閉一隻眼」，形成官官相護的「包庇」體系。

2.關說或施予壓力：民意代表或高階層公務員假藉「請託」、「關切」對基層公務人員執行之公務加以關說。倘若基層公務員仍不留情面執意「依法行事」，民意代表或高階層公務員便施予壓力，以「刪減機關預算」或「加強監督」等手段逼迫基層公務員就範。

3.洩密：公務員因處理公務而知道許多機密訊息，這些訊息是營利團體與不法組織爲謀取利益而迫切想得到的，例如：軍事上的機密、工程底標、都市發展規劃案等等，民意代表亦可透過監督政府的過程知悉；民間企業精英則常接觸關於企業內部之商業機密，其內容包括企業的發展方向、合作投資的對象與目標、證券交易的內線消息等等。因此若白領階級加入共生結構中，則將會對其手中握有的機密資料透露給營利團體與不法組織，從中換取回扣或其他不法利益。

4.影響政策與行政決策：較高階層之公務員掌握有無窮的行政資源，尤其是政府執行之政策方針與藍圖。在作成作成決策之前會事先與有利害關係之民意代表、營利團體甚至是不法組織進行溝通、遊說，在這過程之中將許多國家利益進行分贓、交換。

5.影響立法：民意代表負有爲國家立法、爲自治團體訂立自治條例的任務。在立法的過程中，許多保障或限制人民權益的規範便加諸在條文中，無形中對於營利團體與不法組織的生存與營利產生影響。若能在選舉中將共生關係之成員送進民意機關內，便能影響立法（自治條例）的內容，對既得之利益將獲得保障。

6.影響偵查、起訴決定與司法判決：高階層之白領階級會透過檢察與司法體系影響檢調單位偵查進度、檢察官起訴與否之決定及起訴之罪名、法官判決內容與刑度，握有資源之「高層」會採取調職、升遷甚至是威脅恐嚇等手段對付未遵守指示的公務員。部分基層的公務員也會擔任「司法黃牛」，向當事人家屬索取「活動費」，並和司法人員共同干預司法，破壞司法威信。

7.打入共生結構之核心：企業內之精英所掌握的社會與行政資源不如一般公務員或民意代表，爲求在共生結構中汲取利益，企業精英會尋求打入共生結構核心之機會，再以非法手段暗中將共生結構內的利益移轉到自己的名下，或是壯大自己的力量，進一步奪取更多的社會與行政資源。最近轟動社會的理律法律事務遭到旗下法務員劉偉杰監守自盜三十億元客戶股款案即爲一例。[4]

(二)營利團體與不法組織採取之手段

1.選票回饋：營利團體與不法組織會對於協助關說或運作之民意代表給予「選票上的保證」，有了這些保證，民意代表在「綁樁」、「固樁」等方面就不需費太多的時間與精力。

2.威脅、恐嚇：以暴力對白領階級逼迫就範，但有時會改以色誘、賭博等方式取得白領階級違法或失職的證據，藉以威脅聽從命令。

3.出任白領階級重要職務：營利團體與不法組織若自行推派組織成員參選公職並且當選，將可爲其組織關說、護航、獲取機密資訊等等更有利的條件，這比其他非法手段輕鬆許多，有些曾犯案遭起訴甚至判刑的犯罪者還可藉機躲入「保護傘[5]」內，拖延審判時間甚至免除入監服刑的命運。再者出馬角逐白領階級組織內部重要職務，諸如警友會會長、基金會理事等等，皆可掌握其內部消息傳遞與利益脈動。

4.利益回饋：用金錢打通「關節」，這是最爲原始與簡單的手段，至今逐漸發展而出現回扣、政治獻金、插乾股等其他方式使白領階級不得不更深入該犯罪共生結構之中。行賄的方式也不見得一定得使用金錢，招待白領階級出國旅遊、上酒店喝喝花酒，也可以達成「交易」。對於民間企業的白領階級，亦可以此手段奪取其商業上機密或命其爲不競業行爲。

5.吸收：營利團體與不法組織在運用威脅、利誘等等人性上的弱點，使白領階級不得不聽命行事後，如更進一步吸收加入共生結構中，則將使組織更爲完整而穩固，同時能吞噬的利益也更爲龐大。

6.工程圍標、綁標：營利團體爲了獲取政府某項工程的承包權，往往透過公務員洩漏工程底標、黑道威脅逼迫其他承包廠商退出競標、收買其他承包商圍標等等方式進行。

7.以合法掩護非法：不法組織面對重重法律的規定與限制，每每鑽研合法的手段來爭奪龐大的利益。成立合法的企業組織或財團法人不但達成以合法掩護非法的目的，其所獲得的不法利益也可以洗錢的方式轉爲合法利益，受到法律的保障。

三、 利益交換

(一)公務員與民意代表所得到之利益

1.受賄及要求回扣：公務員在加入組織犯罪共生結構後，即向營利團體與不法組織索取賄款或要求回扣；但爲逃避檢調警機關查緝，有時這些公務員會改以「政治獻金」、「插乾股」的方式變相索取賄賂。

2.鞏固樁腳：民選公職人員與民意代表爲求得競選連任，往往透過營利團體或黑道進行固樁、綁樁的行動（李傑清，2001：71）。爲獲得他們全力的支持，當營利團體在政府決策方面有利益上需求時，民選公職人員與民意代表往往加以掩護甚至進一步從中牟利。

3.職務上之保證：白領階級畢生的心願無非是「升大官」或「賺大錢」。若能獲得民意代表或上級長官給予職務上之保證，如：升遷、調任，白領階級似乎很難拒絕此類的利益交換。

4.接受招待：這是另一種形式的索賄。利益團體會提供白領階級國內外旅遊、用餐、上酒店等等方式變相支付回扣。

(二) 營利團體與不法組織所得到之利益

1.工程承攬權或代理採購權：政府每年花費在建設或採購的費用每每高達上兆的價值，龐大利益是營利團體與不法組織爭相覬覦的目標，若能花少數的代價換取這塊「大餅」，是非常划算的交易。著名的「拉法葉軍艦採購弊案」、「榮星花園開發案」都是在這樣的時空背景下發生的。

2.維護既得之利益：當法令即將變更時，該既得利益之團體或組織便透過白領階級謀求自己之既得利益能獲得維護（*Quinney, 1977*；林東茂，*1993*；*Siegel, 2003*）。環保署禁用塑膠袋、保麗龍政策施行前，該商品製造商曾積極尋求政策能夠「急轉彎」；「資訊休閒業管理條例草案」限制了在學青少年出入網咖的自由，也影響到業者的利益，爲求得法令能放寬營業的限制，業者自然聯合請託白領階級「關說」。

3.洗刷社會給予之污名：營利團體與不法組織也許因爲某些事件對該集團形象造成損害。爲求得社會大眾對該集團的印象改觀，內部或許會透過競選公職的方式獲得參政的權利，不但可保障該集團既得之利益，更可擺脫社會給予之污名（李傑清，2001：56-57）。華隆案爆發後該集團負責人翁大銘出馬參選立委並當選，是一明證。

4.開發或侵略更龐大的利益：透過政策導向、立法保障與決策執行可維護既得之利益，更可開發或侵略更龐大的利益，甚至可消滅市場上其他競爭者。例如：透過法令規範某消防器材的規格，若同業對手產品並非該法定規格，則必然遭受到淘汰命運；騎機車必須頭戴安全帽，戴某些安全帽的規格卻又會遭取締罰鍰，則該安全帽必然乏人問津，被對手吞噬其佔有市場。

5.獲得白領階級違背職務之利益：公務員違背職務之包庇、知情不報、僞造文書與洩密等等作爲，往往可讓違法的營利團體與不法組織從中謀取暴利。又如企業精英若在職務上進行違背法令的行爲，例如：銀行超貸、證券內線交易、背信與洩密等等，將使得所屬企業集團蒙受極大的損失。

肆、白領階級與組織犯罪之共生關係

白領階級包括公務員、民意代表與企業精英，此三白領階級身分與營利團體及不法組織形成利益互換的「共生結構」。經研究者整理相關文獻後繪製「共生結構內使用手段」（請詳見圖一至圖五）與「白領階級加入組織共享利益」（請詳見圖六至圖九）。

一、共生結構內互動關係

營利團體及不法組織經常使用行賄、選票保證、職務保證、恐嚇威脅、利益回饋等方式說服與控制白領階級，也會透過同是白領階級的民意代表進行關說施壓、行賄、職務保證等手段迫使政府公務員就範。在營利團體與不法組織內部也會採用利益回饋、掩護、支持，甚至是自行推派人選角逐公職等等方式取得更大的利益。

從【圖表6】中可見不法團體對共生結構內其他份子使用之手段包括對民意代表進行行賄與威脅恐嚇、或是自行競選擔任民意代表[6]；對於高層公務員可採用行賄、選票保證、威脅恐嚇、或是自行競選擔任公職人員[7]；對基層公務員可採取行賄與威脅恐嚇等方式遂行目的；對企業內之精英則是採取金錢或美色利誘的方式獲取對方的配合，有些精英更因此被不法團體所吸收，積極的配合共生結構從事不法。

不法團體與營利團體則是以掩護、支持等方式以換取其利益回饋，或是滲透進入企業機構內，以合法掩護非法的手段從事洗錢、資金掏空、大量吸收資金、向銀行超貸等犯罪行爲。

【圖表6】 不法團體對共生結構內其他份子使用之手段圖

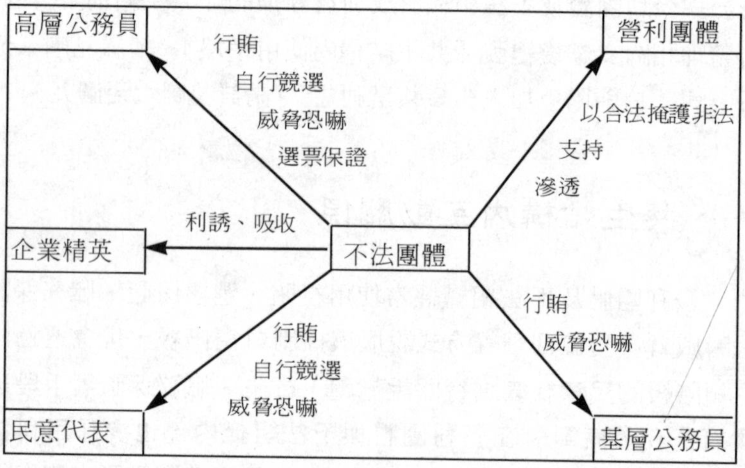

從【圖表7】中可見營利團體對共生結構內其他份子使用之手段包括對民意代表進行行賄與選票保證等方式，也可以自行參選

擔任民意代表；對於高層公務員可採用行賄、選票保證、或是自行競選擔任公職人員；對基層公務員可採取行賄的方式遂行目的；對其他企業內之精英也是採取利誘、利益回饋與吸收的方式，藉以奪取對方的商業機，積極的配合共生結構從事不法；與不法團體則是以等方式以利益回饋換取其掩護、支持。

【圖表7】 營利團體對共生結構內其他份子使用之手段圖

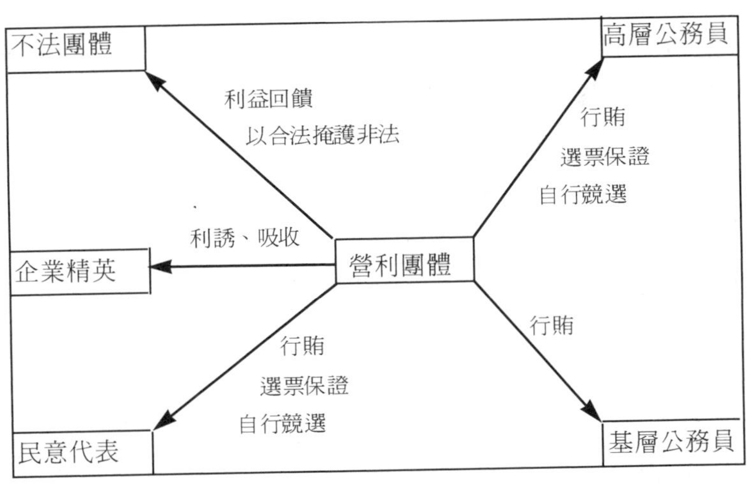

從【圖表8】中可見民意代表對共生結構內其他白領階級使用之手段包括對於高層公務員可採用行賄、關說施壓、選票保證、職務保證等方式獲取利益；對基層公務員可採取行賄、關說施壓、職務保證等方式遂行目的；對於民間企業內的高層主管則會採取利誘或利益回饋等手段套取該企業內部之商業機密。

【圖表8】民意代表對共生結構內其他白領階級使用之手段圖

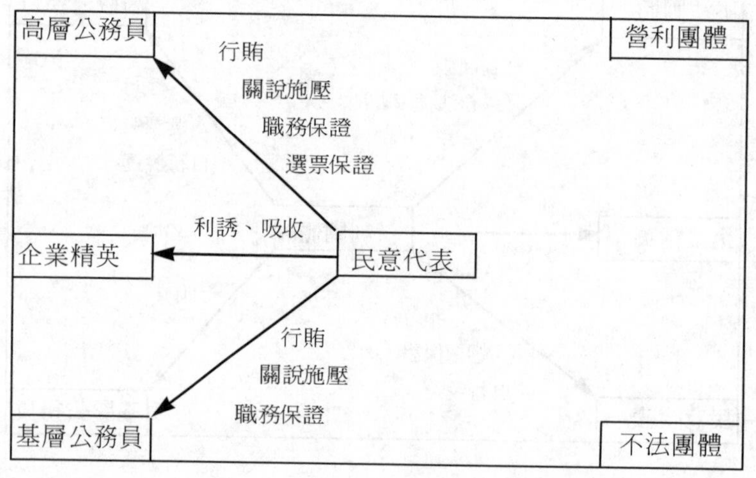

從【圖表9】中可見高層公務員僅能對較爲基層的公務員以關說施壓與職務保證等方式遂行其目的。

【圖表9】高層公務員對較為基層的公務員使用之手段圖

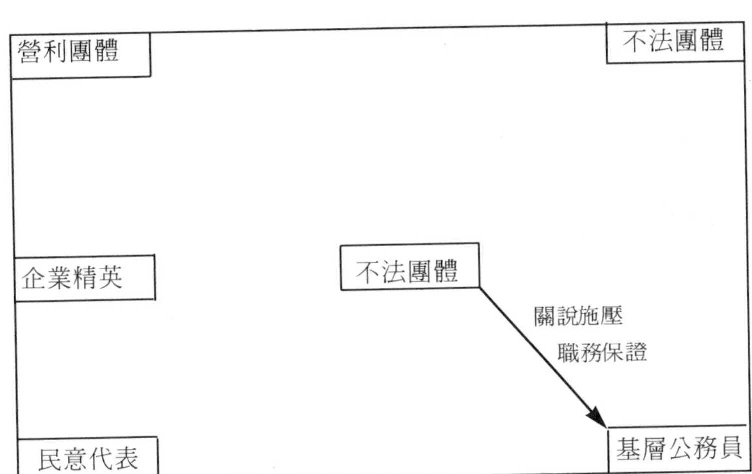

從【圖表10】中可見，企業精英對共生結構內其他份子使用之手段較爲有限，常見的是將企業內之機密洩漏讓其他營利團體、不法團體或民意代表知悉，以圖對方給予自己金錢或其他不正利益之回饋。或是以違背職務之作爲，將企業的利益轉手到共生結構內，最常見的例子是提供超貸以及變更企業的投資計畫。

也有部分企業精英利用職務之便虧空公款、對銀行進行超貸、證券內線交易，或者是打著公司的名號從事老鼠會吸金的勾當，不過這些往往是個人秘密進行的違法作爲，和共生結構內其他份子無關。

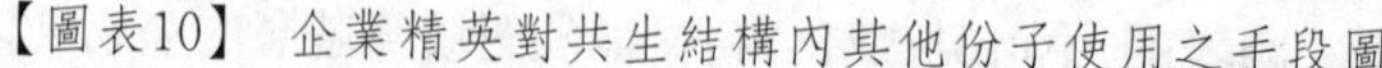

【圖表10】 企業精英對共生結構內其他份子使用之手段圖

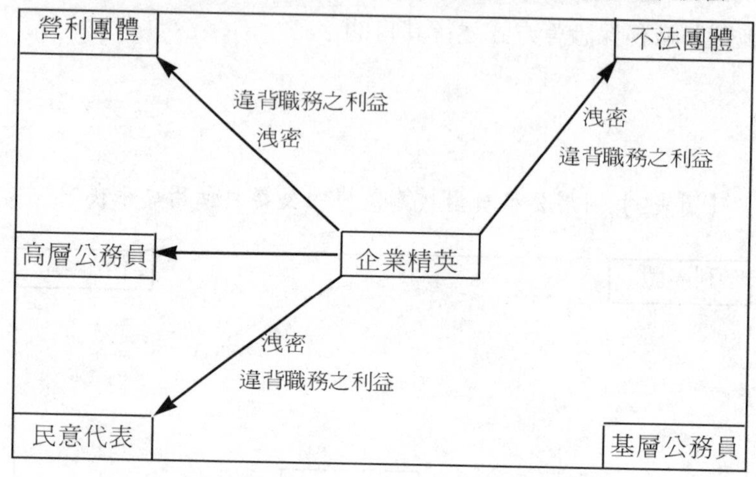

二、白領階級加入組織共享之利益

當白領階級加入共生結構內，將受到營利團體及不法組織以支付回扣、接受招待等方式分享利益，相對的，白領階級亦須對營利團體及不法組織的活動加以包庇、若得知公務上的機密必須透露給集團成員掌握。同是白領階級公務員與民意代表也會相互以洩密與支付回扣的方式保持其利益交換性。

從【圖表11】中可見白領階級之中的民意代表加入犯罪組織進行利益交換的內容包括：對公務員與企業精英可採用支付回扣的方式換取其掌握之機密資訊；對不法團體是用公務上之機密換取其支付回扣與招待；與營利團體也是用公務上之機密換取其支付回扣與招待。

【圖表11】 民意代表加入犯罪組織進行利益交換內容

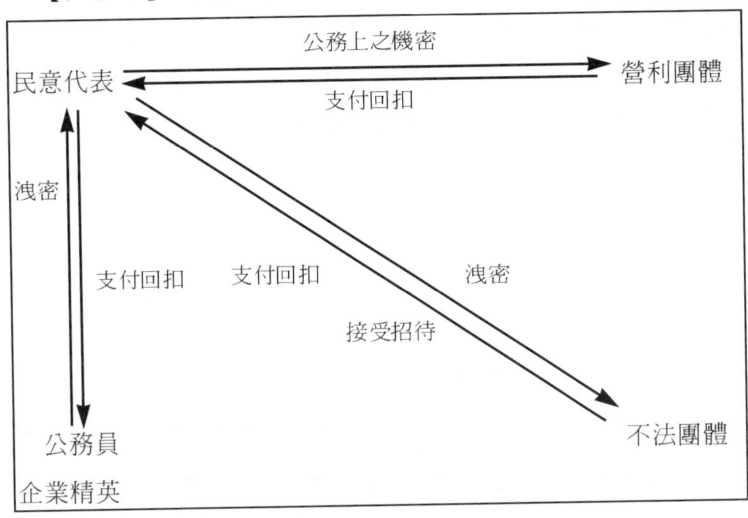

從【圖表12】中可見白領階級之中的公務員與企業精英加入犯罪組織進行利益交換的內容包括：對民意代表以洩漏公務上機密的方式換取金錢賄賂；對不法團體是用公務上之機密或是執行公務時包庇的方式換取其支付回扣與招待；與營利團體也是用公務上之機密換取其支付回扣與招待。

【圖表12】 公務員與企業精英加入犯罪組織進行利益交換內容

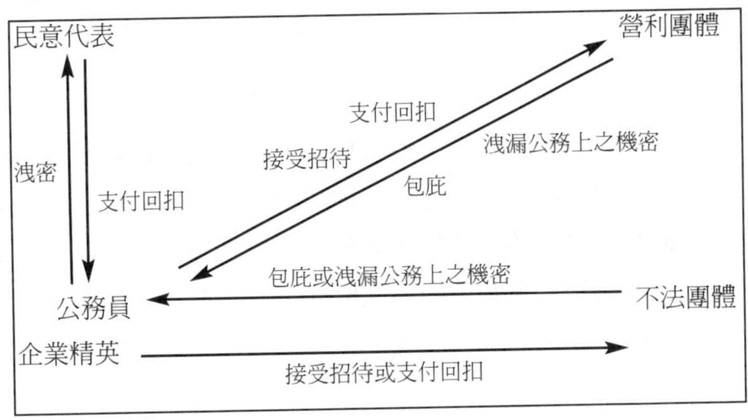

從【圖表13】中可見營利團體加入犯罪組織進行利益交換的內容包括：對民意代表以支付回扣與招待換取其公務上之機密；對不法團體是支付回扣與招待的方式換取其保護；向公務員與企業精英也是支付回扣與招待換取其職務上之包庇，或掠奪公務或業務上之機密。

【圖表13】 營利團體加入犯罪組織進行利益交換內容

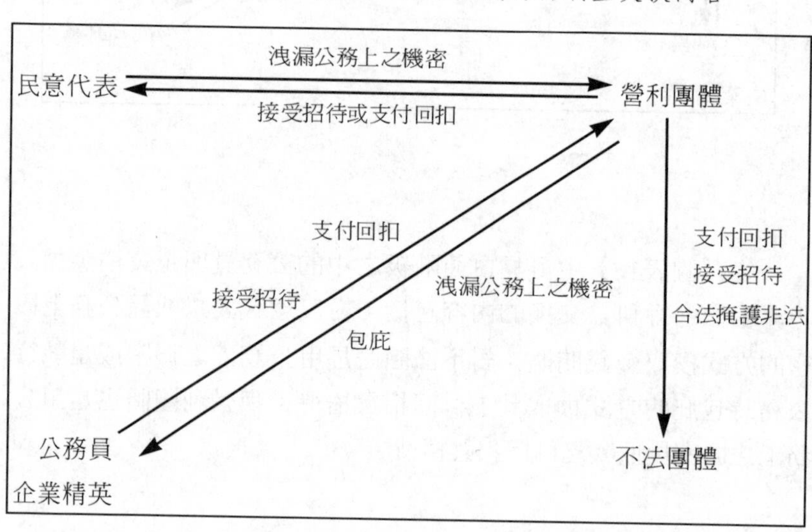

從【圖表14】中可見不法團體加入犯罪組織進行利益交換的內容包括：對民意代表以支付回扣與招待換取其公務上之機密；對營利團體是施加保護以換取其支付回扣與招待；向公務員與企業精英也是支付回扣與招待換取其職務上之包庇，或掠奪公務或業務上之機密。

【圖表14】 不法團體加入犯罪組織進行利益交換內容

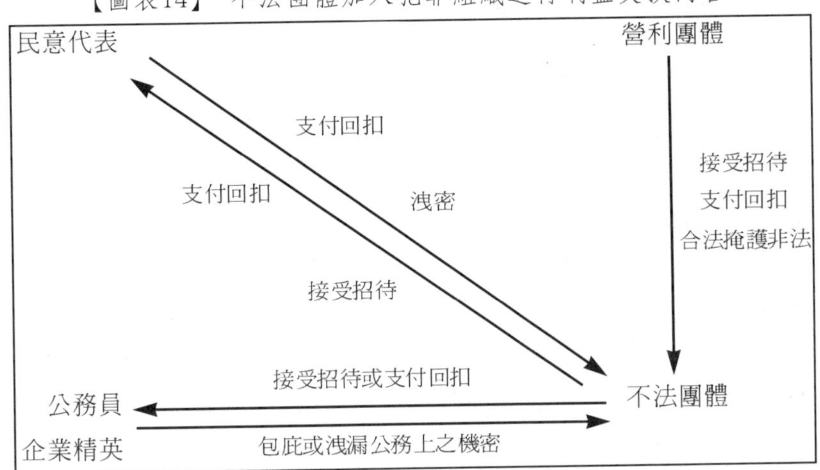

伍、白領階級與組織犯罪案例

近年來發生於台灣地區白領階級犯罪與組織犯罪兩種類型犯罪結合的案件層出不窮，白領階級在受到營利組織或不法組織的煽動及金錢的蠱惑之下，犯下了貪污、瀆職、業務侵占、洗錢、洩密等等重大犯罪。

白領階級與組織結合犯罪過程中，僅有少部分是獨立作戰，假借職務之便侵占公款、圖利自己或第三人，前述之劉偉杰監守自盜三十億元客戶股款案即為此類型犯罪。絕大多數的結合犯罪幕後有一即為龐大的集團操縱佈局，其中甚至牽連黨、政、軍高層人士與知名的企業集團，拉法葉艦弊案和尹清楓命案、國家安全局前總務室組長劉冠軍上校涉嫌貪污洗錢案、新瑞都弊案即為幕後擁有即為龐大利益分贓的白領階級與組織結合犯罪。以下再舉出四例突顯此類結合型犯罪對國家法益之侵害甚為鉅大：

一、榮星花園弊案

周伯倫、陳俊源二人於民國七十七年間，係台北市議會第五屆議員，且爲該議會工務審查委員會委員，並分別擔任工審會之召集人及副召集人，有審查台北市政府之預算、決算、議案，及就台北市政府首長官員之政策發言質詢之權。緣榮星企業股份有限公司於七十六年六月二十七日，申請投資台北市第二三二號公園即榮星花園開發案，主要由榮星公司之大股東即僑福建設股份有限公司董事長黃週旋負責。該申請案引起工審會議員之質詢，周伯倫、陳俊源亦相繼發言以榮星花園投資開發案有造成「水泥森林」之顧慮，強烈反對榮星花園投資開發案。黃週旋於獲悉工審會之四項附帶審查意見後，唯恐台北市政府工務局公園路燈工程管理處之主管官員，在工審會議員反對意見下，影響榮星花園投資開發案之相關決策，使榮星花園投資開發案無法順利簽約，將致其已投入之資金血本無歸，影響其權益至鉅。黃週旋爲消弭工審會議員之反對聲浪，期使榮星花園投資開發案得以順利完成，表示願給付新台幣一千六百萬元，以獲取工審會議員之支持。周伯倫及陳俊源二人對於榮星花園投資開發案，雖非其主管或監督之事務，仍共同基於市議員身分圖利之犯意聯絡，明知違背宣誓條例第六條第一款所定「代表人民依法行使職權，不營求私利」，及公務員服務法第六條「公務員不得假借權力，以圖本身或他人之利益」等法令，仍於七十七年五月下旬某日，推由周伯倫與黃週旋在台北市福華飯店之咖啡廳密談，隨後趕赴之陳俊源則在另桌等候消息。周伯倫以收取一千六百萬元後將不再質詢反對榮星花園開發案爲條件，予以首肯。黃週旋乃於七十七年五月三十日，指示僑福公司財務經理及會計，前往台灣中小企業銀行士林分行，提領現金一千六百萬元，再搭車至台北市重慶南路華南商業銀行總行營業部，存入周伯倫存款帳戶內。同年六月二日，周伯倫將黃週旋給付之不法利益一千六百萬元，提撥七百萬元，交予陳俊源收受，陳俊源轉交不知情之妻妹陳雪慈，其餘九百萬元不法利益則由周伯倫據爲己有。

上訴人等對於該非主管或監督之事務，利用其議員身分，首肯不再堅持反對該開發案而刪除上開四項附帶審查意見爲條件，於周伯倫收受黃週旋存入之不法利益款項後，即於台北市議會臨時大會同意刪除該四項附帶審查意見，核上訴人等所爲，均係犯八十一年修正前戡亂時期貪污治罪條例第六條第四款對於非主管或監督之事務利用身分圖利罪；撤銷第一審關於上訴人等部分之科刑判決，改判論處上訴人等共同依據法令從事公務之人員，對於非主管或監督之事務，利用身分圖利罪責，併審酌上訴人等於案發時身爲民意代表，竟辜負選民付託，違反就職宣誓誓約應謹守廉潔問政，不得營求私利、假借權力以圖利益之法令，利用議員身分圖得不法利益，及其犯罪之動機、目的、手段，所生損害、犯後已將犯罪所得不法利益退還黃週旋等一切情狀，就周伯倫部分，量處有期徒刑九年，褫奪公權六年，減爲有期徒刑六年，褫奪公權四年；就陳俊源部分，量處有期徒刑七年六月，褫奪公權五年，減爲有期徒刑五年，褫奪公三年四月；上訴人等犯罪所得之不法利益一千六百萬元，業經周伯倫交由配偶陳淑玲以解除契約方式返還黃週旋之代理人張憲貞，自無庸爲追繳沒收之諭知[8]。

本案經13年的纏訟，於92年元月30日最高法院駁回上訴後定讞，周伯倫、陳俊源被依貪污治罪條例「對於非主管事務利用身分圖利罪」判刑確定。回顧本案，民意代表向營利團體主動索取賄賂，以作爲不予質詢（不對官員施予壓力）的利益交換。並在事後勾結五位公務員加入其共生結構之中，使該開發案能在白領階級配合之下，迅速的通過議會監督，動工建造。

二、 四汴頭抽水站工程弊案

伍澤元原任台灣省政府住宅及都市發展局局長，緣政府爲疏解台北縣地區水患，由行政院列管台北地區防洪第三期計畫，沿大漢溪由台灣省水利局負責興建堤防，住都局則負責堤後抽水站十五座公用工程之興建，其中擬於台北縣板橋市興建四汴頭抽水站。伍澤元以圖利之犯意，予以允諾，以電話通知林有德稱其同鄉鍾太郎希望瞭解四汴頭抽水站工程設計規劃之相關內容，請予以適當之幫助。遂邀國豐、新紀及太安等三家工程顧問公司提送服務建議書[9]，就內容、工作範圍、工作期限、服務費用及工作人員等項目評審後，以國豐公司所提服務建議書最詳盡、充實，服務費用較低，擬選定該公司繼續參加委外設計服務之議價事宜」，逐級呈由被告林有德、陳炯榮、林文烈核章後，由局長伍澤元核可執行。並在未審慎監督的情形之下，任由該公司浮報建造之價額，涉嫌圖利廠商，並收取回扣[10]。

該弊案即爲利益團體與公務員共享國家公共工程大餅之案例。公務員不但謀串利益團體，於投標時爲該利益團體圍標、綁標；並於事後對其應監督事務加以掩護、任由該公司浮報建造之價額，以便從收取回扣。伍澤元在遭到台灣高等法院判處無期徒刑後即棄保潛逃中國大陸，至今仍通緝在案。但其潛逃之前早已將所獲得之贓款匯往中國大陸，因此欲將伍澤元逮捕歸案恐將非易事。

三、 高雄市議會議長賄選案

朱安雄與其妻吳德美爲圖使朱安雄能順利當選高雄市議會第六屆議長，於民國九十一年十二月中旬第六屆正副議長選舉期間，乃先籌措賄選資金，二人即共同基於爲自己不法所有之概括犯意，連續挪用振安公司營業收入及安新公司股東所有之資金供作賄選之用，再從力橋公司及正雷公司以提領現金或簽發支票或匯款方式共計新台幣七千萬元，而侵占前開公司之資產；朱安雄及吳德美復由安新公司之固有資產中挪用二千五百萬元資金；另朱安雄除於參選市議員選舉經費中與其私人所有之資金，總共籌措支付賄選資金計達一億三千萬元。上述賄選資金妥當，即與新當選之市議員多人連繫，經期約於議長選舉時能圈選朱安雄爲一定之行使，各爲五百萬元之賄款包裝後，由吳德美、王文正、吳品芳、賢繼禹、黃信中交付賄款予市議員。而詹永龍等二十五位高雄市議員，竟分別收受朱安雄一票五百萬元之賄款（其中林壽山部分收受二百萬元），而許諾於九十一年十二月二十五日宣誓就職後選舉議長時，投票支持朱安雄競選議長[11]。

司法單位對本案以罕見的速度進行審理與宣判[12]，雖足以證明政府有打擊黑金的決心，但可惜朱安雄於三審定讞後隨即不知去向，至今人仍行蹤成謎。該案因牽扯到高市興建中上百億台幣的捷運龐大利益，若當選議長，便擁有影響決策的權力，同時也可以從中獲取工程回扣。龐大的工程利益不但引來營利團體與不法組織的覬覦，更引發白領階級之間爲謀取更高的權位與利益，私下進行了利益的分配與交換：民意代表爲求議長寶座、或爲五百萬賄款、或爲下屆議員選票綁樁；公務員爲求官途順遂、或爲巨額利益。若非政府宣示打擊黑金的決心，民眾所繳交的民脂民膏又不知道會有多少淪入此類白領犯罪結構成員的荷包中。

四、周人蔘電玩弊案

周人蔘於民國七十七年間，在台北縣三重市設立佰利行有限公司，該行之營業項目並無經營電動玩具業務，周人蔘與其妻胡麗華以佰利行之名義進口電動玩具及零件，加以裝配及維修，經營電動遊樂場、遊藝場及電動玩具店。周人蔘經營前開電玩店，與張秀眞爲使其所經營之電玩店永續經營，免被警方查報、列管及取締，蒙受財物損失及遭受刑事處分，乃謀議自各店營業額內提撥一定比例之賄款，由張秀眞統籌調度，供周人蔘作爲行賄執法人員之用，周人蔘則委由任職警界已久、人脈甚廣，依據法令從事公務之台北市政府警察局士林分局刑事組小隊長張台雄、前內政部警政署企劃委員會專員聶緒雄[13]、聶緒雄之妻蔡麗敏及連玉琴等人爲公關人員，透過各種管道向轄區分局、派出所、台北市政府警察局督察室、少年警察隊等打通關節以行賄相關員警[14]。

許良虔原任台灣台北地方法院檢察署檢察官，職司犯罪之偵查與追訴，爲依據法令從事公務之人員。緣周人蔘經營佰利行旗下多家電動玩具店，僱用同案被告趙翠芝，進而結識許良虔，周人蔘基於許良虔承辦前開案件後，尚未承辦佰利行旗下其餘賭博性電玩店相關之具體案件期間，因許良虔身爲檢察官，爲保持與許良虔檢察官之良好關係，以圖日後如有具體案件發生而爲許良虔承辦時得以再獲有利之處分，無償提供行動電話與呼叫器使用，並按月由周人蔘繳納月租費[15]。

周人蔘電玩弊案係由周人蔘爲主的利益團體以行賄的方式勾串基層公務員（警官與檢察官）共同包庇、掩護其經營之電動玩具店。不過周人蔘的人面廣，又透過張台雄結識更多的基層員警，終致釀成了令警界發生撼動的「周人蔘電玩弊案」，警察風紀問題又再次受到社會大眾的關注。張台雄於案發後便潛逃中國大陸，至今仍未歸案。

陸、當前校園內共生結構得以染指之利益

國內許多政策在制定之前便受到營利團體與不法組織透過民

意代表向政府單位遊說、施壓，因此在政策執行時埋下許多提供共生結構獲取利益與交換的伏筆：

一、國中小教師聘任制度

根據國內教師法第十一規定：高級中等以下學校教師之聘任，分初聘、續聘及長期聘任，經教師評審委員會審查通過後由校長聘任之。前項教師評審委員會之組成，應包含教師代表、學校行政人員代表及家長會代表一人。

從上述教師聘任制度顯示，教師甄選須經由教師評審委員會（簡稱「教評會」）審查通過，校長才得以聘任。表面上教評會內成員包括教師代表、學校行政人員代表及家長會代表，但是實際上校長仍握有決定聘任人選的主導權，其主因是甄選前夕校長均會聯絡其他教評會委員就其校內所需要專長之教師一一闡明，並對於已報名的人選加以推薦。在這「研究」的過程中，利益集團與民意代表便得以進行利益交換。透過「賄賂」、「關說」、「接受招待」、「職務保證」、「包庇」等利益交換方式各取所需，應聘教師也可順利進入該校任教。

二、 教科書開放民間編審

教科書自從開放民間編審後，校園內外選定與採購的過程是書商（營利團體）得提供教具、教學媒體等合法方式讓其出版之書籍進入校園；當然，業者也能運用關說、賄賂、招待等利益交換手段使學校採用。學校方面爲避免外界對教科書選定與採購的過程產生「圖利廠商」的質疑，原則上不會將所有科目均採用同一出版公司之書籍，但這樣的採購選定的結果卻害苦了莘莘學子。他們也許在一年級的A科目採用A版本教科書，但升上了二年級卻換成了B版本，三年級又改成C版本　這樣的學習不但無法連貫他們的學習內容，教材內經常出現重複的內容將浪費其學習時間，又有些內容是學子未曾在以往的版本學習過的，老師只得再撥出時間教導學生未曾學過的知識，或是在課後學生到家教班、課輔班補習，這又使另一批營利團體（家教班、課後輔導班）從中牟利。

三、工程與採購案招標

校園是一小型社會，社會上易遭到圍標、綁標的工程與採購案，在校園內也會發生。數年前台中縣內15位國中小校長因爲收取午餐便當供應商之回扣，交換其在校園內販賣的權利。案發後所有校長均遭起訴並二審判刑，但僅少數校長三審判決確定服刑。這些校長所收取之回扣均遭追繳，且其退休金全數不予發放，他們付出之代價不可謂不慘重。

四、選拔制度

根據多元入學方案，學生可經由推薦甄選制度升學（升高中職或大學專技），但該制度的評選標準不夠客觀，極易遭到關說、賄賂而使該制度失去其公正性；部分科系或學校要求的甄選項目也可透過他人代勞、校方證明（推薦）等方式護航蒙混過關，例如：校內外志工服務時數、班級或社團幹部經歷，上述資料可以由白領階級或營利團體透過特殊管道取得並換取利益。這樣的選取結果不但失去選拔「才智與能力」的意義，更讓貧窮家庭出生的學生失去公平競爭的機會。陳總統常標榜他出身於三級貧戶的農家子弟，若當時該選拔制度已實行，恐怕他也大嘆不公平。

同樣不公平的選拔制度也存在於國中小模範生選拔制度。除非是貧窮子女的成績特別突出，否則班級中模範生幾乎篤定由白領階級或家庭經濟狀況富有的子女當選。該選拔制度或許並未遭利益共生結構染指，但是白領階級或家庭經濟狀況富有的家長較爲關心子女在校狀況，與老師的互動較爲密切。若由老師「欽點」模範生人選，這些學生當然較爲容易當選。

柒、白領階級犯罪造成有形與無形之損害—代結論

雖然白領階級與組織犯罪的結合，並非一定有公務員或民意代表參與其中，但是其所造成侵害法益之範圍甚爲廣泛、損害亦極爲重大，在個人法益方面，不法組織爲達成目的而對民眾使用的威脅、恐嚇手段將對個人身家、自由與性命造成侵害；共生團體內成員使用之包庇、行賄、關說施壓等等手段，亦會對社會未能「攀權附勢」中下階層群眾的權益造成損害。白領犯罪雖不如傳統暴力犯罪帶給被害人突然性、直接性與具體性的傷害（孟維德，2001：96），但是此類犯罪造成對政府的不信任心理，傷害卻是難以回復的。

白領犯罪對國家法益與社會法益也構成無窮盡的傷害，*Conklin*（*1977*）曾估計，白領犯罪[16]所造成的經濟損失約爲傳統財物性犯罪[17]的十倍[18]。不僅僅是具有制定政策與決策權力之高層公務員、擔負立法與審查預算的立法委員有能力實施犯罪行爲，基層的公務員在其職務內之管轄權、裁量權、處分權（行政官）、審判權、裁定權（司法官）皆能夠因利益交換而從事貪瀆行爲；基層的民意代表也能在其握有之監督權、預算審查權、法規制定權中加以運用，對公務員進行關說、施壓、套取公務機密等方式爲共生結構獲取集團的利益。

白領階級犯罪造成的犯罪黑數甚高，若非共生結構內成員自

行揭露內幕，或是其他白領階級分子舉發，犯罪很難被發現[19]。就算是案件已被舉發而由檢調單位調查偵辦，其涉案人遭起訴、判刑與受到懲罰的比率依舊偏低，或者以罰金刑換取或縮短自由刑的處遇比起一般案件也來的頻繁（*Siegel，2003：234*）。

牽涉到白領階級犯罪之刑事案件，審理大多曠日費時，令一般民眾無法對司法公正性信服，連帶的也使民眾對於政府的威信與信賴出現鬆動甚至是不認同（*Shapiro, 1990：350；Friedrichs, 1996：11*；孟維德，*2001：33-34*）。根據民國八十八年五月間法務部委託辦理的一項「檢肅貪瀆、端正政風工作成效民意調查」，結果顯示，在「政府防制貪污最大之阻力」項目中，受訪民眾認爲「黑道金權勢力介入」與「官商勾結」是政府防制貪污最大之阻力，其次是「上級長官民意代表請託」（國政研究報告，2000），足見白領階級與組織犯罪共生的嚴重性也非一日之寒了。尹清楓命案遲遲未偵破、榮星花園弊案歷經十五年才定讞、興票案早已不了了之、數百億的國安密帳與前總統李登輝先生的牽扯、高雄市議會議長賄選案仍有十餘位議員涉及卻能繼續擔任議員　，內政部長余政憲日前宣示治安三個月內要達成犯罪率零成長的目標實現之後，拿出魄力打擊白領犯罪應該是政府努力的下一個目標。

參考文獻

一、中文部分

李傑清（2001）《剝奪組織犯罪所得之研究——台灣及日本組織犯罪現象與對策之比較》。台北：元照。

林山田（1976）《犯罪問題與刑事司法》。台北：台灣商務印書館。

林東茂（1993）德國的組織犯罪及其法律上的對抗措施，刑事法雜誌，第三十七卷第三期，頁5。

孟維德（2001）《白領犯罪——現象、理論與對策》。台北：亞太。

國政研究報告（2000）維護社會公平正義，邁向新世紀。台北：財團法人國家政策研究基金會。網址：http://www.npf.org.tw/PUBLICATION/CL/089/R/CL-R-002.htm

陳慈幸、唐大宇（2002）《黑社會犯罪組織成因探討——以1978年後中國大陸黑幫發展為例》。犯罪學期刊第9期。嘉義：中華民國犯罪學學會。

張平吾（2003）《被害者學概論》。台北：三民。

張甘妹（1998）《犯罪學原論》。台北：三民。

黃朝義（1998）《論經濟犯罪的刑事法問題》。刑事政策與犯罪研究論文集（一）台北：法務部犯罪防治中心。

蘇南桓（1997）組織犯罪防治條例之實用權益。台北：永然文化。

二、英文部分

Conklin, J. E.1977. Illegal but not Criminal: Business Crime in America. Englewood Cliffs, NJ: Prentice-Hall.

Friedrichs, D. O.1996.Trusted Criminal: White Collar Crime in Contemporary Society. New York: Wadsworth Publishing Company.

Quinney, R. A.1977.Class, State and Crime. New York David McKay.

Shapiro, S. P. 1990. Collaring the Crime, Not the Criminal: Reconsidering the Concept of White-Collar Crime. American Sociological Review 55

Siegel, L. J.2003. Criminology. Belmont, CA.

註釋

1.本論文爲本人與國立中正大學犯罪防治研究所碩士胡乾鋒先生所共同撰寫，本人爲第一作者。本文並發表於警學叢刊第三十四卷第六期（2004年）。

2.公務人員任用法施行細則所稱之公務人員係在各機關組織法規中定有職稱、官等、職等之人員（第二條）；公務人員保障法所稱之公務人員係在法定機關依法任用、派用之有給專任人員及公立學校編制內依法任用之職員（第三條）。但上述公務人員之定義不包括政務官與民選公職人員。

3.政務官乃隨政黨之消長及長官更動而去留之公務員，其任用與去職不受公務人員任用法與保障法之限制。

4.劉偉杰涉嫌盜賣業務上所保管之股票，並將犯罪所得新台幣三十億八千餘萬元匯往香港，並於事件爆發後潛逃出境。台北地檢署依業務侵佔罪嫌對劉偉杰發布通緝。

5.民意代表於議會期中除現行犯、通緝犯外，非經議會許可，不得逮捕或拘禁，此即爲民意代表之「不受拘捕特權」。請見中華民國憲法增修條文第四條第八項、地方制度法第五十一條。

6.不法團體藉由自行參選擔任民意代表或公職人員而成為白領階級，在當前社會上賦予一特殊名詞——「黑道漂白」，意味著「黑道」成員藉由參選變身為「白道」(即白領階級）的過程。

7.中華民國憲法增修條文第四條第八項、地方制度法第五十一條。

8.資料來源：摘錄自最高法院刑事判決九十二年度台上字第五二二號。

9.此類以一家工程承包廠商邀集數家工程承包廠商參與工程招標，但卻於招標前約定各自的標價，並由出面邀集之承包商得標的過程，即為「圍標」之行為。

10.資料來源：摘錄自臺灣高等法院刑事判決九十一年度上更字第三三九號

11.資料來源：摘錄自臺灣高雄地方法院刑事裁定九十二年度選重訴字第一號

12.最高法院於民國92年9月25日駁回朱安雄的上訴，朱因違反公職人員選舉罷免法處有期徒刑一年十月，並宣告褫奪公權三年定讞（最高法院刑事判決九十二年度台上字第五二五二號）。行政院隨即去函高雄市議會免除朱安雄的議長職務，朱於入監服刑前夕行蹤成謎，因而遭到通緝。

13.聶緒雄已於八十四年十一月二十八日病歿。

14.資料來源：摘錄自最高法院刑事判決九十一年度台上字第六四五〇號

15.資料來源：摘錄自臺灣高等法院刑事判決八十八年度上更(二)字第七六號。

16.白領犯罪的範圍包括詐欺消費者、不法競爭與其他詐騙活動。

17.傳統財物性犯罪的範圍包括強盜、竊盜與汽車竊盜。

18.該數據係*Conklin*估計美國於一九七〇年代的白領犯罪與傳統財物性犯罪造成之損失。在今日此二者之差距應更爲巨大。

19.此種犯罪情形呈現在統計數字上之數據遠低於犯罪之實際情形，稱爲「犯罪黑數」。其原因是由於犯罪行爲未被發現，或雖被發現但未向警察機關報案（張平吾，民92）。林山田（民65：8）認爲未爲大眾所知或未受到刑事司法機關追訴與審判的犯罪，也應列入其中。

第四章

組織犯罪形成論：從中國組織發展雛形為中心[1]

- 犯罪組織之概念
- 中國組織犯罪橫行之現況與發展趨勢
- 中國組織犯罪形成論之分析
- 結語

摘要

本文主要以中國大陸，特別是1978年以後中國組織犯罪之發展，說明組織犯罪形成論之論理。

組織犯罪因爲具有遵循次文化、完備的組織結構、支配力與保密的特性，縱然我們知道其對於正常社會運作與發展之危害最烈，但是囿於前述特性所造成之研究方法與實證資料蒐集的困難，甚至是次文化已滲透進入主流文化發展出共生模式的緣故，相較於解釋個人犯罪動機的豐碩成果，學界對於組織犯罪成因的了解、發展趨勢與抗制對策之擬定，在研究成果上則略嫌稀少。

中國大陸自1978年改變經濟體制以來，犯罪問題也隨之擴大加深，特別是犯罪集團這一犯罪形式從1980年代中期起日漸突出，至今仍存在增長態勢。根據中國公安部門公佈的數字可以發現，查獲的犯罪集團個數自1986年的3萬多件增長到1994年的20萬件；集團成員人數自1986年的11.4萬人增長到1994年的90萬人。據1995年的資料顯示，查獲的犯罪集團個數更急增到43.95萬件，與1994年的20萬件相比激增了一倍有餘。而從70年代末80年代初出現的集團犯罪，到了80年代末90年代初有不少已發展演變爲帶有黑社會性質的犯罪集團[2]。上述資料顯示出，近年來中國經濟成長愈快速、發達，其集團犯罪問題愈嚴重，換言之，在市場經濟體系下，經濟增長與犯罪率增長之間存在著密切的聯繫。經濟發展與犯罪的關係雖然是犯罪學關注的傳統領域，但由於東西方社會與文化情形有所差異，且實施資本主義的進程不同，因此我們在試圖尋求組織犯罪成因的探索過程中，以中國的犯罪組織發展歷程爲觀察櫥窗之際，除了從常見的社會、心理與文化因素分析之外，尚可嘗試探討經濟體系的變革、演化與犯罪組織發展的關聯性。

再者，中國實施市場經濟以來不過二十餘年，由於爲時尚短，幅員廣大的中國各地經濟發達的速度與成就並不一致，沿海與內陸地區的城鄉與貧富差距大到令人難以置信，基於犯罪組織係相對應於社會型態而生的原理，我們可以在中國各地發現各種歷程與類型的犯罪組織，對於以社會爲實驗室的犯罪學研究者而言，除了可以較爲充分的蒐集與分析距今爲時甚近的豐富實證資料之外，更可以完整的觀察犯罪組織演變的模式與歷程，藉以印證西方現有之犯罪組織發展理論在華人社會的適用性。

壹、犯罪組織之概念

一、犯罪組織之本質

在某些刑事學者或司法實務人員的觀念中，犯罪是一個同質性的概念，犯罪行爲人數目之多寡，僅限於共犯或從犯的關係，並不認爲其會改變犯罪行爲的罪質。也就是說，在探討犯罪行爲的概念時，並沒有必要區分個人與集團/組織犯罪的層次。這一點，從大部分的犯罪學著作與實務判決書類中，可以得到印證。然而愈來愈多的實證資料與生活經驗告訴我們，個人犯罪與集團犯罪對於社會所造成的危險與影響程度並不相同，因此對於二者從事一個概略的區分與討論，顯然有其必要性。我們可以從犯罪行爲的類型、組織結構的完整性與支配力的強弱等三方面著手分析。

首先，有別於社會大眾所熟悉的自然犯與財產犯，如性犯罪、傷害與殺人犯、詐欺與竊盜犯等可由單獨個體所違犯的罪行；有某一類的犯罪行爲，如販賣人口、販賣毒品、走私活動、經營賭場與色情行業、暴力壟斷市場、洗錢等，都是必須藉由集團/組織的力量實施，而無法由個人一己之力完成的犯罪行爲。在此我們亦可發現，集團/組織所從事的犯罪行爲，就被害的人數與社會受損的層面而言，的確會造成較大的傷害與影響。

其次，在個人與集團之間，就組織複雜性而論，又有程度不同的組合。譬如說，*Yablonsky*於1962年《*The Violent Gang*》書中提出過一個所謂「近團」（*near group*）的概念。他認爲，由青少年所組成的暴力幫派，不能算是團，因爲團是有結構有組織的。譬如說，這些幫派在領袖被捕時便進入了群龍無首的狀態，這也是他們解散的訊號。這「近團」的概念，非常近似於台灣五十年代所盛行的「太保」，或現今中國大陸所了解的「團伙」。前者是多是青少年的暴起暴落的幫派，後者則是成年人糾集起來幹一兩次非法勾當的短暫聚合體。這些近團所犯的罪行，在性質上較近於個人犯罪，打家劫舍、鬥毆傷人等，可說是這些近團活動的特色。再說到其活動的影響，也不過是局部性的。一如個人犯法者，他們也伺機行事，不像犯罪組織，時機須聽由其操縱[3]。由此我們可以發現，在複數犯罪行爲人的情況下，應當區別是屬於單純的結夥/團伙犯罪，或是背後有組織力量支配操縱的組織犯罪。前者的情形以刑法共犯或從犯的理論處理即可，後者則須再深入運用相關刑事偵查技術與防制組織犯罪規範，以破解犯罪組織爲目標。不過仍須注意的是，即使是近團性質的犯罪，若行爲人在犯罪後未被捕獲或受到應有的制裁，食髓知味之下產生心理增強的效果，復以原有的社會與個人的不良環境未有所改變，可預見的是這群人極有可能再度聚合從事犯罪活動，逐漸形成一個以犯罪爲目標的組織。

接著，我們要討論犯罪組織對成員的支配控制力的問題。犯罪組織雖由個人所組成，但在構成員共同形成的組織目標導引下，形成組織次文化，犯罪組織彷如一個巨大的有機體，用各種威脅利誘方式收繳成員的自由意志，使其奉行組織的指令，僅能依賴組織而生存，不敢亦無法脫離犯罪組織，成員犯罪的動機也悉數來自於組織。在這種情形之下，個人成爲組織的工具，組織成員猶如犯罪組織手足之延伸，非僅犯罪的觸角得以深入社會各處爲非作歹，亦可集中成員的力量從事大規模與專業化的犯罪活動，換言之，組織從事的犯罪行爲較之於個人犯罪，除了影響層面既深且廣之外，其破壞力之強大與犯罪的持續力，也是個人犯罪所不及的。這同時也提醒我們，傳統抗制犯罪的刑事政策，大多是以防治個人犯罪爲基礎而制定，未必適用於防治組織犯罪。

二、犯罪組織之特徵

至於犯罪組織的特徵/要件爲何，理論與各國實務在定義上並無一致的說法（參見下表）。我們討論犯罪組織的定義，並不是要找尋正確且唯一的說法，而是希望藉著在討論的過程中，能更清楚掌握犯罪組織的本質，並發現涵攝層面較完整也較具共通性說法，幫助我們釐清犯罪組織的概念。

【圖表15】 學理上組織犯罪之定義[4]

特　　徵	作者人數
持續性的組織科層體制	13
持續犯罪理性的獲得	11
使用暴力或威脅	10
賄賂以求法律豁免	10
提供大眾需求之非法服務	6
獨占某種市場	4
成員資格限制	3
非意識型態	2
專業化	2
秘密性規範	2
廣泛的計劃	2

三、 犯罪組織之組織原理

首先，在肯認犯罪組織必須具有持續性的結構體制的前提之下，我們不禁開始思索，犯罪組織是依照何種原理所結合而成的？若以保密的尺度去看，共有三大類型的組織原理：在光譜的一端爲宗族/氏族結合模式，例如義大利的黑手黨與美國的意族黨屬之；在光譜的另一極端則爲桃園結義式的兄弟結盟模式，例如華人的天地會、洪門，台灣的竹聯幫、四海幫等等；在兩極端之間，應該會有一系列的結合模型，比如說以方言群爲結合基礎的華人會黨或公司，以及採用擬制親屬制度的日本山口組[5]。上述的三種犯罪組織類型，對照韋柏的權力來源分類理論可以發現，以宗族原則爲結合基礎的集團，應屬於傳統權力型，優點在於地位繼承與存續的穩定；天地兄弟會則屬於領袖魅力/奇理斯瑪型，可以廣泛招募人才是這種組織的優點，但缺點則是容易分裂；擬制血親的組織似不專屬於任何一種權力型，比較而言，較近於傳統型再加入一些領袖魅力型的成份[6]，理論上而言，其穩定性應介於宗族制與兄弟制之間。

研究犯罪組織之組織原理可以發現，組織原理是一種文化現象，每一個社會的會黨在形成組織之際，採取何種組合模式必定受到本身文化系統影響。了解各犯罪組織之組織原理，除了可以幫助我們掌握該組織的特質之外，更可以從組織原理的角度預測犯罪組織的行爲與發展方向。例如以犯罪組織進軍合法企業的趨勢而言，要維持一種長久的分享利益關係，可以預見兄弟間的猜疑就會比親屬間還多，而且一但發生猜疑，在親屬間還有請宗族家長協調的機會，父親還可運用權威促使衝突雙方進行談判。因此，若犯罪集團朝向入侵合法企業方面發展，親族或是擬制親族結合的方式，將會勝過兄弟結盟的模式。

四、次文化與共生技巧

沒有人會否認，犯罪組織所遵循的價值觀是一套社會的次文化，任何一個次文化若想與主流文化共存在同一個社會裡，就必須要找出自己的求生之道，否則一如劃破夜空的流星，只能綻放短暫的光芒。美國學者*Lupsha*認爲，幫派/犯罪組織在地形條件（港口、交通樞紐）、經濟條件（工商或國貿中心）和社會條件（社會瓶頸及腐化）配合下，便會透過三個階段而演化：暴力時期（*Predatory*）、寄生時期（*Parasitical*）與共生時期（*Symbiotic*）。任何一個幫派或犯罪組織都必須經過一個或多個階段的演化[7]。這三個演化的階段，意味著幫派或犯罪組織在不同的發展時期中，評估己身的條件與最重要的需求後，在對外行動中所採取的行爲指導模式，也就是前述的求生之道，稱爲「理性選擇組織犯罪理論」，恰如其分。

合作與競爭，是人類社會生活最主要的兩種活動模式，非法的犯罪組織，若想要在社會上生存發展、壯大，就必須與合法的社會團體組織展開長期的對抗與斡旋。從*Lupsha*的理論中，已經足以使我們了解，犯罪組織次文化在第一階段的暴力時期，著重以暴力製造傷害與衝突，藉以擴張己身的地盤，採取與社會主流文化相互競爭的姿態，必定無法得到社會的接納，若不在從事掠奪性的犯罪活動告一段落後，調整行動策略改採寄生或共生模式，勢必無法繼續存活。

次文化採取與主流文化的寄生或共生的策略，也就是犯罪組織爲求生存與社會主流文化妥協的表現，這種犯罪組織與合法社群間的「合作」，或說「共生參與」，基本上是一種減緩衝突的機制[8]。此外，犯罪組織爲了要與社會更緊密的「共生」，還會更進一步採取一種稱爲「社會交配」的積極行動運作模式，舉例而言，某些犯罪組織中的高階成員，會試圖爭取出任社會上政治、經濟體系中的重要職務，例如議員、企業家，甚至是律師等專業人士，除了可以扮演串聯合法社群與非法組織之間的經紀人，爲犯罪組織與非法活動護航之外，這些亦正亦邪的社會聞人所製造出的矇矓景象，也會混淆社會大眾的視聽，形成發現組織犯罪事實的障礙。

在日本，各主要暴力團，如山口組、住吉連合及稻川會等，在減少與合法社會摩擦方面，都有著妥善的安排。如高級的成員擔任工會要職，爲某些政要進行拉票，受僱於合法機構從事干擾股票市場的活動等等，便是極好的共生例子[9]。

觀察犯罪組織在減少與合法社群間的摩擦衝突，並且習得如何滲透進入主流文化與之共生的歷程當中，次文化扮演著積極行動者的角色，修正過度使用暴力的形象，並在表面上迎合主流文化/社區的價值，而在此種互動的過程之中，本文認爲若是合法社群擁有之社會主流文化—即所謂的中產階級文化價值，缺乏堅實的基礎，自由主義社會原本對於正義的普遍性觀念極可能會漸漸被次文化所侵蝕，甚至受到次文化勢力的控制，無力對抗犯罪組織，形成一個是非不分、黑白顛倒的社會，發生所謂「黑道治國」的慘況，這並不是危言聳聽，中美洲如哥倫比亞等國，目前正處於這種可怕的處境之中。

五、犯罪組織與組織犯罪

犯罪組織係以犯罪爲目標的組織，重心在於「組織」；而組織犯罪則是指以組織作爲利益侵害手段所爲的犯罪行爲，所指涉的是「犯罪」的概念。所謂組織犯罪當中的「組織」，應該就是前述的犯罪組織，換句話說，組織犯罪所指的應是「犯罪組織」的犯罪[10]。值得注意的是，在組織犯罪的定義上，若是在思考上過度執著於此種犯罪係以組織爲利益侵害「手段」的行爲，則可能認爲組織犯罪的定義不外乎是：「行爲人利用組織的特性，實現所欲的犯罪」。這樣的定義方式，如同將電腦犯罪定義爲「行爲人透過電腦普遍、隱密、快速、有效的特性來實現侵害他人法益的結果」，而認爲僅有犯罪手段的創新，並不足以制定新法律，須在現有的法律無法規範新的現象時，才考慮是不是要訂定新法[11]。本文認爲，若將處理參與組織犯罪行爲時，採取此種由手段性出發的思考方式，將犯罪組織視爲一種犯罪的手段，認爲行爲人參與犯罪組織是爲了要實現某些無法獨立由個人之力所完成的犯罪活動，譬如說走私或販賣人口等等，因此在行爲人尙未眞正著手實現走私等犯罪行爲之前，基於保護人民結社之基本權利，尙不應將其繩之於法，如此極可能導引出刑法處罰參與犯罪組織行爲之可罰基礎薄弱的結論。然而從實證的角度觀察，此種看法忽略了組織成員在組織犯罪中除了是行爲人之外，成員在缺乏足夠的自由意志與自主的犯罪動機之下，反倒成爲組織從事犯罪行爲的手段，亦即在犯罪行爲中顯現出強烈的工具性。因此，參與犯罪組織之結社行爲，實已產生對法益侵害之高度危險性，立法者基於刑法保護法益的目的，對於此種行為採取提前處罰之抽象危險犯立法規範，在處罰基礎上應無失當之虞。

貳、中國組織犯罪橫行之現況與發展趨勢

扼要的討論了關於犯罪組織的一些概念之後，我們試圖將焦點放在中國大陸的組織犯罪現況上。溯自蘇聯共產主義革命成功到東西方冷戰結束的近百年間，兩大陣營各自信奉的的資本主義與共產主義價值體系，非僅主導了美蘇等國的政治經濟走向，更深深的影響或說掌控了其所屬社會與人民的思想與生活。如果我們相信，犯罪是一種人與社會互動所產生的現象，揚棄計劃經濟的前共產諸國，在改採市場經濟之後都發生了犯罪激增的情況，這種共同的偶然，應該就是一種歷史的必然。也就是說，在這種跨民族、地域的共同社會現象背後，潛藏著某些結構性的支配因素。答案是什麼呢？對於早已將資本主義視為如空氣、陽光那麼理所當然的台灣人而言，或許，關心與觀察與我們語言及傳統文化相近的中國社會犯罪現狀，可以幫助我們更進一步了解，經濟、文化、與社會等外在環境對於犯罪人的心理，以及形成犯罪動機與犯罪行為的影響究竟有多大？而我們也可以試著將心比心想一想，處身於這種惡劣環境之下的人們，到底還剩下多少決定從事犯罪與否的自由意志？這些問題都太大了，也不是本文所能解答的，提出這樣的疑問，只是嘗試用一種反思的態度探索問題罷了。

一、中國組織犯罪橫行之現況

中國從改革開放以來，由於多方面的原因，犯罪團伙的犯罪

逐年增多。特別是犯罪集團這一犯罪形式從80年代中期起日漸突出，至今仍存在增長態勢。而且在犯罪團伙的犯罪中，又出現了一種黑社會性質的犯罪集團，其人數更多，組織更爲嚴密，犯罪活動的區域更廣，通常是武裝犯罪，有的還與境外的犯罪勢力相互勾結，以犯罪爲職業，橫行鄉里稱霸一方。這類犯罪在某種社會環境下，必然向犯罪的高級型態—黑社會組織犯罪發展。“帶黑社會性質”的犯罪集團是目前中國境內各種犯罪活動中，對中國社會與人民危害最大的一種惡性犯罪。不僅危害了人民與國家的合法權益，而且還破壞了中國的政治秩序、經濟秩序與社會秩序，破壞了市場經濟的正常發展[12]和中國四個現代化的建設工作。因此，中國新刑法第294條專門規定了“組織、領導、參加黑社會性質組織罪”，將其列爲刑法打擊的重點。

隨著團伙犯罪的發展，團伙犯罪出現了一些新的特徵[13]：

1.團伙犯罪逐年增多並向犯罪集團發展[14]

2.團伙犯罪遍布中國城鄉：

目前，中國大陸的犯罪團伙，已經遍布中國各省和城鄉。如北京、江蘇、上海、重慶、浙江、福建、廣東、四川、貴州、雲南、江西、廣西等省市和城鄉。例如1987年湖南邵陽打掉60個帶黑社會性質的犯罪團伙。1989年深圳抓獲帶黑社會性質的犯罪團伙成員395人，四川安嶽縣一地就有封建幫會性質的犯罪團伙50多個，幾乎各鄉都有。湖南益陽地區，自1985年以來，先後出現了“龍虎幫”、“梅花幫”等250個帶黑社會性質的犯罪團伙，共有成員3120人。在沿海城市溫州，近年來司法機關摧毀了許、鄭、董三個黑社會性質犯罪集團，涉及到數百人[15]。這些資料顯示，中國的組織/團伙犯罪問題，不再僅是侷限於沿海或某一地而已，隨著改革開放所帶來的交通自由與通訊便利，如今中國社會所面對的，是一個普遍性的犯罪危機。

3.團伙犯罪多係以侵財爲目標，暴力爲基本手段：

團伙犯罪主要目的是非法掠奪公私財物，這一點與改革開放前有明顯不同。以殺人案爲例，過去多因仇怨引起，而現在則絕大多數起因於"謀財"，仇殺、姦殺已退居次要地位。中國目前因刑事犯罪，特別是團伙犯罪而蒙受的財產損失是十分驚人的。團伙爲達做案目的，現在的犯罪團伙幾乎無一步是持刀、槍來實施犯罪。團伙人多勢衆，再加上"武裝化"，做案便有恃無恐，也使被害人造成了強烈的恐懼感，束手被宰[16]。

由上述的描寫可以推論，目前中國組織犯罪犯罪型態，多使用暴力手段劫取錢財，符合犯罪組織在早期以暴力爲主要特徵之論述，而此亦可能與組織成員素質有關，在缺少犯罪技能的訓練之下，僅會使用原始打家劫舍的方式奪取錢財。我們在前面曾經提及，組織犯罪採取與社會明顯衝突、對抗的姿態，一定無法見容於主流社會文化，並將引起社會強力的壓制。對照於現實的狀況，"打擊組織犯罪，掃除犯罪組織"　果然成爲中國司法治安部門近兩年來的首要重點工作[17]。

4.團伙犯罪由單一型向綜合型發展：

過去團伙犯罪單一類型的較多，竊盜團伙則多反覆實施竊盜犯罪活動；詐騙團伙則多次實施詐騙犯罪活動，一般布實施其他的犯罪。而現在多數團伙既從事搶劫、竊盜、詐騙、勒索，也從事販毒、吸毒、嫖娼賣淫、賭博等多種多樣的違法犯罪於一體，五毒俱全[18]。

事實上這是一種警訊，隨著衛星電視、行動電話與網際網路等工具的創新與普及，通訊與傳播更形便利，犯罪訊息也更快速與完整的在有心犯罪者之間流通，犯罪手法的更新是必然的效應，此種情形不僅發生於中國，在網路無國界的特性與政治經濟全球化的推動下，組織犯罪的手法多樣化與活動跨國化，早已成了全人類的共同問題。

二、中國組織犯罪發展之趨勢

中國由於目前各種消極因素影響，其團伙犯罪問題將呈現如下幾種發展趨勢[19]：

1.向組織化程度越來越高發展：團伙犯罪只有不斷提高其自身的組織化程度，以適應其犯罪之需要，才能獲得生存與發展。

2.向智能化、現代化發展：團伙犯罪本身的組織愈嚴密，結構愈固定，其犯罪的智能化、現代化程度就愈高，並開始懂得研究下手對象的心理，做案環境以及對抗和逃避打擊的辦法。

3.團伙人數越來越多，城員越來越複雜：過去團伙一般是幾個人，而現在都出現幾十人甚至上百人的犯罪團伙，這些團伙大多操縱在一些慣犯手中，並出現本地、外地犯罪分子融合的趨勢。

4.犯罪團伙的反社會心理不斷強化，犯罪手段越趨狡猾：從已破獲的犯罪團伙看來，其首領與骨幹絕大多數都有參與團伙犯罪的經驗，並曾受過犯罪的制裁，其反社會心理在同法律較量的過程中不斷強化。因此，團伙犯罪不僅爲有組織犯罪提供了組織基礎，也未其提供了犯罪方法與經驗。

5.帶黑社會性質的犯罪團伙在數量上將成增長之勢，在質量上必將向典型的黑社會組織演變：在未來相當長的一段時間裡，中國仍將處於社會轉形期，一些導致刑事犯罪增長的重大因素難以從根本上得到控制，因而今後中國的刑事犯罪的數量仍將持續增長。而以下這些因素，如勞教釋放人員不斷增加；農村閑置勞動力將預計增加到達一億三千萬人；港澳回歸與對外開放所帶來的境外黑社會滲透，都將進一步推動內地帶黑社會性質的團伙犯罪的增加。目前，在中國已經有一些帶黑社會性質的犯罪團伙，已具備相當的規模，在犯罪的手法、方式上已完全具備當今世界典型的黑社會組織，如義大利黑手黨、香港三和會的共同特徵。而一些地方的有組織犯罪形成強大的黑社會勢力，已到了不動用軍事力量不足以將其剷除的地步，如前幾年的雲南平遠街的黑社會勢力就是如此。

6.犯罪活動跨區域化、國際化的發展趨勢：隨著境外黑社會組織滲透的增多和一些黑社會組織在國內發展組織，使得黑社會的有組織犯罪活動，已在中國東南沿海和某些邊緣省區出現。特別是國際販毒組織和走私集團已經同中國一些犯罪團夥聯合起來，直接進行國際化走私、販毒活動。這些都是中國有組織犯罪國際化的具體反映。

參、中國組織犯罪形成論之分析

集團/組織犯罪是犯罪現象的其中一種，是社會中多種因素綜合互動下的產物，如果我們將集團犯罪作爲一個動態的社會現象進行考察，那麼導致、決定與影響該特殊社會現象產生的原因，不僅有宏觀的社會原因，也有微觀的心理原因；不僅有物質性的經紀原因，也有非物質性的文化因素。這些原因不僅自成體系相互獨立，而且相互聯繫互爲作用，形成一個有序互動的系統。

一、形成團伙犯罪之社會因素

如果將集團/組織犯罪視爲一種社會關係失調與社會結構失衡的一種病態現象，則需要從社會變遷與社會矛盾等方面進行考察[20]。

1、人口膨脹，集團犯罪的主體資源充足：

此主要指中國大陸目前因經濟快速而導致集團犯罪之主體資源充足等之源由。

2、人口流動，集團犯罪的動態溫床：

「民工潮」（勞動力跨區域流動之現象），衝擊舊的城鄉分割、區域封閉的社會經濟管理體制，有助於建立商品經濟的全國統一大市場。惟民工潮所到之處，除了使得大城市的生活空間更形擁擠，失去往日的生活安全感之外，不能充分就業的剩餘人力，爲求生活，投入地下經濟活動無所不爲。

3、腐敗現象，滋生集團犯罪的土壤：

此主要爲指官僚政治體系之腐敗所導致犯罪集團之滋生。舉例而言，如2000年以來，中國各級法院審結有關反腐敗大案計有：2月28日深圳市中級人民法院審判了三位廳級幹部受賄犯罪案。3月8日江西省原副省長胡長清因暴斂錢財500多萬，被最高人民法院下達死刑執行命令。4月6日廣州市中級法院以受賄罪判決該市府原副秘書長陳清泉有期徒刑15年。4月23日廣西桂港市原副市長李乘龍，因巨額受賄與巨額財產來源不明兩大罪行被正法。4月25日九屆全國人大常委會第十五次會議決議，人大副委員長成克杰因收受巨額賄賂、謀取非法利益被撤銷職務，最高人民檢察院隨即做出立案偵查的決定，後被北京市第一中級人民法院判處死刑。

二、 形成團伙犯罪之經濟因素

一般認爲，經濟增長與犯罪率增長之間存在著密切的聯繫，伴隨著經濟的活躍，犯罪數量也會相應增加。19世紀的義大利學者波來第認爲，福利、工業、商業的增加等物質繁榮的進步，都會帶來犯罪數量成比例的增長，因爲前者增加時，必然對後者產生刺激，因此，犯罪的增長只是物質繁榮的一種表現現象[21]。

但回顧中國幾十年來的歷史資料我們卻發現，在不同的社會條件下，經濟發展對犯罪現象的影響方式是有所不同的。以全國居民平均消費指數爲指標，在1950年代經濟發展與犯罪增長呈現負相關；然而自1980年迄今，經濟發展與犯罪增長則呈現正相關。面對如此迥異的結果，其背後所隱藏的眞正支配性因素爲何，是兩個時期的社會結構穩定度不同，加上經濟基期不同所致？或是實施市場經濟後產生的經濟增長，所帶來的貧富差距所致？本文在此並沒有特定的答案，而僅能指出問題之所在，提供爲思考的起點。

因此，在討論經濟發展與集團犯罪的關係之前，爲了保證分析結果的客觀性，與準確界定經濟發展與犯罪增長變化之間的互動關係，我們除了應當結合影響犯罪的其他社會因素進行動態的綜合分析之外，尙須注意下列三點因素，以免造成方法上的缺失。

首先，應當準確衡量經濟發展與犯罪數量波動之間的比值。亦即應當以現在的經濟增長速度與犯罪率的比值，是否超過了過去的經濟增長速度與犯罪率的比值爲依據。

其次，應考慮犯罪的增長與人口增長的比例。在經濟發展的同時，如果人口出現相對應的增長，此時衡量犯罪波動的變化時，應參照人口數量和結構的變化。

再次，應考慮犯罪的增長與社會防衛力量增長的比例。在經濟發展與犯罪率同步上升的時候，如果社會防衛力量仍處於經濟增長之前的水準或者明顯遲滯，在確認犯罪現象的增加在多大程度上可歸因於社會防衛力量的不足之前，也難以斷定經濟增長與犯罪的數量關係[22]。

接著，以下列舉了四個一般認爲與集團犯罪發展現象有很深厚關聯的經濟方面因素[23]：

1.利益多元化導致階級階層的變化，集團犯罪的利益驅動性增強：

經濟因素，具體說是收入水平因素，決定了現階段中國社會的階級階層結構的變化。這種變化不僅僅是經營方式或居住地域的變化，最主要的是工作方式、人際關係與生活方式的變化。中國目前由多種經濟成分（例如國有、集體、私營企業、外資企業、勞工、農民、個體工商戶等等）形成的不同利益關係格局，在轉變爲市場經濟體制的過程中，多種利益關係格局沒有充分合法的手段進行合理的變革與資源分配，必然會引起各階層之間嚴重的利益摩擦與衝突，導致社會關係的失調與混亂，追求非法利益的犯罪組織就會應運而生。這與集團犯罪中的有組織犯罪是以追求最大限度的經濟利益爲目的，具有濃厚的經濟色彩的看法，非僅吻合且相互呼應。

2.貧富不均，集團犯罪的內部凝聚力增強：

在農村地區，多元化的農村分配方式導致一些經濟基礎好、商品意識強、生產技術水準高的鄉村或家庭先富裕起來，經濟上貧富不均的失衡誘發了人與人之間越來越多的爭執與矛盾，而且導致同一貧富程度的農民從心理上得到共鳴，形成不同的農民階層，如果引導不當，矛盾衝突得不到化解，就會凝聚成從事犯罪活動的團伙或組織。

貧富兩極分化，在城鎮更爲明顯。以1994年中國國家統計局所做的調查顯示，超過2000萬名城鎮居民平均月收入在103元以下，屬於貧困人口。少數人擁有多數的財富，中國已經由平均主義盛行的國家，變成了一個貧富差距引起社會不安的國家。此外在中國人民大學社會調查中心所做的一項調查中，當問到“您認爲在目前社會上的一些富人中，有多少是通過正當手段致富的”

時，回答“不太多”與“幾乎沒有”的，佔59.2%，回答“不知道”的，佔20.8%，僅有5.3%的人回答“很多”。因此，中國社會公眾對於貧富分化、分配不公的抱怨主要是對致富方式的不滿，而不是對貧富分層的不滿[24]。

毫無疑問，在高收入者和貧困者之間，存在著明顯的利益衝突，尤其是當高收入者常將金錢使用於奢侈性的揮霍上，刺激了某些不正當的行業發展與寄生階層出現時，社會公眾就會產生強烈的相對剝奪感，這種不平等的現狀助長了國民的無責化傾向，從而使國家凝聚力下降，反使弱勢階層的內聚力上升，這對社會的長治久安是極爲不利的。

3.國有企業運行機制與市場經濟規則的排斥性，給集團經濟犯罪留下活動空間：

由於國有企業缺乏經營資本，又存在著一系列難以克服的問題，它對銀行的依賴性愈來愈大。爲了能獲得儘可能多的銀行貸款，有的國有企業不惜虛報註冊資本，僞造變造產權證明，提供虛假擔保或在政府協調下採取國有企業間連保等手段，騙取銀行貸款或採取其他手段，進行虛假破產，逃避銀行債務。這其中就存在著大量的集團經濟犯罪現象[25]。

4.市場經濟的負面效應，刺激了集團犯罪的蔓延：

市場經濟的開放性，帶來了人、財、物的大流動，也使一國經濟國際化、一體化，這種開放性的經濟導致國門洞開，境外的黑社會組織、黑社會勢力以投資、觀光旅遊、探親訪友、國際貿易等爲名義，不斷向大陸滲透，加速了內地黑社會勢力、有組織犯罪等集團犯罪的滋長。不論是招兵買馬建立組織，或是大哥到內地避風頭，甚至是跨國犯罪組織將中國開闢爲跨國組織犯罪的一個戰場或通道，境外的犯罪組織的滲透，爲中國大陸有組織犯罪向黑社會犯罪演化起了推波助瀾的作用。

據南京大學研究犯罪問題的學者蔡少卿指出，以台灣的四海幫為例，六個領導人中就有四個移居上海，並計劃將總部遷至上海。姑且不論此消息的眞實度如何，如果我們把組織犯罪視為一個市場經濟之下的產業分析研究，甫開放市場的中國大陸，經濟成長突飛猛進，在競爭環境在社會法制等皆未完備之前，處處有犯罪組織插手獲利的灰色地帶，這種充滿肥美獵物的叢林，犯罪組織見獵欣喜之心，不難想像。

三、形成團伙犯罪之心理因素

組織犯罪是社會現象的一種，是由一定的社會、經濟、文化因素相互作用的產物。但是，集團犯罪又是一種個人現象，它不可能離開特定的行為人而存在。因此，在考察組織犯罪的成因時，僅重視其中的客觀因素是不足的，還需要重視研究組織犯罪的全體特徵，提示組織犯罪的行為人的心理特徵與組織犯罪形成之間的聯繫[26]。

(一) 集團組織犯罪心理因素的原理

針對組織犯罪而言，其心理現象除了具有一般犯罪心理的共同特性之外，尙獨具以下的特點：

(1) 集團組織成員在犯罪過程中，往往產生存同去異、互補融合、相互默契的共犯心態，不表現出明顯的自我中心意向，有著較強的共同感受力。

(2) 集團組織的首要份子享有極大的威權，組織成員及整個犯罪組織的動機內容，都會在首要份子的有意識指導下發生深刻的改變。

(3) 研究者發現，人的精神成熟性愈高，他的調和程度愈低。因此，在較穩定持久的集團犯罪中，必然呈現出成員水平懸殊、上下等級分明、地位作用差異較大的格局，如果沒有差別或差別不大，則難以自行調和統一。

(4) 集團組織犯罪的反社會傾向較爲明顯。犯罪組織的成員之所以能聚合在一起，往往具有一定境遇性，這種一致性的形成，通常是由於群體參加人或整個群體以前的反社會行爲的結果。

(二) 合群互助，集團犯罪形成的原動力

集團犯罪表現了人類群集性的本能特點，合群需求是集團犯罪成員的一種基本需求。依據理性選擇理論，任何"理性的犯罪人"都會追求以最小的"投入"，換取最大的"產出"，這就是所謂的"犯罪效益"。集團犯罪是一種事前預謀的共同犯罪，其效益特徵更爲明顯。集團犯罪實際上是將犯罪行爲，通過集體決策、精密分工、技能互補、心理互動等環節進行分解，從而由多人共同實施同一種犯罪的犯罪模式。此種將不同智能、技能與不同心理性格的人聚集在一起，就會在行動上形成互助，心理上實現互補，使犯罪行爲更爲精密、熟練與專業化，從而使犯罪的收益更加的優異。

從另一方面看，集團組織犯罪內部的氣氛與凝聚力，不僅會激化成員潛在的犯罪意向，還會促成相互學習的效應，使成員在主觀上淡化單獨做案的罪惡感，產生責任分擔的僥倖心理。

四、形成團伙犯罪之文化因素

1871年，英國文化人類學家泰勒給文化下了一個權威的、爲後人引用率最高的定義：「文化是包括知識、信仰、藝術、道

德、法律、風俗及社會成員所獲得的能力、習慣等在內的複合體」。不同文化的衝突，包括社會主流文化與次文化之間、傳統文化與現代文化之間、不同地域與民族文化之間的衝突，都會引起犯罪的產生，這是一般社會的共同現象。

由於社會變遷與改革，一些已經行將消逝的文化可能會借助某些條件而復活，例如舊中國幫派思想、江湖義氣捲土重來，對集團組織犯罪有推波助瀾的效果。

(一) 行幫意識和幫會文化，是形成集團犯罪的文化基礎：

文化本身有主流文化與次文化之分，生活在次文化中的群體一方面分享著主流文化的成分，另一方面也同時保持著某些獨特的行爲模式與價值觀念。幫會文化就是中國傳統文化中的次文化之一。幫會文化在中國具有深遠的歷史淵源。而幫會集團作爲一種活躍於社會底層的次文化群體，雖然受到國家力量的打壓，但這種幫會文化卻在現代中國社會仍十分活躍。

這顯示出，在現代化與都市化的進程中，由於社會結構的重大變遷，人口膨脹，流動加速，大量農民進入城市，極大的削弱了原有的社會控制力量。這同時也表明，中國傳統文化中的確存在有利於幫會繁殖的文化特質，例如“江湖義氣”的倫理觀念，“拉幫結派”的意識，“出門靠朋友”的傳統仍然根深蒂固。因此，集團犯罪在社會主流文化上具有歷史傳承性，在社會次文化方面也同樣具有較強的歷史傳承性。而建立在這種基礎之上的犯罪組織或犯罪集團，因爲具有強烈的內聚力，極不容易破獲。

(二) 道德衰敗、信仰危機，是集團犯罪形成的深層文化危機：

中華文化以儒家道德哲學爲中心，在歷史上可以不靠武力、宗教的力量，維繫兩千年一以貫之的大一統局面，在人類的歷史上，是一項空前的紀錄。然而從文化大革命以來，中國一直打著破除傳統觀念，豎立現代化意識的旗幟，以此破除了許多封建道德觀念和傳統意識，解放了人們的思想，爲改革掃清了道路。但是，在揚棄計劃經濟改採市場經濟之後，商品經濟的發展並未自發的帶來一套嶄新完備的價值體系和與之相適應的道德規範[27]，在背離了傳統的軌道之後，人們的心態和行爲也找不到新的規範可遵循，現代中國人在新舊道德的歷史嬗變期，陷入了無法迴避的道德困境。

在過去的數十年間，馬克思主義被教條化，領袖人物被神化，社會主義被理想化，改革開放後，長期努力建立的理想信仰一夕間被打破，必然出現信仰危機。而伴隨著道德衰敗與信仰危機產生的，就是所謂的流氓文化。不事生產與強烈的破壞性是這個階層的特徵，在目前一些地方，流氓階層形成了對治安危害極大的地方惡勢力，並構成中國現階段黑社會形成的社會基礎。

(三) 不良文化的公開傳播，集團犯罪的助動劑：

開放搞活，文化多元化，各種信息傳遞加速，其中不良文化信息的傳播，成爲集團犯罪的又一個重要誘因。在社會文化系統交替不及，青黃不接之際，具有暴力色情成份的書刊、影音商品透過強力行銷與大眾傳播媒介，對於在文化需求高峰期而模仿性強、可塑性大的青少年，以及缺乏辨識力的農民而言，這種次文化具有相當的教唆、示範、鼓勵作用。例如美國電視劇「加里森敢死隊」播出後，全國相繼出現了許多類似「加里森敢死隊」的犯罪團伙，手持刀、槍、棍、棒，肆無忌憚的到處搶劫、竊盜、鬥毆，搞的烏煙瘴氣，人心惶惶。不過要發生這樣的亂象，單靠一部影集是不可能達成如此巨大的任務，必須在整體的社會條件與經濟因素都不利於社會控制，才有可能使不良文化商品發生影響力[28]，因此我們在分析時不可執一漏萬，避免發生以偏蓋全的錯誤。

肆、結語

組織犯罪所強調的是分工與共生，在於現代資本主義社會當中，組織犯罪亦是反應社會意識與觀點之另一面向。

亦有學理指出，針對組織犯罪之分工與共生等面向而言，組織犯罪亦稱「理性化組織犯罪」，理性化犯罪組織之結構類似科層制[29]，有如金字塔型由上而下逐漸延伸擴大。我們可由本文前段組織結構窺出端倪，理性化犯罪組織之決策中心，由少數核心份子組成，負責決策、指揮與內部仲裁等。形成之決議再逐層傳達執行，決策階層通常不會直接從事犯罪活動，各層級間建立一套嚴謹之聯繫機制，惟層級結構瑞視該集團發展之規模而定，如國內竹聯幫、美國義族黨等龐大組織，其組織層級至少分爲四層，且各個層級間亦設立多個平行之單位，各自執行不同任務。成員依其專長職司職務，如總裁、總堂主、組長、堂主、護法、執法、巡查、賄賂員、殺手等。反之，中國大陸的犯罪組織，在於形成論之觀點而言，仍屬發展階段當中。

現代組織犯罪形成論之論理面向，以客觀而言，仍與社會、經濟層面息息相關，在於研究此論點上，若以社會、政治、經濟等客觀層面而爲闡述，或許在於概念上較爲清晰。

註釋

1.本文部分原載「黑社會犯罪組織成因探討—以1978年後中國大陸組織犯罪發展爲例」（犯罪學期刊第九期，2002年），此爲本人與國立中正大學犯罪防治研究所唐大宇先生所撰，本人爲第一作者。

2.時高峰、劉得法，《集團犯罪對策研究》，中國檢察出版社，2001年1月。

3.麥留芳，《個體與集團犯罪》，巨流出版公司，民國80年7月。

4.周文勇，《組織犯罪》，中央警察大學，民國85年5月。

5.眾所週知，日本是一個極度強調團體的社會，人要組成各種團體，一定需要某種組織原理才能形成堅強的內聚力。日本會社傳統上採取終生僱用制，從托兒所到墓園都一應具全，如同把會社員視爲家人一般照料；而日本學術界之師生關係，如同父子與父女間的情誼，更使我們相信，擬制親族的組織原理在日本文化中佔有極重的份量。同時，這也肯定了組織原理是一種文化現象的說法。

6.麥留芳，《個體與集團犯罪》，巨流出版公司，民國80年7月。

7.周文勇，《組織犯罪》，中央警察大學，民國85年5月。

8.麥留芳，《個體與集團犯罪》，巨流出版公司，民國80年7月。

9.麥留芳，《個體與集團犯罪》，巨流出版公司，民國80年7月。

10.許華偉，《犯罪結社行爲處罰基礎規範之研究—共相與整合可能的探尋》，台灣大學法律研究所碩士論文，民國89年6月。

11.黃榮堅，《刑罰的極限》，元照出版公司，1999年4月。

12.觀察黑社會活動的歷史軌跡可以發現，市場經濟似乎是黑社會存在的前提條件，而黑社會犯罪又是影響市場經濟正常發展的首要不利因素。看來兩者似乎各為因果，注定永遠糾纏的命運。但是若將市場經濟社會視為人體，黑社會組織犯罪就是人體的惡性腫瘤(癌症)，本文認為，犯罪組織起源於不良的社會環境，採取寄生與共生模式在社會中壯大，危害社會的生存與發展的歷程，與癌細胞在人體發展成為奪命的癌症，原理與過程大同小異。犯罪學在討論青少年非行問題時，有學者參考公共衛生的預防模式提出理論，我們在探討組織犯罪問題時，亦可從醫學上對於預防與治療癌症方法的角度切入思考，或許有發展成「癌症犯罪組織理論」之可能性亦未可知。

13.時高峰、劉得法，《集團犯罪對策研究》，中國檢察出版社，2001年1月。

14.案例：上海審結首起"組織領導黑社會組織案"2000年中新網北京10月30日消息：上海首起以"組織、領導和參加黑社會性質組織"等罪名起訴的案件近日審結。上海市高級人民法院終審判決首犯鄭小軍、曹雲飛死刑， 緩期2年執行，其餘10人也分別被判處有期徒刑。

法院認定，從1998年6月起，鄭小軍、曹雲飛共謀，在社會上招募閒散人員，企圖成立一個專門控制一批KTV包房小姐的組織。在作案中，他們冒充外地客人，將小姐騙到賓館，然後以拍攝裸照、人身威脅等手段，來達到控制她們的目的。在作案現場，他們不但侮辱恐嚇這些小姐，還搶走她們的隨身財物，並在事後對她們敲詐勒索。另外該組織還涉及其他多起有組織的搶劫和敲詐勒索案。鄭小軍犯罪團夥有嚴密的組織，有明確的分工，有嚴格的等級劃分，甚至還炮製了專門應對警方的"回答口供紀要"

據法制日報報道，一審法院經過審理，在今年7月份以組織、領導黑社會性質組織罪、搶劫罪、強制猥褻、侮辱婦女、敲詐勒索罪數罪並罰，判處鄭小軍和曹雲飛死刑，緩期2年執行，其餘10名團夥成員也分別被判處7年至19年不等的有期徒刑。嗣後，4名團夥成員不服判決，提出上訴，上海市高院近日駁回了他們的上訴，維持原判14。上海有1300萬人口，是中國經濟、文化、商業、金融與交通運輸中心，以上海為例，應具有一定之代表性。

15. 時高峰、劉得法，《集團犯罪對策研究》，中國檢察出版社，2001年1月。

16. 時高峰、劉得法，《集團犯罪對策研究》，中國檢察出版社，2001年1月。

17. 時高峰、劉得法，《集團犯罪對策研究》，中國檢察出版社，2001年1月。

18. 時高峰、劉得法，《集團犯罪對策研究》，中國檢察出版社，2001年1月。

19. 時高峰、劉得法，《集團犯罪對策研究》，中國檢察出版社，2001年1月

20. 時高峰、劉得法，《集團犯罪對策研究》，中國檢察出版社，2001年1月。

21. 轉引自-加羅法洛，《犯罪學》， 1996年。

22. 張遠煌，《現代犯罪學的基本問題》，中國檢察出版社，1998年6月。

23. 時高峰、劉得法，《集團犯罪對策研究》，中國檢察出版社，2001年1月。

24. 分配不公導致的貧富不均是一種不正義，產生此種不正義的現象並不能完全怪罪於市場經濟制度，大多是因為相關的社會環境與制度有弊病所致，資本主義市場經濟體系是以自由主義為基礎的，而自由主義必須建立在機會均等、合理差別與公平競

爭等原則上。關於正義的概念，美國學者*John Rawls*之「正義論」(*A Theory of Justice*)是典範性的著作，中文可參閱趙敦華著：「勞斯的正義論解說」，1988年，遠流出版公司。

25.經濟犯罪的定義眾說紛紜，在論理上較可採的說法應該是指「攻擊自由主義經濟秩序的犯罪行為」，詳細內容請參閱林東茂，《一個知識論上的刑法學思考》，2001年，五南出版公司。

26.時高峰、劉得法，《集團犯罪對策研究》，中國檢察出版社，2001年1月。

27.任何一種成功的政治經濟制度，背後都有堅實的文化系統為基礎。韋柏認為，資本主義發達的與基督教(新教)的興起有著密不可分的關係。新教倫理主張每個人可以不用透過教會直接面對上帝，信徒在世上所做的一切，包括賺得的錢財與成就，都是榮耀上帝的行為，因此激勵了教徒努力從事工商業經營，創造了資本主義的發達。眾所週知，中國並非屬於基督教文化的國家，在社會主義文化系統未做任何轉型的準備之下突然決定採行資本主義市場經濟，侈言要建立一個具有中國社會主義特色的市場經濟，但一、二十年來所呈現的卻是一片的社會亂象，在這種社會環境下，犯罪問題自然愈來愈嚴重。

28.對於將經濟、文化、政治等因素做整合性系統研究之翹楚，首推當代社會科學大師—德國法蘭克福學派的哈伯瑪斯教授，其名著《合法性危機》即針對晚期資本主義社會所可能產生的社會問題，做一系統性的剖析，見解精闢，被譽為當代名著之一，中文版由時報出版。

反思犯罪學領域，號稱科際整合，卻連一個經典性的系統理論都沒有，不知要到何日才能出現一個如韋柏、馬克思、哈伯瑪斯的大師，才得叫犯罪學擺脫雜學之名。

29.「科層制」是根據功能與權威劃分之金字塔形結構，組織層級分明，依社會學韋伯（*Weber*）觀點，科層制具有「專門化」、「職務層級」、「規則」、「公正無私」、「技術能力」等五項特性，林義男譯自*Donald Light,Jr. and Suzanne Keller*《社會學》1999,130-131頁。

第五章

組織犯罪形成論：從霸凌(Bully)被害現象檢測青少年幫派之形成[1]

- 霸凌被害現象與加害現象之相對性探討
- 霸凌兒童加害原因與形成加害群體（幫派）之原因
- 少年加入霸凌集團（幫派）之現成論點
- 霸凌集團（幫派）於校園中之活動
- 結論

摘要

本研究旨在針對目前未成年人「霸凌」（*bully*）現象，針對霸凌被害之狀況，檢測少年幫派形成之論理研究。

校園未成年人加害與被害等問題，目前已在多數學理當中有所論述，本文其再以國內外關於霸凌（*bully*）之現象，檢測青少年校園幫派之現象。此文主要爲銜接組織犯罪與被害者學二個論理之研究，亦爲目前少數以被害與加害之對向觀點研究校園霸凌（*bully*）與校園幫派之研究。透過此研究，本文希冀近來有越見嚴重之校園霸凌與幫派問題獲得一基本上之解決。

壹、霸凌（bully）被害現象與加害現象之相對性探討

日本學理構成「霸凌」（いじめ）現象之要件爲：「同一集團內の相互作用過程において優位にたつ一方が意識的に、あるいは集合的に、他方対して精神的・身体的苦痛をあたえること（中譯：同一集團內同儕互動過程當中處於優勢之一方對於弱勢的一方施予精神上、以及身體上之痛苦）[2]」，惟日本對於行使「霸凌」（いじめ）之當事人兩造並無指出其年齡層，由此可類推解釋「霸凌」之現象，在於廣義之意，非侷限於幼年人。惟參照我國實務與外國學理之定義，「霸凌」之意似乎可以狹義之說而論。我國實務當中，所謂「霸凌」，其指一長期存在於校園之現象，專指孩子們之間惡意欺負之情形[3]。在於學理上亦對於「霸凌」之現象而有所定義，根據學者*Olweus*之定義，所謂

「霸凌」是爲：「一個學生長時間重複地被暴露於一個或多個學生主導的欺負或騷擾，或是該學生被鎖定爲霸凌對象而成爲受凌兒童的情形[4]。」根據目前多數報章媒體與兒童福利組織之論，每至開學前夕，即有多數家長與師長反應孩子有開學不適應的現象。有的孩子甚至因爲懼怕再度被欺負而抗拒上學[5]。甚而，此機構之針對國小中高年級學童進行有關校園霸凌現象問卷調查，結果發現：校園霸凌現象普遍存在，大部分學童知情（66.9%）且多數有被欺負的親身經驗（63.4%）。超過五成以上的學童（53.9%）偶爾在同儕間被欺負，僅36.6%從未有被欺負的經驗；近一成經常被欺負的學童（9.5%）雖然不是多數，但卻可能是被長期鎖定霸凌的弱勢兒童，值得特別關注[6]。此在於日本亦可發現有同質性之現象，根據下列圖表所示，日本校園霸凌狀況亦是嚴重，雖於2001年實有稍微減少，此或許導因於日本少年法於2000年進行大幅度修正，主要以加重刑罰替代傳統教育刑思維[7]。

日本之教育體制與台灣極相似，約廿年前，有學生因在學校被欺負而自殺後，校園欺負問題在就一直是教育之核心問題[8]。近十年前，這個問題達到最高峰後，日本教育當局採取許多措施多管齊下，近年來有降低的趨勢，但仍是校園重點問題之一。根據日本主管教育的文部科學省近年統計，日本校園欺負問題在九年前高峰期時最高達六萬件，以國中發生件數最高，其次是小學和高中。大多的模式都是恃強凌弱，以身體、年齡、人數、或有時甚至是成績智力等優勢來欺負處於不利或劣勢地位的人。施暴者有同儕、也有老師或校外人員[9]。

【圖表16】 2001年日本文部科學省所調查霸凌現象之狀況[10]

	1985年度	1986年度	1988年度	1989年度	1990年度	1991年度	1992年度	1993年度	1994年度	1995年度	1996年度	1997年度	1998年度	1999年度	2000年度	2001年度
小學校	96,457	15,727	12,122	11,350	9,035	7,718	7,300	6,390	25,295	26,614	21,733	16,294	12,858	9,462	9,114	6,204
中學校	52,891	23,690	15,452	15,215	13,121	11,922	13,632	12,817	26,828	29,069	25,862	23,234	20,801	19,383	19,371	16,636
高等學校	5,718	2,614	2,212	2,523	2,152	2,422	2,326	2,391	4,253	4,184	3,771	3,103	2,576	2,391	2,327	2,159
計	155,066	52,610	29,786	29,088	24,308	22,062	23,528	21,598	56,601	60,096	51,544	42,790	36,396	31,359	30,918	25,076

於校園霸凌事件當中，所需關注的是加害人爲如何運用手段使被害人被害。此姑且不顧單一加害之手法，可發現的是，霸凌事件之背後，加害人往往是以團體之方式進行霸凌之手段。學理同時也指出，霸凌兒童之青少年期與幫派結合、成年之後的犯罪率較高、成年後對政府部門的矯治服務（法院服刑、毒品或酒精濫用戒癮、因人格違常所需之心理衛生）需求較大[11]，且實施霸凌之暴力行爲方式，主要以下列方式進行[12]：

1.肢體的霸凌：包括踢、打弱勢同儕、搶奪財物等。

2.言語的霸凌：包括取綽號、用言語刺傷、嘲笑弱勢同儕、恐嚇威脅等。

3.關係的霸凌：包括排擠弱勢同儕、散播不實謠言中傷某人等。

4.性霸凌：以身體、性別、性取向、性特徵作取笑或評論的行為；或是以性的方式施以身體上的侵犯。

5.反擊型霸凌：這是受凌兒童長期遭受欺壓之後的反擊行為。通常面對霸凌時他們生理上會自然的予以回擊；有部分受凌兒童會去欺負比他更弱勢的人。

童年被欺侮或青春期的苦澀原本應只是人生中極短一段時間的艱苦試鍊，惟對青春期的孩子來說，在人生還在塑型、還在尋覓自己定位時，尋求同儕認同和群體歸屬感有時常比什麼都重要。若此時被群體隔離、欺負、貶抑甚或暴力傷害，這個由別人無知的殘酷造成的關卡，要靠一己之力度過，實至談何容易[13]。故探討加害群體為何會產生，以及加害群體形成幫派時之原因，或許需吾等更深之探討。

貳、霸凌兒童加害原因與形成加害群體（幫派）之原因

根據學理而言，霸凌行為之形成原因許多，主要為下列[14]：

1.家庭因素：對孩子缺乏關注和溫暖、缺乏管教、家庭內有暴力情形、提供孩子在家中霸凌行為的機會等，都是助長孩子成為霸凌兒童的原因。

2.個人因素：激進衝動的個人特質、神經生理疾病（*Asperger Syndrome*）、「高度孤獨症」、「非語言學習障礙」、「社會情緒適應失調」等，都是霸凌兒童的可能成因。

3.學校因素：老師對於攻擊行為的態度和處理的技巧、學校的

風氣與管教、學生受生命教育的程度等都是影響霸凌行爲的關鍵。

再論霸凌行爲之產生之個人特質而言，亦是具有一般暴力犯罪犯罪人之特質，也就是個性上較爲衝動、自我控制能力較差、缺乏自主性，過於敏感而主觀性強，但卻又自卑消沈、對讀書不敢興趣，因而學校適應不良，學業成績低落，常有反抗權威、逃學以及奇裝異服之行爲，除此之外尚有人際關係較差之狀況[15]。

承此，霸凌行爲人在於行爲行使或許以單獨犯或共犯之方式呈現，惟嚴重之霸凌行爲，其背後多爲集團性之活動，此亦是霸凌集團形成之主要因素。

參、少年加入霸凌集團（幫派）之形成論點[16]

青少年行使霸凌等暴力行爲並加入霸凌集團（幫派）之原因相當多，一般學理指出「失敗的學習者」、「追尋新的生活經驗」、「追求被尊重的感覺」等，皆爲較重要之原因。

在「失敗的學習者」當中，學者指出多數霸凌行爲人在學校成績上並不佳，亦有部分爲中輟生，作爲一學習者而言，其已受到學習上之挫折。此外，「尋求新的生活經驗」而言，對一般霸凌兒童而言，其對於一般學校生活已不敢興趣，在另一層面而言，以霸凌行爲及加入霸凌集團之活動，或許可使自己之生活方式做一轉變。最後在「追求被尊重的感覺」而言，雖霸凌集團（幫派）所行使之活動充滿暴力，惟此種活動卻給予霸凌兒童自我、獨立自主，以及被尊重之錯誤感覺。此亦是一般霸凌集團（幫派）之成員效忠自己之團體與幫派，更甚於社會規範與律法。

除此之外，霸凌行爲人於同儕中被尊重、被認同，此種感覺亦是持續參與集團之原動力。

除此之外，霸凌行爲人加入集團行使暴力行爲另有其他因素，例如幫派可滿足青少年進入成人世界之需求、加入幫派乃屬低階層文化價值觀之反應[17]、以及可尋求保護，欺凌他人亦佔優勢、好玩與支持等。

肆、霸凌集團（幫派）於校園中之活動

霸凌集團之少年常見之霸凌活動，主要爲行使身體上之暴力行爲，以及獲取經濟利益與恐嚇、勒索等，亦爲反應上述學理之論。身體上之暴力行爲，除可顯示出青少年生理因素之原因以外，從另一觀點而論，霸凌集團（幫派）結構亦爲一社會團體，亦需歷經衝突與適應，而凌虐（霸凌）被害人亦爲過程之一。

此外，經濟利益與勒索恐嚇亦是霸凌行爲人與霸凌集團活動之另種面向。此亦是霸凌行爲之受害人遭致生理傷害之外，另一心理層面受害之主要狀況，在於受害心理因素而言，此種被害之程度，並不亞於生理上之傷害。

伍、結論

霸凌暴力行爲多經由退避不成而導致的激烈反撲行爲，或以報復手段來消除自己所受的不公平待遇而發生。產生霸凌暴力之原因大致由個人生理特徵、個性、環境、社會因素，以及個人不

在乎之心態所產生。尤其在青少年年齡和身體發展上，容易受到性方面之衝動、同儕壓力、錯誤的信念等影響。加上社會上許多合法上的誘導，形成了青少年強迫與侵犯行爲合法化藉口。而色情文化，統治和操縱手法，藥物取得、大眾的人際冷漠、以及執法不力與姑息心態等，此亦是導致校園霸凌暴力行爲與形成霸凌集團之因。

根據學理研究之論，曾是霸凌兒童的男性，到24歲止，有60%的人至少有一次的犯罪紀錄，有40%高達三次或三次以上的犯罪紀錄；非霸凌兒童者僅10%有犯罪紀錄，顯示兒童時期的霸凌行爲與成年期的犯罪行爲息息相關[18]。此可發現早期之霸凌行爲亦是未來犯罪行爲之形成因素，故霸凌行爲與霸凌集團之形成，在於犯罪防範之前提而言，是不容忽視之重點所在。

本文僅在霸凌行爲之被害與霸凌集團之形成做一淺論，或許在於研討霸凌等暴力行爲之論點而言，需闡釋之層面尚有許多，此僅爲廣義性之探討。

註釋

1. 本論文預計發表於日本比較法雜誌第39卷第2號（2005年）
2. 森田洋司・清水賢二，「新訂版**いじめ**」，金子書房、1994年**による**定義。
3. http://www.children.org.tw/Items2/index2.asp?UnitID=1159&PageNo=2&PageTitle=活動花絮，2004/12/31造訪。

4.http://www.children.org.tw/Items2/index2.asp?UnitID=1159&PageNo=2&PageTitle=活動花絮，2004/12/31造訪。

5.兒福聯盟基金會哎唷喂呀兒童專線開辦以來，共接到近百通有關校園內同學間惡意欺負的電話，而且每到開學前夕，就有許多家長和老師反應孩子有開學不適應的現象。有的孩子甚至因爲懼怕再度被欺負而抗拒上學。http://www.children.org.tw/Items2/index2.asp?UnitID=1159&PageNo=2&PageTitle=活動花絮，2004/12/31造訪。

6.此研究爲兒福聯盟基金會針對北、中、南部國小高年級所做之量化研究。

7.陳慈幸，《日本少年法修正之思維》，中輟生與少年犯罪研討會(2000年)。

8.原載於中國時報，2004年6月14日版報導。

9.原載於中國時報，2004年6月14日版報導。

10.http://members.jcom.home.ne.jp/i-network/，2004年12月24日造訪。

11.http://www.children.org.tw/Items2/index2.asp?UnitID=1159&PageNo=2&PageTitle=活動花絮，2004/12/31造訪。

12.http://www.children.org.tw/Items2/index2.asp?UnitID=1159&PageNo=2&PageTitle=活動花絮，2004/12/31造訪。

13.原載於中國時報，2004年06月14日版報導。

14.http://www.children.org.tw/Items2/index2.asp?UnitID=1159&PageNo=2&PageTitle=活動花絮，2004/12/31造訪。

15.陳麗欣，校園暴力犯罪者之人格特質。轉摘自陳慈幸，《青少年法治教育與犯罪預防》，濤石文化，2002年。

16. 轉載自陳慈幸，《青少年法治教育與犯罪預防》，濤石文化，2002年。

17. 此爲學者*Miller*之幫派少年與低階層文化論，摘自張平吾等，《犯罪學導論》，三民書局，2002年。

18. http://www.children.org.tw/Items2/index2.asp?UnitID=1159&PageNo=2&PageTitle=活動花絮，2004/12/31造訪。

第二部分、

被害者學之對策論理形塑

第一章、被害者學之基本論理整合：被害者學形成與發展

第二章、性被害論：法律之定位與二度傷害

第三章、性被害論釋義：性騷擾被害處理之法理程序

第四章、性被害法理程序之比較研究：日本學理與實務之廣義性分析

第五章、性被害非法理程序面之問題：PTSD與RTS二個問題

第六章、青少年網路加害與被害相對論理之實證性萃取研究

第七章、青少年網路性被害：援助交際法論理之廣義探究

第八章、青少年網路性被害：援助交際問題比較實證論理

第九章、青少年網路性被害：援助交際比較法理探析

第一章

被害者學之基本論理整合：被害者學形成與發展[1]

- 被害者學之意義與歷史沿革
- 被害者學研究重要性與犯罪被害補償制度
- 何謂「被害」？－被害定義之闡述
- PSTD－創傷後壓力失調症（創傷後壓力症候群）
- 關於PTSD之治療
- 「被害」之分類與學說派系
- 各類型犯罪之被害者特性
  被害預防與犯罪人的刑罰、處遇之對照－特別
- 對於「性犯罪」而論
- 我國被害者補償之制度
- 被害者學之展望

摘要

過往有關犯罪學及刑事政策之研擬，首重加害人之研究。直至最近，被害者仍然是最容易被遺忘的族群。關懷被害者主要是國家政府、社會福利機構，以及曾受犯罪被害之人及其家屬，但對於社會大眾而言，面對高犯罪率之恐懼，人們所關切的，仍有偏頗加害人懲處以降低犯罪之發生。

二次世界大戰爾後，學界興起了研究犯罪被害人之風潮，但在此之前，有關於犯罪被害人問題，並未受到相當之重視。之所以會有此風潮之湧現，其主要之原因，就在於若干學者認爲在犯罪事件中，當事人涵蓋了犯罪人與被害人二者。許多的犯罪行爲，若無被害人之參與，犯罪就無法完成，簡言之，犯罪之發生是憑藉加害人與被害人共同參與的。因此，在此種推論下，被害人於犯罪行爲當中，佔有舉足輕重之角色。被害者學於二次世界大戰以來，因民主、人權意識問題提升，學者紛紛以研究此議題爲風尚，許多國家的政治家以及人民開始正視此議題，如此趨勢之推動，使得被害者學在浩瀚法學的領域中扮演著重要及顯著、並持續推演進化的學門之一。

以我國而言，目前刑事司法體系依然偏重於加害人，也就是，包括緝捕、偵查、證據搜索以及確認，司法程序後期之審判、處遇等等，大都以加害人爲中心而探討之。總言之，我國與大部分國家之刑事司法體系，使將加害人認罪、受刑爲刑事偵查之最終目標。以政策中之公平、正當性及正義性的角度而觀，其立意並無訛誤，惟以人權及社會福利之觀點而言，卻有缺失之憾。若要對於整個犯罪行爲有所了解，就須同時兼顧犯罪人與被害人兩者間之關係，並針對此進行研究，此爲研究犯罪學與被害者學之重點，亦是研擬刑事政策中之重大要件[2]。

因此，被害者學是研究犯罪人及其行爲當中不可或缺之學問。用以被害者之角度衡量犯罪行爲並研究犯罪當時之動機與原因，或許以單一研究加害人之角度，更爲客觀。

壹、被害者學之意義與歷史沿革

被害者學之意義主要爲探討犯罪行爲中之被害者在整個犯罪事件中所扮演之角色。

以學術之沿革追溯，被害者學之論點，主要爲美國學者許佛（*Stephan Schafer*）在其1968年著書《*The Victim and his Criminial, 1968, pp.7-38, Random House*》當中者所提出的。

在此書當中，許佛認爲犯罪行爲中之被害者，在整個犯罪過程中，事實上扮演了極爲重要之角色，甚至可說是因被害者之存在，才促使犯罪行爲的發生，因此對於被害者角色的研究，是十分重要的。

許佛並針對犯罪被害者地位之盛衰，劃分了三個時期[3]：

第一期稱爲被害者之黃金時期（*Golden Age*）。「以牙還牙，以眼還眼」應報刑之觀念在當時相當普遍。雖此時期被允許以強制手段懲處犯罪人，但此種方式，卻無法給予被害人及其家屬適度之照料與關懷，並且，以強制手段報復加害人並非爲懲治加害人之最佳方式。

第二期稱爲被害者之衰退期（*Decline*）。由於近代法令漸漸修訂並日趨整備，學界普遍重視加害人懲處、處遇方策。因高度重視加害人之問題，導此被害者地位下降。

第三時期爲被害者之復興期（*Revival*）。也是1960年之後世界各國主要之趨向。

對於被害者學研究之歐美先進國家，在於1960年已進入上述之復興期，當時以「被遺忘的人們*forgotten persons*」來稱呼被害者，並研發了被害者補償制度（*victim compensation*），當時呼應的國家有紐西蘭、英國、奧地利、比利時、加拿大、丹麥、德國、芬蘭、法國、愛爾蘭、美國、澳洲等國。在這些國家當中，除了被害者補償制度之訂定外，亦確立了被害人於法律上之地位，也就是，對於被害者支援採取了最積極之態度。

1970年代以後，美國、英國、加拿大、荷蘭、澳洲、紐西蘭等國開始開發許多被害者支援政策，此些政策除積極改善加害人於法律上之地位外，並研發多種犯罪人心理治療方法，可謂創始現代被害者心理治療之前鋒。除此些國家對於被害者政策研發之努力之外，德國、法國亦緊追於後。在另一方面，早期對於被害者保護政策毫無進展與關心之義大利、土耳其、墨西哥、巴西等國，亦加入了研發被害者保護政策之行列。

在於歐美各國致力被害政策保護之研發工作當中，惟此潮流似乎缺乏了亞洲國家對於被害者學進展之聲。亞洲國家之文化，多數以儒家思想爲重，此種文化之影響使得人民普遍侷限於保守之心態，對於個人情感之表達多爲內斂，在於重視心理治療之被害傷害而言，儒家保守文化恰巧爲一種阻滯，因此亞洲國家在於被害人心理創傷治療，開發較爲歐美各國爲晚。雖近幾年亞洲諸國因世界風潮之驅動，對於*PTSD*等被害人心理治療研究多有著墨，但窺視亞洲等國被害者保護制度，多數侷限於刻板式的法律規章，對於被害人心理治療及配套輔導政策，較之歐美研究，仍有遺憾。

亞洲各國當中，對於被害者學較有發展之國爲日本。日本對於被害者學之研究雖比歐美各國延遲，但較之其他亞洲國家而言，日本在於被害者學之研究已有顯著之成效。

1960年至1970年代爲日本被害者學研究之啓點，惟當時日本國內被害者學之發展，卻有不少之阻礙。最主要的原因在於，當時保守派之日本學者認爲：

（一）倘對於被害者過於關心，將對加害人（被告或嫌疑犯）之懲處有重大的危機；

（二）犯罪學與刑事政策當中已有規劃被害者之研究，因此不用特別將被害者學之研究獨立而出；

（三）當時對於犯罪之實證研究爲非主流；

（四）當時對於犯罪有關之學會，所採取的研究方式多是獨一研究方式，非似現在之跨領域之研究[4]。

於上述幾點之保守論述之強勢下，日本渡過了被害者學研究之寒冬。但此卻無法阻斷被害者學於日本日後之發展，在多數學者奔走之下，「促使他人被害是種羞恥之行爲」，以及「促使他人被害是一種反社會行爲」對於被害重視之觀念漸植人心，於1980年代被害者學在於日本成爲獨一學門，除傳統法學者之外，並有多數醫療人員、司法實務人員等加入。

對於被害者學之研究，日本法令雖無似我國對於補償法令有獨一立法，但卻有高額補償金規定及社會福祉網絡結合，使被害人及其家屬得到盡全之服務。此外，日本學者亦提出特殊被害者之分類法，對於被害人心理治療方面，有較爲具體之導引。關於日本對於被害者之分類，留待後續探討，此不贅言。

我國對於被害者保護的重視始於民國24年，但眞正立法爲民國39年，倡導與發展時間可說與西方國家不相上下。惟我國對於被害者學研究，以及補償制度之執行成效與後期發展與西方國家相較，可說是望塵莫及，追究其原因，依然在於前述已有說明，傳統文化深植人心，此外尙有推廣不周之因。

茲將台灣被害者保護發展沿革整理如下：

（一）民國39年，通過制定刑事補償法

（二）民國48年，通過冤獄賠償法

（三）民國70年，正式實施國家賠償法

（四）民國83年，法務部邀集各界專家學者舉辦「犯罪被害人保護研究會」，同時也為保護犯罪被害者補償法催生。

在犯罪補償法令當中，我國目前犯罪被害補償法已立法通過，此法令因是獨立法令之故，可見我國對於犯罪被害之重視。惟此法令之內容，仍偏屬民事賠償性質之法，對於犯罪之被害，此法雖有明確之賠償規定，但其賠償要件與執行仍有待檢討與審視，此外，對於被害人心理治療及輔導等相關明確規定亦無列文，此外，刑事訴訟法當中，亦無加強被害人地位之規定。被害者之對應，若僅以空泛條文規定，毫無完整配套支援，是目前我國犯罪被害防治有待加強之處。以目前犯罪被害研究之潮流趨勢，或許不可認定我國在於被害者制度有著完善之措施。

在於犯罪學之領域，「重加害人輕被害人」之研究，為目前研究之主流模式，但此種方式卻也透析出難以窺見犯罪事件全貌之憾。如此研究方式之桎梏對於建立健全之刑事司法政策，猶如井中窺天，也是被害者學發展之狹隘。

媒體傳播事業不當報導、渲染誇大及法庭上被害者、證人的硬體保護設備及偵訊過程的保護欠佳等因素，皆是赤裸裸地顯示出被害人權益遭損，此也促使民眾關懷被害者，研究被害者學之成因。惟被害者學發展至此，世界諸國從重視被害者補償、心理治療爾後，紛紛步入改善被害者於刑事司法中之地位與創傷輔導政策。今日的我國堪稱為已開發國家，各式仿照世界諸國之法律規章樣樣俱全，惟眾多法律規定當中，濫竽充數，漫無目的的引註、抄襲，無法眞正落實的，大有其在，因目前的犯罪補償法令，是否可讓被害者感受到眞正之權益者，實令人有擔憂之慮。

貳、被害者學研究重要性與犯罪被害補償制度

近幾年中，因被害者學復興與犯罪率上升的關係，學者們致力於被害者學之研究，並從多方面去研究探討被害者之角色，例如，本土學者利用被害者調查犯罪行爲之本質和數量，並統計計算具有何種特性之人，最容易成爲犯罪被害者[5]。

至於被害者學究竟應該探討哪些問題，學者曾經提出過幾點建議（蕭世璋）[6]：

（一）應討論被害者共通之人格特性爲何？及產生被害者之社會因素爲何？

（二）容易成爲被害者之個人，究竟具備有何種之個人因素，才肇使自己常常成爲犯罪之被害者，並針對於其個體之缺陷研究如何加以治療。

（三）被害者究竟只侷限於個人，或是可擴張到社會秩序制度以及團體與社會上。

（四）是否有犯罪行爲是不存在被害者。

（五）被害黑數和犯罪黑數之間，是否有相當之關聯性存在？

針對上述之建議，筆者頗感認同。犯罪學之研究，主要是在闡明犯罪人本身所具有之人格特質，此再加以配合上外界環境（社會影響）之因素後，對於犯罪人所造成之影響，並用此來闡明犯罪人之所以會犯罪之原因，並希冀藉由此犯罪上之原因，來尋找適當之對策，防止犯罪行爲之發生。但以目前犯罪學之研究，僅侷限於犯罪人之單方面，故無法眞確掌握到犯罪現象與實際犯罪原因，有些犯罪行爲之發生，非僅肇因於犯罪人，而是須配合

上被害者之行爲才有可能發生，因此若要研究被害人之行爲如何影響到加害者（犯罪人）犯罪行爲之發生，勢必須一同研究被害者。也就是，研究犯罪原因，除科技整合之犯罪學原因之外，被害者學之功能亦是研究犯罪因素之重要原因，此爲學習者所需認知被害者學研究之意義所在，亦是研究被害者學之重點所在。

此外，關於被害補償制度方面而言，多元的社會中，犯罪型態及犯罪手法五花八門，不勝枚舉，舉凡犯罪事件之發生，除加害人得到適切的懲處之外，被害者保護都應受到相當的重視，如此才可謂被害者人權能得到盡善之保障。惟縱覽世界諸國被害補償政策，筆者認爲，多數國家當前施行之被害者補償制度之草創當時，皆是學者與實務人員極盡苦思草擬而出，但施行爾後，卻發現以爲盡善之補償制度，卻不免仍有其侷限性及缺失存在。誠如學者*Smith*和*Hillenbrand*（*1997*）所言，檢視被害者可能獲得財政補償之途徑，也就是從「犯罪被害者補償」、「被害者與犯罪者和解計畫」及「國家補償計畫」三個面向而言，結果發現僅有極少部分的人僅從中獲得利益，此原因是，對於補償制度推廣不佳、加害者無能力或意願給付補償金、以及國家經濟資源不足導致補償金缺乏、犯罪被害者得獲補償資格有限制之憾等（許春金、黃翠紋，民89）。被害補償制度之設計，原是因應保障民眾權益而生，如湧現多數侷限性，對於人民權益保障方面，僅爲空談。

承此，在補償制度的設計，首應思考的是，如何對加害者達到充分懲治的作用，以爲殺雞儆猴，安定社會秩序基石之理念。惟有學者認爲除上述理念之外，應告知被害者使其認知被害已是事實，司法之正義在於儘可能使其損害降至最低（甚至爲零），應有的人權受到保障，但需注意的是，無法保證讓被害回復至未被害前。

在此種思維考量下，或許會有司法體系不盡其責照顧被害人之弔詭，但仔細推敲即發現，司法制度在於保障國家社會之安定，人權之價值、個人財產安全、穩定，因此，國家僅藉由最高主權的強制力，對於加害者提起懲戒以維護社會安定之力量。此過程中，國家所借助的爲法治之強制力，而在法治制度下之民眾也深信藉法治之力可維護其生命財產與生活之安定。因此，藉由法治之力，雖可達到懲治加害人之效，惟無法使被害人回復至被害前之狀況，因此法治之力，仍有極限。

故此，被害人補償制度之草擬與設計，不應僅顧全法律，應跨及各種領域，以維護被害人之權益，使達至盡全。被害人之心理，因有無形之苦與壓力之沈重，因此，在於被害補償政策施行順利與否方面，因其與社會民眾有密切的關連，亦是國家爲保障人民之重大政策之一，故實務者需保有關切與配合，不能面對重重困難而高舉白旗，卻步不前。

政策之研擬與施行，存在著利益權衡之關連性，制度研擬者經常在公平與效率間達成某種程度之量衡，惟在施行不易或是視當時狀況需有犧牲時，則視事件影響之深遠而做評定。惟在犯罪補償政策研擬，實不可因一時之利益權衡之考量而犧牲。

參、何謂「被害」？被害定義之闡述

前已所述，早期對於被害者之研究主要爲依附在犯罪學之下，也就是，當時被害者研究並非唯一獨立學門，此同時也凸顯出犯罪被害者早期不爲重視的窘境。因此，一個人在犯罪之被害爾後，其所經歷之身體、心理的傷害及財產損失，甚至需自我抵抗隨之而起之訊問及審判時的二度傷害等事，將成爲人生中慘烈的創傷。更甚者，媒體、雜誌肆意渲染，鄰里不當謠言聳動、許多人便屈膝於此種傳言，靜者樂觀言語惑動之戰場，動者便伺機大肆攻擊，如此之重大心理負擔，亦是繼前述傷害，繼續紛擾被害人之重大要因。特別是犯罪黑數最多之罪刑（如性犯罪），被害人因大多數為女性等體能弱勢族群，被害人多數因恐於沈重社會保守觀念之壓力或懼於加害人報復，在眾多複雜因素交葛之下，被害人經常無法即以法律途徑解決。此種憾事導致加害人逍遙法外，被害人永受到犯罪被害後之生理與心理之摧殘。

再論被害之定義。

「被害者」一詞之意義，較為眞確之資料來源，可追溯於門德爾遜（*Mendelsohn*）所提出之學術論作之中。

門德爾遜於一九五六年發表《被害者學－生物、心理及社會學的一門新科學》一文中，首推出「被害者學」（*Victimologie*）一語，其中他將被害者學定義為「以被害者為中心研究犯罪問題」之學，同時，門德爾遜並認為被害者學是統合生物學、心理學、社會學等諸學科觀點加以研究之學問，力倡被害者學應與刑法學、犯罪學及刑事政策等學問併立而成為一門獨立的學科，奠立了現代被害者學研究的重要基礎（張平吾，民85）。

門德爾遜主張對於犯罪被害者之研究，應不僅侷限於個人之被害者，而是應該擴張到被害之團體或社會上。例如交通事故之被害或職業事故之被害，均應包括在犯罪被害者之研究範圍之內[7]。本土學者認為，之所以將被害者學之研究範圍，從個人擴張到社會及團體身上，主要是因被害者學研究內容，主要為探討遭犯罪不幸之被害者本身所具有之缺點[8]，並以防範犯罪未然為目的，希冀以此提醒有被害可能性之自然人，能多注意自己行為及週遭環境，避免自己遭到眞正的犯罪受害。也因此，犯罪被害者之研究對象，不應侷限於犯罪被害者之個人身上，如此方才具有意義[9]。

承此所言，將被害者學獨立於其他學門，重新針對此再作定義、考量，才是重視被害人之權益。窺探目前我國被害者學實務與學術研究，在學術方面，被害者學目前依歸於犯罪學，而犯罪學又歸附於法律單一學門下，因此，被害者學經常被歸屬法律學門之一，因此，對於犯罪補償方面，被害保護法令亦以民事賠償方式呈現，在於被害人心理調適等身心健康方面，實不見國家保護的措施。筆者認為，雖世界中諸多先進國皆有犯罪被害補償相關法令，但確有施行上之困難。最主要的問題在於，世界遭經濟不景氣波動，以金錢補償為主的犯罪被害補償，亦因國家經濟暨種種配套資源之不足而停擺。再者，學術中所侷限的狹隘觀，亦使被害者學一門無法如其他學門般受人重視。也就是，社會大眾皆認為被害者學僅是「侷限於加害人與被害人之間的關係」。但實際上，現代化的被害者學需要有充分國家資源（政治力）、社會、社區以及民眾等之參與，否則對於被害人的權益必然遭到損害。此外，多數國家之犯罪被害補償法令中，皆有對於被害賠償金事項規定甚明，但並非僅有金錢賠償，才是眞正給予犯罪被害人慰藉。例如日本，實務上嚴格要求加害人除刑罰之懲處、賠償爾外，需對社會、國家及被害人申明悔意，因此，在此種制度之下，所謂加害人犯罪後補償，不僅只有金錢，發自內心的悔意及再三申明不再犯錯，為日本目前要求加害人所需實行之事。在我國，加害人「再三申明悔意」似乎在於實務當中並無特殊被要求，筆者認為，除應得之賠償金、完善的心理輔導措施之外，要求加害人公開申明悔悟之意，或許可使加害人及其家屬心中，得到某些程度之慰藉。

總之，被害與加害人不管學術界是偏重獨立分開研究，或是結合歸納研究，惟筆者認為，被害者學與加害者學在於研究，仍是有相當程度之相異，例如，加害者之研究，主要研究其犯罪原因、動機以便導入往後刑罰之懲處，也就是，加害者之研究，主要是犯罪原因論與刑罰學之結合。雖在於犯罪原因論方面，目前醫學等生物學等跨領域研究在於與被害者學有交會之處，惟加害者之研究，應是偏於刑事法學方面之研究。反觀被害者學之研究，主要是研究被害人心理壓力及後續輔導方面之事，也就是，被害者學主要是醫學、心理學為重輔以刑事學，其二者所重之方向應是相異的。

除筆者認為加害人與被害人之研究應是採分別獨立之外，亦有學者認為被害者與加害者之研究不應分開而論。採此說學者引述被害者學創始者門德爾遜之言，其認為在被害者遭遇被害前，其與加害者在社會關係或相互關係上，均是毫無關係之人。但一旦被害人遭受被害後，加害人與被害者間就形成了彼此對立之關係，並且具有相互排斥性，其利害關係相反，因此才有法律上之訴訟制度產生[10]。

以上云云之言，易有使學習者混淆觀念之虞。筆者雖認為被害者與加害者應以分別的角度研究之，但此並非重要之事，學習者不應以學術上之異論重重，促使個人觀念混淆不清，但終其目標，如何使加害人獲得真正的懲處，被害人獲得真正的權益，才是學術研究的重點所在。

肆、PTSD（Post-traumatic Stress Disorder）－創傷後壓力失調症（創傷後壓力症候群）

*PTSD*又稱為『創傷後壓力失調症』，也稱為『創傷後壓力症候群』。*PTSD*是一種慢性精神疾病，是個體暴露於極端且非常態之壓力事件下所造成之結果。一般而言，*PTSD*不僅是在犯罪被害爾後，一般天災後個人所親身經歷之事件，例如戰爭、強暴、墜機火災、身體虐待、目擊車禍發生後，當事人經常會有焦慮、不安等等的症狀出現，此外，*PTSD*也可能透過間接的經歷（如電視

媒體的報導、報章、雜誌等)。

「重大創傷壓力症候群」之症狀大致如下所述：

（一）痛苦或害怕的經驗反覆在腦中呈現，

（二）反覆夢見此創傷事件的發生，

（三）彷彿常感受到此創傷經驗或事件又再度經歷，

（四）當面對類似創傷事件的相關情境會引起強烈的心理痛苦或生理反應，

（五）個人會持續地避開與創傷有關連的刺激，例如試著避開與意外事件有關的活動，或是把某些經驗的記憶封鎖起來，

（六）個人可能有消沈、沮喪的感覺，個人有持續提高警覺的狀態，諸如長期的緊張或暴躁[11]。

*PTSD*之症狀是在創傷後六個月內發生被認爲是屬急性(*acute*)症狀，如果症狀超過六個月後才發生，則被認爲是屬延宕(*delayed*)症狀。也就是，創傷後壓力症候群最需注意的地方是，並不一定會在刺激後馬上呈現，並且，有很大部分會經過幾個禮拜或數月的潛伏期才發作。因此災後心理重建必須要有連續而且長期的設計，其實許多專家警告，只提供災後立即而短促的心理治療，卻沒有繼續且長期的精神建議，反而可能放出逆火，事與願違。再者，心理創傷不同於身體創傷，心理創傷會呈現不規則擴散的倍數幾何圖形，肢體受傷、或失去一條生命，事件受害者發生身體的創傷，但心理創傷或影響不是只此受害者，而是從受害者的家人、親戚、朋友五六人，逐漸擴散至同學、同事、鄰居數十人，其後這些人所接觸的其他人便可擴及整個社會、國家、或地球村。例如美國的九一一恐怖攻擊事件引起浩劫，開啓整個人類一個不安定的時代。

對於被害後之心裡創傷並非我們人類才有之情緒反應。早期人類即知如何快跑求生、躲避暴力行爲。害怕、與壓力在神經系統內結構，是人類和動物重要的求生機制，早期對於被害者學之忽視，或許亦因多數人將其認爲是一種正常生理反應，因此對於創傷後壓力症候群之深入研究探索延至近年[12]。

創傷後壓力症候群，所引起之心理之無助感，尤其是在原本就存在一些輕微或隱伏精神困擾的人身上，會因而引發嚴重反應。包含濫用酒精藥物等，企圖舒緩壓力，甚至可能讓人喪失鬥志，在極端情況下也有不少自殺的案例，包括兒童和青少年。從人類生存歷史之觀點而言，重大創傷經驗應自遠古就已存在。追溯至二次世界大戰時，受到戰爭之害士兵或者是民眾，出現了一些特定症狀，如情緒激動、精神崩潰、注意力無法集中、失眠、憤怒、哭泣等，導致他們必須被遣離戰場，但有些個體所呈現的這些症狀，並沒有因爲退到後方而有所改變。當時這些因戰爭壓力而引起的創傷症狀，被稱爲”*Shell Shock*”—震嚇癡呆症，或”*War neurosis*”—戰爭神經質。而在韓戰也有人稱爲”*Combat fatigue*”—戰爭疲憊症[13]（陳美琴，民87）。而遲至1980年代，越戰回來之因此建構出創傷後壓力症候群，才被正式列入*DSM-III*（*APA, 1980*）之診斷手冊中[14]。

伍、關於PTSD之治療

關於*PTSD*之治療方面，創傷後壓力症候群是一個新近成立的診斷，其臨床觀念仍然在形成當中。主要表徵爲包括心理，行爲，和身體化的症狀。此項診斷常被忽略，並且患者常會有合併其他精神科診斷，尤其是憂鬱症。此也是*PTSD*患者常和憂鬱症、躁鬱症混雜在一起，有時被誤診成憂鬱症，同時這也是憂鬱症(合併*PTSD*）久治不癒的主因之一。幸運的是創傷後壓力症候群患者對藥物治療和心理治療的效果顯著，臨床醫師應該對此族群的病人做正確的診斷與提供適切的治療[15]。

古典的心理治療針對*PTSD*是主要是精神分析，挖掘下意識記憶的病根，此種方式非常耗時，須每天一小時，兩三年左右之療程。較先進的是催眠治療，可以在兩三次的催眠後洗掉被害者下意識裡之痛苦記憶，但此種方式風險較大，除需找到專業醫療人員外，醫療人員專業上之道德方面（例如不將被醫療者之隱私透露，或是不當侵擾被治療者等等），亦是需要考量之處[16]。

除此之外，認知行爲療法可說是目前各種療法中，最爲熱門的處遇方案。認知行爲療法早期被廣泛的運用於治療兒童或青少年行爲問題，而後亦被運用於大學生、成人及犯罪矯治問題上[17]。日本醫學界已證明「認知行爲療法」對治療創傷後壓力障礙有效。創傷後壓力障礙患者一想到致病事件，心情於是感到不安，手心也跟著冒汗，因此不願想到致病事件。認知行爲療法就是讓患者敢去碰觸這個記憶，習慣該不愉快的感覺[18]。

認知行爲療法之所以有效，是因使創傷後壓力障礙致病原因，出現下面的可能：「事件、事故一旦發生，我們最初會將它當成大事一樁；隨著新的記憶出現，我們對這些事件的印象將漸漸模糊，精神反應也慢慢和緩。創傷後壓力障礙患者的這個體制可能出現障礙；具體而言，就是包括海馬、扁桃體在內掌管情緒記憶的神經網路，可能出現異常。也就是，創傷後壓力障礙患者可能因海馬、扁桃體而無法忘掉討厭的記憶[19]。

關於我國，目前關於PTSD之治療，主要以藥物配合專業人員心理輔導。

目前我國對於*PTSD*之治療詳述如下[20]：

*PTSD*之藥物治療目的是多方面的，包括降低痛苦的症狀，減

少退縮行爲，改善麻木、疏離、與憂鬱，減輕過渡的亢奮。另外的一個目的則是降低衝動、攻擊和治療精神病症狀或解離狀態。當然在處方藥物前必須做好鑑別診斷，這些情況包括重大災害所導致的頭部外傷或原發性的精神疾病如強迫症、廣泛性焦慮症、恐慌症。其他可能使精神狀態惡化的情況包括癲癇，酒精或藥物濫用。

除藥物之外，治療創傷後壓力症候群須考慮許多方面，包括教育，支持，焦慮的處理，生活形態的重建。幫助病人瞭解事實的眞相，壓力之下所會產生的正常反應。讓病人接受災難已經發生過了，再重新去經驗創傷的重擔。鼓勵他們在團體中去分享經驗，並讓其知道有治療師、家人與朋友會一直支持他們。長期性的支持團體或社區效果更佳。焦慮的處理技巧都可運用，可建議病人學習肌肉放鬆或接受呼吸訓練。生活形態的改變，例如規則的睡眠，運動，維持健康的飲食都可以幫助病人重獲新生[21]。

關於*PTSD*之治療，主要爲藥物治療。目前醫學界有幾種抗憂鬱劑是專門針對*PTSD*。除此之外，被害人需同時配合心理治療。

治療創傷後壓力症候群必須考慮藥物的使用。評估下列幾項問題：治療合作度(*compliance*)，副作用的忍受度，治療時程，標籤化(*stigmatization*)或生病角色(*sick role*)，支持系統與互相信賴等等情形。藥物治療要發揮效果必須病人有服藥的意願。許多創傷後壓力症候群的患者並不希望使用精神科藥物，所以第一步就是要讓患者瞭解藥物所扮演的角色。藥物的副作用也要順便解說，以避免副作用一出現病人便停藥。藥物治療可以分做三階段：穩定期，維持期與停藥期。穩定期主要與病人建立關係，讓病人瞭解其問題雖然是由外來的環境壓力所引發，但在生理或生物學上的改變可藉由藥物來使其恢復正常。注意由低劑量開始給藥，需時約二到三個月的時間來穩定病人。雖然創傷後壓力症候群的藥物維持療法時間多久尙不清楚，但至少要達一年以上。甚至有時如同焦慮障礙症一般必須終生用藥。當藥物治療反應顯著後一段時期才可考慮停藥。成功的停藥情況包括已經幫助病人發展出處理焦慮的技巧，提供適當的支持系統，然後逐漸將藥物的劑量降低。停藥時也必須讓病人知道復發的可能性及後果。雖然目前並未有針對此症的治療藥物，有關的雙盲控制研究也相當有限，不過下列所述的幾種藥可以考慮使用。

一、抗鬱劑

早期(1980年代)使用於戰爭榮民的藥物雙盲研究。研究顯示三環抗鬱劑(*TCAs, imipramine & amitriptyline*)比安慰劑約有35%的改善效果，單胺氧化脢抑制劑(*MAOIs*)如*phenelzine*之效果更佳。但考慮到這些藥物的副作用，建議可作爲第二線用藥。許多有關選擇性血清素再吸收抑制劑 (*SSRIs, sertraline, fluvoxamine, fluoxetine & paroxetine*)的開放性研究皆顯示明顯的症狀改善。這些研究的結論爲*SSRIs*對創傷後壓力症候群的症狀改善效果頗廣，尤其是攸關過度激覺(*hyperarousal*)的症狀如激動、焦慮、失眠等，可逆性單胺氧化脢抑制劑(RIMA)效果也約略相同，故建議可做爲第一線用藥。新一代的血清素/正腎上腺素再吸收抑制劑(*SNRI, venlafaxine*)，血清素乙型受體拮抗併吸收制劑劑*nefazodone*及*mirtazapine*，一種新的血清素/正腎上腺素兩者皆有作用的抗鬱劑也都有人研究，而其效果也都值得肯定。

二、抗焦慮劑與助眠劑

病人如有高度焦慮、緊張、激覺、容易受到驚嚇、失眠和自主神經系統不穩定時，高效價的*benzodiazepines*似乎是一種合理的選擇。然而其長期療效並不顯著，並且一旦使用上去後要逐漸降低其劑量並不容易。尤其短效的*BZDs*其戒斷反彈的症狀相當厲害，所以使用此類藥物必須相當謹慎。如果必須處理失眠時可建議使用非*BZDs*的助眠劑如*zopiclone*或*zolpidem*。另外如*trazodone*或低劑量的*TCAs*也都可以考慮使用。

三、抗癲癇劑

創傷後壓力症候群的薪燃(*kindling*)效應理論導致使用此類藥物的基礎，然而目前尚未有控制良好的研究。目前有兩個小型開放式的臨床試驗顯示*valproic acid*和*carbamazepine*可達中度改善的效果，尤其控制患者的衝動與行為失控。其中有病人主觀報告*valproic acid*可以增進睡眠的品質和長度。

四、其他藥物

Propranonol & Clonidine：如果正腎上腺素活性太高時(*noradrenergic hyperactivity*)可以考慮使用。

抗精神病劑：幾乎沒有證據顯示這類藥物（如*haloperidol*）有任何幫助，建議只有短暫用於控制嚴重的攻擊和激動不安。

鋰：有些報告使用鋰來治療激躁不安與攻擊行為得到很好的反應。

Risperidone：最近有一篇個案報告，有兩個案以risperidone作為助屬藥物以治療其侵擾思想(*intrusive thoughts*)及續發的情緒反應，達到不錯的效果。

犯罪或是自然災害的發生，都是對於生命當中極端重大的事。因此，如有因天災、犯罪所產生*PTSD*的症狀，不可僅詮釋為被害人或其家屬個人對於犯罪或是災難反應過度或異常。極大多數的人遭逢巨大災難，隨著時間能慢慢恢復正常，很多僅有短暫而輕微的症狀，但原先就有一些精神疾病或困擾的人，會因而惡化，尤其是焦慮者或是有早期心理創傷，曾受到大火、墜機、強暴等巨大創傷的人，原本已塵封的記憶，及平復、安靜的心靈，現在新的攻擊或災難壓力，可能會重新掀開他們內心深處的瘡疤[22]。

不可否認的是，終其一生，生命經常充斥著情感的交葛，非僅有快樂等正面的情緒，反面情緒的對應，也是生命中無可泯滅之事。面對被害人所受的心理創傷，目前學術實務各界紛紛提出其最佳看法，試圖讓被害人脫離創傷之夢魘。在於被害的心理調適方面，藥物治療或許是使被害人暫時離脫痛苦的方法，惟需做到的是，如何讓被害人精神回復到平靜，不逃避自己所承受的犯罪被害現實，或許才能稱爲正確的輔導方式。

人體就像個宇宙，在於被害創傷壓力之下，筆者認爲人體依然還是有對抗壓力的變化與調適的能力。如何協助被害人對抗心理壓力的變化與自我調適，並非僅以法律途徑解決，此值得學習者深思。

陸、「被害」之分類與學說派系

「被害」乃是「加害」之相對用語，但對於「被害」二字之定義，目前學術界仍缺乏統一之界定。例如，學者斯伯洛非克（*Spearovic, Z.P.*），就將被害之情形視爲一種正常之社會現象；加洛法洛（*Garofolo, J.*）則是指出判定被害之標準，就在於被害之個人是否有受到傷害，或者是否有損害結果之發生。承此，吾等可推知對於被害之詮釋，許多學者都有不同之詮釋與定義[23]。

一、「被害過程說」...西林（Sellin, T.& Wolfgang,M.）：

目前有關被害者學研究，學者間企圖將各類型被害者進行分類，包括西林（*Sellin, T. & Wolfgang,M.*）等氏則企圖將被害過程分成下列不同之型態（張平吾，85）：

1. 初級被害
2. 次級被害
3. 三級被害
4. 相互被害
5. 無被害

二、「罪責說」—門德爾遜氏（B. Mendelsohn）

門德爾遜氏（*B.Mendelsohn*）在其《被害及其犯罪》（*The Victim and his Criminal*）一書中依被害者罪責之大小分為下列六型態，也就是，門德爾遜氏首創「罪責說」[24]

依被害者本身所具有之罪責大小，可將被害者分為以下六大類型：

1.完全無責任被害（*The completely innocent victim*）：

亦即被害人本身和犯罪行為完全無關，責任完全是由加害者負擔，例如幼兒在無意識時之被害。

2.責任程度較輕或因疏忽之被害者（*The victim with minor quilt and the victim due to his ignorance*）：

例如因自己的無知而為犯罪行為。

3.責任程度與加害者相等之被害者和自發性被害者（*The victim as quilty as the offender and the voluntary victim*）：

亦即被害者是出於自願之情況而成爲被害者。例如我國刑法中規定之加工自殺罪（受其囑託或得其承諾而殺之），這種被害者包含了四種可能之情形，即爲畏罪自殺者、厭世自殺者、安樂死以及殉情者四種。

4.責任程度較加害者深之被害者（*The victim more quilty than the offender*）

此種類型之被害者，可以分爲兩類：

一是誘發性之被害者，二是輕率性之被害者。前者乃是因被害者自己之行爲舉動，而誘發了加害者加害行爲之發生；後者則是由於被害者自己缺乏自制力，或者是態度上較爲輕忽，以至於因自己行爲之不謹愼而遭受被害。

5.責任程度較深之被害者和責任完全在被害者一方者（*The most quilty victim and the victim who is quilty alone*）

此類型之被害者，大多是因被害者之加害行爲，而使其相對人因實施正當防衛而導致自己成爲犯罪被害者，此種被害者又可稱之爲攻擊性被害者。

6.僞裝性和想像性被害者（*The simulating victim and the imaginary victim*）：

前者是指在事實上，並沒有被害行爲之發生，但被害者卻有意無意的將自己僞裝成被害者，陷人於罪；後者則是意味著因被害者之精神狀態異常現象，而以爲自己是犯罪之被害者。

三、「孟橫式犯罪分類說」─孟橫氏（Mannheim, H.）

孟橫氏（*Mannheim, H.*）將被害者分成下列三種型態：

1. 直接性被害者

2. 間接性被害者

3. 潛在性被害者

四、「被害性輕重說」─張甘妹

此以被害性之輕重做分類，可將被害者區分爲機會性被害者與狀態性被害者兩大類[25]：

「機會性被害者」，是指因外界之偶發原因，使自己不幸成爲犯罪之被害者。易言之，是一種偶然之機會，才使自己成爲犯罪被害者，例如：走在路上，卻被警方開槍追擊嫌犯之流彈所傷。

「狀態性被害者」，則是指因被害者在性格或素質上，本身就具有潛在之被害傾向。此種人常成爲犯罪之被害者，若追究其被害之原因，主要爲導因被害者自己本身之個人特質問題，例如有被虐待傾向之人。

五、「生物學與心理特性分類說」─亨悌氏

亨悌氏在其《犯罪者與其被害者》（*The Criminal and Victim*）一書中，將被害者依其生物學及心理特性加以分類，茲述如下（張平吾，85）：

1. 少年被害者（*The Young*）

2.女性被害者（*The Female*）

3.老人被害者（*The Old*）

4.心智缺陷及患病之被害者（*The mentally Defective and other Mentally Deranged*）

5.移民、少數民族之成員及智能不足之被害者（*Immigrants, Minorties Dull Normals*）

6.抑鬱型被害者（*The Depressed*）

7.貪得型被害者（*The Acquisitive*）

8.輕率型被害者（*The Wanton*）

9.孤寂和悲痛型被害者（*The Lonesome and Heartbroken*）

10.暴君型被害者（*The Tormentor*）

11.挫折型被害者（*Blocked, Exempted and Fighting Victims*）

少年被害者，往往因自己之年幼無知、思想單純、且缺乏社會上之經驗，而受騙，或因缺乏防備之能力，而容易遭制被害。在少年時期裡，青少年之人格發展尚未成熟、血氣方剛、容易衝動，因此只要一被人挑撥，就容易遭致被害。

女性被害者，因在先天上之體力就居於弱勢之地位，在生理上，亦是居於性之被動地位，固容易成爲暴力犯罪或性犯罪之被害者，且女性的肚量、眼界均較男子來的狹小、狹隘；對於事物之判斷力亦不夠，因此往往會被人利用其同情心，使女性成爲犯罪行爲之被害人。

老人在體力上已衰退，若以身體各部分之條件而言，均是處於一弱勢之地位，而無法與年輕人相抗衡；而老人家通常又擁有一筆金錢來維繫自己日後之生活，因此成爲詐欺罪之犯罪被害者機率頗大；且老年人在思考上，往往是以自我作爲中心，容易與他週遭之人發生情感或金錢上之糾紛，而有可能成爲殺人罪或傷害罪之被害者。

智能不足或有其他精神疾病障礙之人，往往亦因其缺乏理解力、判斷力與觀察力，而容易成爲犯罪行爲之被害者[26]。

其他依被害類型之分類尚有許多，諸如菲特婿（*Fattah, E. A.*）分類、雷蒙氏（*Lamborn, L.*）以加害者與被害者之罪責將被害者分爲六類、史卡弗氏（*Schafer, S.*）以責任分類、渥夫岡氏（*Wolfgang*）之分類等。

大多數的學者企圖對於被害者進行分類，以釐清哪些情境因素下、哪些行爲或穿著打扮容易造成歹徒的覬覦，而成爲被害者。但是綜合觀之，其成效不如預期中得彰顯。因大多數學者在分類之後，並未提出具體的建議及改善之道，例如渥夫岡氏（*Wolfgang*）的分類中指出：

1.無防衛能力之被害者：指生理上、心理上或兩者兼而有之而無法與加害者對抗而言，包括婦女、兒童、老人等。

2.賣弄型被害者：指炫耀其珠寶、金錢、身材等。

以上分類方式，或許對於被害人的狀態可具體說明，但卻缺乏犯罪被害預防具體之建議，日本學者針對如此，對於被害後心理創傷情形以及治療方式有明確化之呈示。

日本學者宮澤浩一教授於民國七十六年十二月在台北舉行之第五屆亞太地區少年犯罪會議中提出「被害者化（*Victimization*）及其對策」專題演講，他將被害過程分成三階段（張平吾，85）27：

1. 第一次被害*primary victimization*

2. 第二次被害*secondary victimization*

3. 第三次被害*tertiary victimization*

「第一次被害」*primary victimization*，係指因犯罪不法行爲或個人集團在社會生活上所遭遇之不當事由，因而導致被害之過程。此種被害屬外傷及犯罪爾後急性心理創傷症狀。

相對於「第一次被害」，「第二次被害」也稱爲「二次受害」*secondary victimization*，係指被害者遭到犯罪之侵害，後又因此犯罪侵害所引發之種種狀況，受到直接或是間接的被害。更清楚的說，「二次受害」也就是被害者受到第一次犯罪被害爾後，其所歷經犯罪之驚悚及傷害使當事人受到生理及心理嚴重衝擊。在此衝擊尚未平復時，被害人經常需協助配合警檢單位案件偵查，以及需出庭重新描述受害過程。在法庭之爭戰當中，司法人員嚴厲訊問及對造辯護律師之咄咄言詞，以及加害人需再三陳述犯罪經過，此種第一次傷害之後，受害人需因案件終結的程序再次受到犯罪被害後的心理創傷，雖此種創傷全屬於心理創傷，全依憑個人感受而呈現出不一致的標準，惟此種心理壓力，卻也同時依附PTSD症狀同時發生，因此，「二度傷害」可詮釋爲非身體外傷之創，但在此，二次傷害並非與身體外傷毫無關連性，因許多二次傷害的狀況是，受害人因犯罪被害導致身體傷殘，造成生活上之困境。是故，二次被害較偏屬心理之無形之創，治療方式以心理治療、輔導爲主。

「第三次被害」*tertiary victimization*通常與第二次被害重疊解釋，原則上，「第三次受害」與「第二次受害」之間界定較爲模糊，一般而言，第三次被害可解釋爲第二次受害之延續。

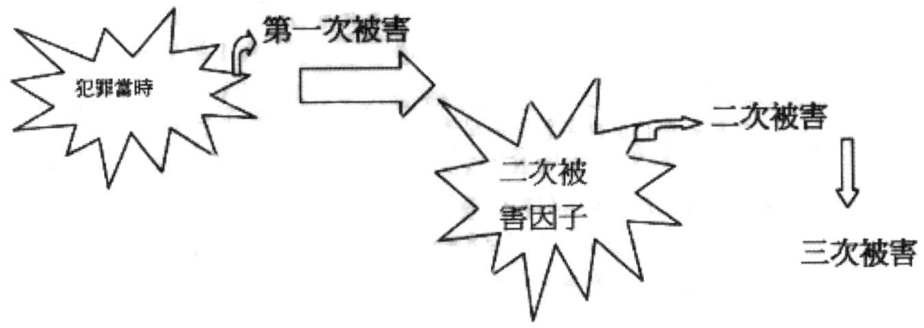

被害者受到第一次及第二次被害之摧殘後，如無順利回復，或是就此放任被害人不管，不施予救助或適當輔導，被害人將長期性受到精神上之傷害。上述之*PTSD*症狀，除在二次被害之外，第三次被害亦可發現。

總之，「第一次受害」因直接發生於犯罪爾後，故「第一次受害」之症狀包括的身體外傷與急性的心理傷害。而「第二次傷害」與「第三次受害」爲被害人於案發後間接所感受到的精神壓力，或是因犯罪受害身體傷殘，導致日後日常生活上的不便，因此，「第二次傷害」與「第三次受害」較偏屬於心理創傷方面的壓力。

上述各派學說對於被害之定義及解釋並不相同，但若太過執著於某一特定觀點來解釋被害之意義，則不免有偏廢。在於心理治療方面，筆者認爲以日本學者界定方式，也就是上述之「第一次被害」與「第二次被害」、「第三次被害」之分，或許較爲方便定義與兼顧心理治療。惟在於針對「被害」之詞再行定義及解釋，可引入法律之觀點。由法律而解釋「被害」之定義，則獲三項必要之條件，也就是，界定是否爲被害，需有「須有一人成爲侵害行爲所侵害之客體」、「此侵害行爲須是社會大眾所排斥，無法忍受之行爲」、「此侵害行爲須是法律所規定要處罰之行爲」之要件下才能成立[28]。

誠如筆者先前所述，多數學說僅對被害類型分類，但並未提出確切之改善方策，以及遇害時於刑事司法體系中應以何種方式進行或應接受何種輔導。亦因此研究之欠缺，造成被害者學後續發展之停滯。不可否認的是，刑事案件之發生，在於罪刑方面雖界定相同，但窺其犯罪成因並非每件皆具有同一性，在於被害者方面，應有不同之狀況，因此，在於處理被害人的問題，以個案處理，才可具體改善及兼顧犯罪被害人之需求。

柒、各類型犯罪之被害者特性

被害者學之研究聚焦，在於探討被害人與犯罪人間之關係。在此關連性當中，可說明被害人與加害人間，包含了靜態與動態兩種關係。動態的關係，即是表示被害人與犯罪人之間會有角色互換之現象？反方面而言，靜態之關係，是指被害人與犯罪人兩者間，在犯罪行爲發生前，雙方是否認識？以及雙方之間的情感親疏程度等等[29]。在研究犯罪成因時，因犯罪之樣態不一，被害者之特性亦有所不同。因此，研究被害者之特性，亦會使犯罪成因明朗化，藉此更爲瞭解犯罪之狀況。

一、殺人罪

在於國際犯罪被害者學會之研究指出，針對一般被害之案件，被害人對於加害人的感覺，無法原諒佔有64.3%，可原諒的有15.9%；但在於殺人案件當中，無法原諒高達90.8%，可原諒僅有4.6%[30]。

一般犯罪，被害人雖受到犯罪被害，但因生命未受到犯罪之抹滅，因此被害人家屬雖有*PTSD*症狀，但卻不似殺人罪般有嚴重之心理創傷。惟殺人罪因有人命傷亡之結果，因此在於被害人家屬，就算有高度之金錢賠償，良佳之心理治療方式，惟痛失家人之創，並非可以形式化之狀態可研擬。因此，在對於殺人罪被害家屬之心理狀態，筆者認為應作更深之研究。

殺人罪為屬重大犯罪，其懲處結果為刑法生命行當中之極刑，此為一般人所皆知。因此在於殺人罪當中，加害人與被害人間之關係，乃與偵察、破案之結果非常密切，因此早期學者非常專注於加害人與被害人間關係之研究。

承此，檢警機關通常會盡其心力以求破案，因而殺人罪之破案率較高，審理態度亦較為謹慎。在於各種犯罪類型當中，殺人罪因有上述情況配合，因此對於犯罪之動機、原因，加害者與被害者間關係，較具有詳細完整之紀錄。

在僅少數對於殺人罪中被害者之研究之本土研究報告中可窺測加害人與被害人之間，彼此之間多為熟識[31]。此研究數據雖是陳舊，其結果卻可窺探早期學者對於殺人罪之加害者與被害者間之關連性，已有某種程度之認知。

在此研究當中之數據顯示，加害人與被害人之間，有11件為陌生關係，也就是互相為非熟識之人，此外有19件為非陌生關係，其比例分別為36.7％以及63.3％。

再詳述加害人與被害人之間關係可由另一本土研究中得知。我國前司法行政部對於962名殺人犯所做之調查，可以發現殺人犯與被害者間之關係如下表[32]：

【圖表17】 殺人犯與被害者間之關係

與被害人之關係	男性殺人犯		女性殺人犯		合計	
	人數	百分比	人數	百分比	人數	百分比
父母	14	1.50	1	3.22	15	1.56
子女	10	1.07	3	9.67	13	1.35
配偶	40	4.30	12	38.71	52	5.42
兄弟姊妹	29	3.11	2	6.41	31	3.22
其他親屬	48	5.16	3	9.67	51	5.30
朋友	201	21.59	3	9.67	204	21.22
同事	64	6.87	---	—	64	6.65
上司	18	1.93	---	—	18	1.87
情人	23	2.47	2	6.41	25	2.60
姘居人	33	3.54	3	9.67	36	3.74
陌生人	188	20.19	---	—	188	19.54
其他	163	28.24	2	6.41	265	27.55
合計	931	100	31	100	962	100

由以上研究結果得知，男性殺人犯與被害者之間爲朋友關係者爲最多，有21.2％；陌生人則居次20.2％。此外，女性殺人犯與被害者具有配偶關係者佔大多數38.7％，但在殺害父母、子女、配偶、兄弟姊妹、親屬等家屬方面共達67.7　％之多，此種例子在於男性僅爲15.1％。從此可得知，女性爲加害人之殺人罪當中，其與被害人之關係，多爲家屬或有親屬關係者；而男性爲加害人之殺人案件當中，其與被害者之關係爲朋友或是陌生關係，也就是非家屬關係爲多[33]。

上述研究中同時可發現到男性/女性加害人與被害人間之關係，有顯著之不同。此研究結果雖無解釋出被害人之被害後之心理創傷大小，以及恢復狀況是否因與加害人之間之熟識程度而有不同，惟以加害人之動機導論殺人罪之原因與破案協助方面，或許有助益之效。

外國對於殺人案中加害者與被害者兩者間之關係，亦有值得參考之資料。筆者所舉之二例，除可證實與以上我國研究資料中「加害人與被害人間多爲熟識關係」之外，由社會階層類別分析加害人與被害人間存在著某種程度之親密關係。

在於「加害人與被害人間多爲熟識關係」方面，美國學者墨斯（*H. C. Voss*）及黑波本（*J. R. Hepburn*），於1968年對芝加哥發生之405件謀殺案做分析，發現其中有20％加害人與被害人兩造間爲陌生關係，47％爲家庭成員之關係。

在於「社會階層」方面，美國犯罪學研究者格林（*E. Green*）及魏克裴德（*R. Wake-field*），以1955年至1975年紐約時報所報導涉及白領階層之119件謀殺案作爲研究資料之分析，其結果發現有其中有56件（47％）之被害人犯罪人爲夫妻，26％爲其他之家庭成員關係，而10％爲親密之朋友關係[34]。

再對照前述我國男性/女性加害人與加害人間之關係，美國研究亦得到同樣結果。根據美國學者*Hentig*之研究得知，被害人爲男性時，犯罪偵查之重點應先置於其朋友之身上；若犯罪之被害者爲女性時，則應將重點放在其家屬身上，尤其是被害者之丈夫，其次則爲被害者現在或過去之情人，在此研究當中，*Hentig*並指出夫殺妻之例多於妻殺夫[35]。

除配偶間加害與被害之關係外，尊親屬之殺人案件（係指犯罪人殺害自己直系血親尊親屬之情形）中，男女性加害人亦有明顯差別。由本土學者之資料中可得知，在15件殺害直系血親尊親屬案件中，僅有一件之加害人爲女性，其餘皆爲男性，也就是在尊親屬殺害案件當中，男女性加害人比率是相當懸殊的。

除此之外，尊親屬殺人方面，與其他殺人罪相較，筆者認爲有相當大差別，其差別主要在於犯罪動機。父母子女間之關係乃血緣天性，子女殺害自己父母此種違背倫常之行爲發生，其動機多爲家屬彼此間之利害衝突或感情糾紛。較爲注重家庭倫常孝道之亞洲國家，例如日本、我國對於殺害尊親屬等泯滅倫常之行爲處以極刑[36]。但以目前法令修正之趨勢，日本刑法廢除了尊親屬殺害之刑法規定，而我國仍保持刑法當中尊親屬殺害規定，惟未滿十八歲少年爲加害人之情形，我國法令近年有更新之規定，也就是免除了未滿十八歲之少年加害人被判處極刑之規定[37]。在於儒家思想方面，殺害尊親屬被判處原爲維護家庭倫常之觀點而設，惟殺人罪爲刑法生命刑之最，在於判處尙須謹愼而之。在於我國文化觀點而言，筆者不認爲刑法中尊屬殺之刑罰規定，無庸比較日本法令再行刪除，保存原有刑法中尊屬殺之條文規定，可窺知我國文化仍以倫常爲重，其亦是我國文化表現於法令中之呈現。惟以犯罪學與被害者學觀點而言，尊屬殺中加害人與被害人之關係，爲親屬血緣中最爲緊密，犯罪爾後，無論對於犯罪人懲處與否，對於當事人家屬而言，永是難以磨滅之傷痕。

最後，再針對殺人罪當中被害人之被害原因推論加害人與被害人間情感糾結之關連性。

根據我國司法行政部之調查，男性殺人犯之被害者，其被害之因素大多爲因仇恨、打架而遇害；女性則是因家庭糾紛或情慾因素而造成。由以上可得知，女性被害者在與加害者之間之情感較爲緊密性，男性被害者與加害者在情感上之較疏遠性[38]。

【圖表18】 殺人犯之加害動機[39]

與被害人之關係	男性殺人犯		女性殺人犯		合計	
	人數	百分比	人數	百分比	人數	百分比
仇恨	281	30.18	3	9.67	284	29.52
情慾	59	6.34	9	29.03	68	7.07
打架	220	23.64	1	3.22	221	22.97
酗酒	57	6.12	---	---	57	5.93
謀財	20	2.15	---	---	20	2.08
姦淫	22	2.36	---	---	22	2.29
激情	66	7.09	7	22.58	73	7.59
家庭糾紛	75	8.06	32	32.25	85	8.83
其他	131	14.07	1	3.22	132	13.73
合計	931	100	31	100	962	100

在研判殺人罪之被害者與加害者關係方面，筆者所舉之實例多爲舊有本土與外國之研究資料，雖於研究角度而言，有陳腐之疑。惟吾等仍可窺視殺人罪當中，加害人與被害人間緊密之關係，尤其在於女性方面，更可覷之犯罪人與被害人之間情感之糾葛。亦印證男女加害人在於犯罪後處遇需有不同與被害人於犯罪後之心理治療亦需有相異之處。

二、性犯罪

關於性的犯罪行爲統稱爲「性犯罪」。

性犯罪之名稱，在於職場單位以及刑法規定有因有些差異，因此易導致一般人有訛誤之虞。

近年來兩性平等風潮之驅使，爲推動職場單位內建立兩性平等觀念，並對性別歧視、性騷擾與性侵犯之相關問題，研採預防及處理措施，以提供一個免於性別歧視、性騷擾與性侵犯恐懼威脅之職場環境，特訂定實施要點除刑法之外，一般職場單位亦有規定兩性平等及性別歧視及性侵犯防治相關要點杜絕性犯罪之發生。在我國，一般公家機關與公立學校大多設有防治性侵犯及性騷擾之要點，甚至部分單位設有性騷擾評議委員或是兩性平等委員針對單位內所發生之性犯罪，作最平等之解決方式，以顧全被害人之權益。

關於職場學校等所規定之防治性犯罪要點當中，「性騷擾」之定義爲：以明示或暗示之方式，進行不受歡迎之性接近、性要求，或其他具有性意味之言語或肢體行爲者，或意圖以上開行爲，影響他人學習機會、僱用條件、學術表現或教育環境者[40]。也就是狹義之「性騷擾」行爲是，加害人利用不平等之社會地位對較爲弱勢之另一方施加的性需求，最常見的是雇主對於雇員之性要求，教師對學生之性要求等等。廣義之性騷擾行爲，則是除了上述不平等地位之間的關係所導致而出之外，亦包括，同等地位之人，例如同事、朋友、同學間接成立性騷擾。事實上，尚有許多性騷擾爲來自陌生人或是精神異常者，現實生活中的性騷擾除強加的性要求之外，更多的還是非直接的、言語的、形體的性暗示和性挑逗，其對象不僅是異性之間，還包括同性。更有國外社會學研究者指示，只要一方有直接或間接的有關「性」內容的侵犯或暗示，給另一方造成心理的反應、恐慌和壓抑，都可成立性騷擾[41]。

性騷擾與法令當中「猥褻」一詞，原則上意義相近，惟性騷擾較爲普遍化，且在於定義涵蓋上亦較廣。在於一般認定方面，性騷擾不單侷限身體上之接觸，一些不禮貌帶有性意識之言語、動作、甚至聲音如吹口哨等，而令他人有不舒服，不安、焦慮、尷尬、侮辱或不被尊重的感覺，令感受者不愉快，皆屬於性騷擾[42]。簡言之，「性騷擾」，其定義之最低標準僅要達到使對方有不悅之感覺即可成立。

承此，爲何性騷擾之評定標準較法律上之「猥褻」較廣，其理由在於保障人民於工作、學習單位上更有人權之保障。此爲我國法令近年來日趨民主，重視兩性平等之最大成果。

目前社會上所發生之性騷擾案，其多數在於公司職場單位，其手段多數並非明顯的強制性、明顯化之性暗示及性挑逗行爲。加害人自己本身亦因恐於被提訴，惟又希冀趁目前深處之權位，而肆意發散自我慾望。於是，多數之加害人不以明確性之性騷擾行爲，改以不禮貌且帶有性意識之言語、動作、甚至聲音等之方式。此種狀況之性騷擾行爲，其樣態因有不明確性之灰色層面，因此被害人本身蒐證不易，導致無法得到充分之證據，在此種狀況之下，無法將加害人繩之以法。即使被害人擁有證據，惟富含多處不明確性之性騷擾行爲亦因證據不足，而使罪名不爲成立。此種憾事之催使下，性騷擾被害人經常有著極大的心理壓力。

此外，再論「性侵犯」。「性侵犯」是以脅迫、恫嚇、暴力強迫、藥劑、催眠或其他違反他人意願的方法，而遂行其性接觸意圖或行爲者。我國法令當中，關於性犯罪的部分規定於刑法第十六章「妨害性自主罪」之章節中。因爲性侵犯有明確且強制性之行爲，因此被害人除外傷之外，極易容易產生被害後之急性壓力症候群。

在於性侵犯之對等詞義方面，我國刑法當中，關於「強制性交」之規定，可與性侵犯之名詞吻合。蓋「強制性交」之規定，在於我國刑法第221條規定當中，本條明文規定：「對於男女以強暴、脅迫、恐嚇、催眠術或其他違反其意願之方法而爲性交者....」。在此規定當中，特需注意的是，我國摒除以往所使用之「強暴」、「非禮」、「強姦」等等名詞稱謂性交（性侵犯），改以「性交」之明確文詞，以避免不必要訛誤。

我國學者先言針對猥褻行爲之態樣與被害人心態之研究當中指出，猥褻行爲之發生地，大多在擁擠之公車、火車等交通工具，或爲黑暗之場所，例如電影院內。加害者之犯行多半是不當碰觸被害人之胸部、下體、或以強抱、強吻之方式，對被害人進行色慾行爲。惟猥褻並不似行爲極少被告發，其原因可能是因被害人無法得知加害者爲何人；或爲了顧及自己之面子，而不願告發[43]。此外，在於性侵犯（強制性交）方面，除有人煙稀少容易產生犯罪之場所之外，亦有約會強暴…等，甚至有學者提出，發生猥褻、性騷擾之多數被害者，都是因不當之穿著（例如穿著太過於暴露、或太過於強調自己身體上之曲線，以至於在外觀上強烈刺激加害者之性慾導致)，因此不能說被害者本身沒有反省之處[44]。關於此種犯罪之迷思，筆者不認爲亦有同感，惟以目前社會當中猥褻、性騷擾案頻頻發生，多數之被害例子並非僅歸於被害人之不當穿著爲被害之理由，多數加害人利用職場之便，行使猥褻、性騷擾行爲，以示自我權力權威狀況等比比皆是。

承此，對於性犯罪，除了犯罪黑數相當多以外，犯罪迷思（*myth*）亦是偵察性犯罪之最爲不易之處。所謂性犯罪之迷思意謂在於受害人與加害人之間，因有部分錯誤情報之傳遞，故造成對於強制性交罪之錯誤的詮思。例如，多數人皆相信，強制性交罪是發生在人煙隱密之處，發生時間皆在於月黑風高之夜晚，加害人與被害人之間相互不熟悉，並且被害人皆是穿著不當，引起加害人高度慾念所產生不幸。此種說法，筆者不認爲是全部錯誤，在於引起犯罪之導因方面，地隱人稀之處、被害人穿著過於暴露以致於導致加害人慾念產生之事，在於許多實際案例中皆可見得。惟此部分非爲全部爲強制性交罪之導因，概強制性交等性犯罪案例當中，犯罪當事人彼此熟悉，甚至互相爲親屬、情侶等親密關係，加上犯罪現場爲家中，或者是當事人彼此熟悉之處，在於性犯罪之研究案例當中，極爲多見，因此對於強制性交等性犯罪之迷思導致對於被害人有不當之思慮者，應該予以排除。

對於上述之見，美國亦有研究印證。依美國「國家執法與刑事司法研究所」之研究結果，顯示性犯罪被害人與加害人間，彼此陌生所佔之比率爲60.9％。惟需注意的是，此項研究結果是以官方的統計資料爲主，但事實上，此並無法顯示出在性犯罪中加害人與被害人間之熟識程度，因有許多之性犯罪，因被害者與加害者之間有相當程度之認識，在爲了顧全彼此名譽之前提下，被害人很有可能未向警察機關報案，尤其是在未遂之案件中45。此外，學者門得爾遜曾經提出：女性之性器官，是身藏於強而有力之大腿保護下，因此正常來說，女性應不易遭受到攻擊。除非遇到被害人與犯罪人力量不成比例、被害人毫無意識、被害人遭受到強烈之威脅、脅迫，以至於喪失抵抗意志；以及因被害人過度之驚嚇，以致於無力抗拒四種情形時，才有可能發生。因此門得爾遜曾建議法官在審理若干之強姦[46]案件時，應詳加審查被害人是否有抵抗之可能性，同時應調查被害人與加害人間之關係，因此類性犯罪之加害者與被害者間，不一定均是屬於陌生之關係。

雖然上述各種迷思，爲說明性犯罪之偵察時，需破除傳統先入爲主之觀念，殊不知，一般人所謂的性犯罪之「迷思」，筆者認爲多數學者詮釋爲「一般人對於性犯罪之錯誤思考」，但在於許多案例及學術當中，所謂成立「迷思」之要件，亦有可能爲導致性犯罪之原因，吾等不可因爲過度信賴非迷思論點，而否定了一般可能潛在之犯罪原因。

捌、被害預防與犯罪人的刑罰、處遇之對照...特別對於「性罪犯」而論

一、被害之預防與被害人協助

多數學者認爲，被害預防之要點在於：

「對於某些特別具有被害者特性之人，利用教育之手段，使其明瞭如何避免自己之行爲成爲犯罪被害者之誘因，並能進一步的使其妥善的面對犯罪行爲之發生，而不至於因自己之慌張失措而遭致不幸。」[47]

針對上述之點，學者們同時也認爲，犯罪被害人並非皆具有犯罪被害人之特性，因有時儘管人已善盡善良管理人之注意，仍無法避免犯罪行爲之發生，即使如此，但對於具有犯罪被害人特性之人，易遭受到被害之說法，是無庸置疑的[48]。

傳統上，國內學者認爲，犯罪被害防治對策當中，首重「對於公眾之教育」。因大體說來，一般民眾都只關心與自己切身有關之事，關於犯罪被害之預防，大多數之人往往認爲自己或自己之家屬並不爲犯罪行爲，且自己亦不至於成爲犯罪之被害者，故對於犯罪被害之防制，往往漫不經心。爲改善此種情形，最好方法乃將某地區之犯罪數據，包含犯罪之種類、地點、以及時間等相關資料，告知地區民眾，使其能明瞭自己居家環境的犯罪情狀，使其有所警惕，以防範成爲犯罪之被害者。同時政府亦應勸導民眾，不論犯罪行爲之種類或大小爲何，只要一旦遭受被害，均應向警察機關報案，即使是極微小之事件，但只要能向警察機關報案，就能減少社會上犯罪黑數之現象，提高加害者之逮捕率，此亦可減少民眾成爲犯罪被害者之機率[49]。筆者對於上述之觀念，抱持認可之觀感，惟筆者認爲，犯罪預防之觀念，除以個人爲觀念而倡導之外，以鄰里爲單位，徹底倡導守望相助以及社區警政保安保防之觀念，才不致於使犯罪預防之觀念，僅止於口號。以目前治安成效最佳之日本而言，全民參與犯罪預防之觀念，乃在於警政單位倡導之下，二次大戰爾後，徹底根生於民眾之觀念。除民眾對於自身安全的重視之外，警察單位與鄰里間徹底貫徹守望相助之精神，亦是日本治安維護良好之要因。在於居住環境漸以大樓爲主之我國而言，鄰戶間相互間之守望相助精神亦日漸微弱，對於此種狀況，犯罪率之危機，較之以往，更確切潛在於民眾之日常生活中。因此，重新正視並倡導守望相助之精神，對於我國犯罪預防對策之推動，將可獲得更佳之成效。

犯罪防治之對策，雖在於各類型犯罪當中，有相異之處，惟我國傳統之研究，仍可依照犯罪類型不同劃分，例如，竊盜案件之被害預防，大多歸咎於被害人之不備爲主要要因，因此，在於犯罪預防方面，首重被害人自身安全與日常自我提醒防範犯罪之發生[50]。此外，暴力犯罪之被害預防方面，乃在於暴力犯罪之發生，多數在於人與人之間之情感衝突，或者爲金錢糾紛，僅有少數狀況才會發生於「無原因之犯罪」，也就是無緣無故遭受被害。因此，在於暴力犯罪之被害預防，似乎也以避免個人間情感、利益衝突爲要件[51]。

針對各式犯罪之預防對策與犯罪人之處罰與處遇，學術研究當中，較具爭議性的，乃在於性犯罪之類型。

在於性犯罪之被害預防方面，傳統研究認爲：「性犯罪屬於一種即爲隱私之犯罪，就某種角度上來說，若被害者沒有給予一些有意或無意之幫助，就理論上而言，自無法達成犯罪之目的。因此吾人可以下這麼一個結論，即在大多數之情況中，被害者亦須負相當大之責任。例如：被害者之衣著太過於暴露，以致於引發加害者之性慾；或被害者之態度輕浮、粗心大意，以致於遭致犯罪之發生。因此只要被害者能夠謹慎，約束自己之行爲，提高自己之注意，自能有效的防範犯罪於未然。例如：女性在夜晚外出時，應儘量避免獨行，且應儘量選擇較爲明亮之場所或行人較多之場所通行；衣著不應過於暴露，以免引起他人性慾；不隨便與陌生人搭訕，隨時留意自己週遭之情況。總之，只要能多留意自己之行爲，就能相當程度的避免犯罪之發生。[52]」

在於性犯罪出陳多樣化之現代學術趨勢，上述之研究不免恐有爭議，惟端於防治之基本要件而言，傳統之研究於現代社會當中，仍有採用之處。

被害人之協助方面，犯罪被害後之治療，爲保障被害人要點之一。一般而言，犯罪被害後之治療除共分爲外傷處理與心理治療。在於心理治療方面，需有專業之心理治療師、精神科醫師協助心理治療。在於外傷處理方面，性犯罪較之其他犯罪有需要較多之外傷處理程序。性犯罪案發當時，被害人可自行或委託警察機關、社工人員協助前往醫療機關檢查並申請驗傷證明，比便日後訴訟時舉證。一般醫院接獲性犯罪被害人外傷治療處理時亦同時進行「*STD*」，亦就是所謂的「性感染症」[53]檢查。在於此階段如發現被害人已有感染時立即進行治療。惟需注意的是，性感染性除淋病可及時發現外，大部分須經過二、三個月後才可發現，爲防止被害人有感染其他性感染症之虞，日本醫院通常會要求被害人於被害後六個月期間之內自行前往醫院進行性感染症之追蹤檢查。

目前我國與日本各型醫療機關對於性侵害所伴隨之全套性病檢查，包括：梅毒、淋病、尿（陰）道炎、*Chlamiyadia infection*（皰疹）、軟性下疳、龜頭包皮炎、疥瘡陰蝨及其他泌尿生殖器不適、愛滋病等。

【圖表19】 日本各大醫院及婦產科醫院為受害婦女所作主要的性感染症檢查及平均費用
（資料來源：東京性侵害防制救援中心）

性感染症名	淋病	Chlamiyadia Infection（庖疹）	梅毒	愛滋病
檢查時間	放害後立即檢查	被害三個星期後檢查	被害二個月後檢查	被害三個月後檢查
檢查方式	採集陰道分泌物檢查	採集陰道分泌物檢查	驗血	驗血
收費（單位：日圓）	3000-4000圓	3500圓	1000-4000圓	3500-10000圓[54]

註：

＊以上的檢查費用是沒有算入保險時之費用(依1997年至現在的收費標準計算)。

＊除上述之基本費用外，需加收初診掛號費6,000圓，及檢查費用1,500圓。如果算入全民健康保險給付時，被害人所付的金額約是上述計算後全額之30％。外籍人士如無加入全民健保時，須全額自費診療。

被害人可自費診療外傷，並得直接向加害人請求賠償，此外，亦可依據被害人保護法之規定，按照傷勢情形申請被害補償金。為使犯罪更明朗化以及為求迅速逮捕嫌犯，被害人於醫療機關進行緊急外傷治療時，可視其當時情形，予以採集證據。在於性犯罪被害時，因被害人多數處於心理不安狀態，因此，在於採集證據，詢求被害人協助進行以下之搜查程序：例如，提出與案件相關之證物、製作筆錄，如有需要，進行現場表演等各式要求時，警檢機關需注意以免被害人二次受害之發生。

性侵害犯罪之受害人除外傷、性病之檢查外，受害婦女妊娠及後續人工流產的問題亦不可忽略。惟研究指出，性侵害犯罪之受害婦女，因精神受到衝擊，除有急躁不安之情緒反應外，此狀況同時亦容易導致生理週期延遲或停止之情形發生，此種情形使受害人擔心自己是否有妊娠之虞，此種心理壓力，亦是二次受害之導因[55]。

除外傷治療方面，訴訟之協助亦是一大要點。我國目前因社會進步，一般人對於訴訟程序多有認識，多數民眾亦已熟知經由訴訟程序，保障自我權益。然而，性侵害犯罪當中，尚未修正前之刑法規定當中，性侵害犯罪原為告訴乃論。此規定在於修正前，頗遭各界質疑，因此，近年刑法修正當中廢除此規定，決採非告訴乃論。

性侵害犯罪採非告訴乃論，除為我國懲處性侵害犯罪時一重大改革，此舉亦使得多數濫用權勢行使犯罪之加害人得到應得之懲處。然而，在於訴訟程序之外，被害人之*PTSD*問題，在於目前我國研究方面，仍是一迫切解決之事，若要降低性侵害犯罪之犯罪率，加害人之檢舉及被害人保護政策，以及犯罪後的醫療、輔導治療能相互配合，如此才能收取其成效。

【圖表20】一般實務中對於性侵害被害人案發後處理之程序圖（筆者自繪）

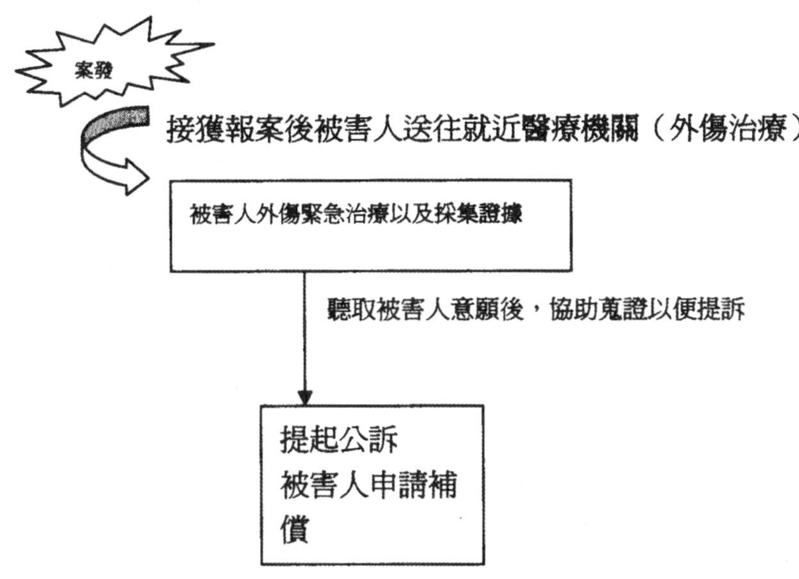

再論被害人訴訟之協助。

被害人因犯罪後多數處於心理衝擊之狀態當中，因此對於刻板繁瑣之訴訟程序，多數抱持著不安及排斥之心態。其中尤以性犯罪之被害人，因多數性犯罪之被害人爲婦女或是年幼之兒童，因此對於訴訟之參與與以證人身份出庭指證方面，如無警檢與社福機關之協助，恐有無法顧及其權益之虞。

承上述所言，被害人因犯罪行爲之發生而遭致被害時，除外傷之外，二次被害之導因，也就是例如訴訟程序問題以及警檢機關不當審訊，或以證人之身分應訊時，在庭外等待之時間過長，或是不知審判之期日有所變更，種種情形均有可能使被害人畏懼訴訟[56]。在於性犯罪被害人協助方面，我國目前已有相當大的改革，例如，目前我國所通過性侵犯罪防治法條文當中，對於被害人協助，可明確分爲下列二大部分[57]：

(一)社會福利法規部分，規定：

1. 內政部應設立性侵害防治委員會（第四條）

2. 各直轄市政府及縣市政府應各設立性侵害防治中心（第六條）

3. 每學年應至少有四小時以上之性侵害防治教育課程（第八條）

4. 對性侵害被害人實施身心治療及輔導教育（第十八條）

(二)程序保障部分

1. 中央主管機關應建立全國性侵害加害人檔案資料（第七條）

2. 醫療院所不得無故拒絕診療及開立驗傷診斷書（第九條）

3. 禁止新聞及文書揭露被害人身份資訊（第十條）

4. 執法人員專業要求（第十一條）

制訂性侵害事件之處理準則

專人辦理

專業受訓

5. 強化性侵害犯罪告訴代理人權能（第十二條）

6. 設陪同陳述人制度（第十三條）

7. 禁止揭露被害人過去性歷史（第十四條）

8. 對幼兒及殘障被害人得採法庭外藉雙向電視系統訊問方

式（第十五條）

9.審判原則不公開（第十六條）

由上述吾等可發現，目前我國在於性犯罪之被害人協助方面，在於立法已有相當程度之進展，尤其在於開庭審問，目前我國對於性犯罪被害人，除上述外藉雙向電視系統之外，並有證人傳訊變聲系統等服務，此外，並有專家學者參與性犯罪被害人開庭協助其陳述證言，此使得我國在於性犯罪被害之協助方面，在於亞洲國家當中，可謂之頭籌。

對於被害人之協助，主要是在提供訴訟上之協助，但除了訴訟上之協助外，對於被害人之處遇亦是犯罪防制工作之重要課題。例如受到性侵害之婦女，極有可能因此感染上性病或受孕，因此需要相關之醫療處遇進行治療工作；而對於其心理上之夢魘或其與親人間之親屬關係，亦需要相當之重建，固可知對於被害人之處遇，在制度上，有其存在之必要，其可藉由醫療機關、社會輔導機關對於被害人進行醫療以及心理之輔導，促使其儘快走出傷痛，重新面對新的社會生活[58]。

欲減低犯罪率，首重被害預防與犯罪人之刑罰與處遇。此二者雖處在兩個不同之面向，但對於犯罪率的減低而言，卻是有相輔之妙。在於本書中亦有提及，犯罪的發生，除有社會、環境因素之影響外，個人生理因素所導致之犯罪行為產生，亦是目前犯罪研究之重點所在。然而，對於生理因素所導致的犯罪行為，在於暴力犯罪當中，則可發現可印證之例。可判別於因個人生理因素所導致之暴力犯罪，此類型之加害人，目前我國以醫學治療輔以禁錮之處遇為多。例如性犯罪加害人之犯罪行為而論，目前已有多數研究指出，許多性犯罪之發生原因，可導致加害人本身有精神病態行為之症狀（例如戀童等等）[59]。因精神病屬心理、生理方面之疾病，在監所教化處分前，目前比照藥物犯之模式，先予以治療而後禁錮[60]。

在於上述之先治療後處分當中，美國之研究蔚爲國際社會之先驅。美國對於性罪犯之治療，主要採心理治療模式。其主要方案爲[61]：

（一）監獄方案

1.在監之方案

2.移至醫院完成之方案

（二）少年感化教育方案

1.少年感化學校

2.民間合法之少年收容機構

3.智障性犯罪少年之收容機構

（三）社區方案

1.對象

2.團體成員

3.花費

4.參與性罪犯之篩選條件

5.團體成員分三個層次

6.團體過程

藉由美國之研究，我國目前亦積極引用美國實務中矯正妨害風化罪的「團體診療」醫療辦法。此種方式由八一八國軍醫院之醫師實際參與美國密西根州的監獄參訪活動，及期刊上發現美國新近發展出來的治療強制性交罪的一個辦法，經由美國期刊臨床實驗結果發現，其成效可以降低再犯率至15%，因此國內專家決定引進國內來試用[62]。

矯正妨害風化罪的「團體診療」醫療辦法首度採用於一九九八年台北監獄。主要課程主題包括：「偏差思考型式探討、性教育、性侵害相關法令介紹、壓力調適與情緒管理，和家庭系統的影響」。基於妨害風化罪之受刑人，在獄中往往會被其他受刑犯排斥。一般犯此類罪的人也多半是屬於較懦弱的一群，他們在獄中往往會表現得比較好。另外，最重要的，獄所單位會告訴他們，如在一連串之診療過程中，如被評定在出獄後能不再犯，他們可以獲得提早假釋的機會，因此，大多數受刑人多半抱持能獲得假釋機會之心態，從事此種治療。

團體診療的過程，首先「篩選」參與強制診療的受刑犯。這個篩選的過程有二種：

一、選出離可以假釋的日期還有兩年以上，五年以下的妨害風化受刑人，同時排除無期徒刑及死刑的妨害風化受刑人；

二、由醫師先透過會談、心理測驗，及社工人員對家庭狀況評估表的填補等方式來篩選那些人可以參加「團體診療」。

醫生們會安排十二周的課程，先讓受刑犯們認知一般性的觀念，包括兩性、法律、家庭，及如何放鬆自己、如何與人溝通等。最後就再灌輸他們一套行爲循環模式。

受刑犯必須就他們過去的行爲是否符合行爲循環模式，承認自己所犯下的錯誤，自己製定一套預防再犯計劃書。

最後針對他們個別的預防再犯計畫書，藉由受刑人大家一起來檢討，或甚至邀請受刑人的家屬、朋友共同評鑑這計劃書是否可行[63]。

實際團體診療之先決條件是，受刑人必須要有認錯的心理才可以繼續下去。因此，團體治療過程的主要重點在於協助受犯知道他們犯了什麼錯，才能找出避免下次犯錯的方法。此種方式最大之風險在於，在於禁錮的環境下，受刑人身處之環境顯然呈現一種現實社會之狀況。此在於，現實社會多數存在著引發犯罪之誘因，而受刑人禁錮之獄所，是犯罪誘因幾乎降低之地，也就是，受刑人在無犯罪誘因環境之下，其所表現出的心境及行爲，是否爲其眞正的自我，實在使人質疑。加上可提報假釋之誘因之下，受刑人表示「認錯」之心態是否爲眞？亦是研究受刑人治療、處遇之專家學者，及擔任受刑人假釋委員會之委員最爲頭痛的問題[64]。惟「團體診療」之引進，其優點乃在於解決強制診療工程浩大，在經費、人力上都難以負荷的問題，此外其經費耗費不多之優勢亦是我國目前政府經費拮据狀況下極爲迷人之處。在於推動受刑人輔導與治療方面，上述之診療模式在於我國當今研究上，尚無明確之成效，但在傳統性罪犯僅爲禁錮之刑而言，此種治療方式，或許亦是呼應我國推動現代化刑事政策之趨勢。

【圖表21】 性侵害犯罪加害人輔導及治療每三月成效評估表
（資料來源http://www.ccunix.ccu.edu.tw/~deptcrm/t_mcl.htm）

性侵害犯罪加害人輔導及治療每三月成效評估表

（□身心治療評估；□教育輔導）

姓名		性別	□男□女	出生	年 月 日	出獄日期		接案日期	
犯行屬性	(□虐待配偶；□虐待家童；□虐待其他家人____________)								
輔導治療負責機構				身心治療負責機構					
	近期目標評估				中長期目標評估				建議
		未改善	平平	已改善		未改善	平平	已改善	
第一次三月評估	a. 改善否認接受責任	□	□	□					
	b. 願意接受輔導	□	□	□					
(	c. 改善認知扭曲	□	□	□					
~)	d. 認識自己偏差循環	□	□	□					
	e. 同理被害人衝擊	□	□	□					
	f. 壓力情緒憤怒管理	□	□	□					
	g. 酗酒改善	□	□	□					
	h. ____________	□	□	□					
第二次三月評估	a. 改善否認接受責任	□	□	□	a. 能避開高危險情境	□	□	□	
	b. 願意接受輔導	□	□	□	b. 能阻斷自己之偏差循環	□	□	□	
(	c. 改善認知扭曲	□	□	□	c. 在團體中能幫成員改善	□	□	□	
~)	d. 認識自己偏差循環	□	□	□	d. 能漸培養合理之兩性關係	□	□	□	
	e. 同理被害人衝擊	□	□	□	e.	□	□	□	
	f. 壓力情緒憤怒管理	□	□	□	f.	□	□	□	
	g. 酗酒改善	□	□	□	g.	□	□	□	
	h. ____________	□	□	□	h.	□	□	□	
第三次三月評估	a. 改善否認接受責任	□	□	□	a. 能避開高危險情境	□	□	□	
	b. 願意接受輔導	□	□	□	b. 能阻斷自己之偏差循環	□	□	□	
(	c. 改善認知扭曲	□	□	□	c. 在團體中能幫成員改善	□	□	□	
~)	d. 認識自己偏差循環	□	□	□	d. 能漸培養合理之兩性關係	□	□	□	
	e. 同理被害人衝擊	□	□	□	e.	□	□	□	
	f. 壓力情緒憤怒管理	□	□	□	f.	□	□	□	

	g.酗酒改善	□ □ □	g.	□ □ □	
第四次三月評估（ ~ ）	a.改善否認接受責任	□ □ □	a.能避開高危險情境	□ □ □	
	b.願意接受輔導	□ □ □	b.能阻斷自己之偏差循環	□ □ □	
	c.改善認知扭曲	□ □ □	c.在團體中能幫成員改善	□ □ □	
	d.認識自己偏差循環	□ □ □	d.能漸培養合理之兩性關係	□ □ □	
	e.同理被害人衝擊	□ □ □	e.	□ □ □	
	f.壓力情緒憤怒管理	□ □ □	f.	□ □ □	
	g.酗酒改善	□ □ □	g.	□ □ □	
結案評估 結案建議					

輔導治療負責人簽名____________________

二、被害者補償與法令之沿革

犯罪行為後，被害人可依法令規定申請補償。此原因在於，犯罪行為之加害人因侵害被害人之權益，故屬於侵權行為人之地位。依我國民法規定，自應負擔民法上侵權行為損害賠償之責任[65]。易言之，犯罪被害人自有向加害者請求損害賠償之權利，而法律上之所以要求犯罪人必須負擔損害賠償之責任，除為賠償被害人之損失及平復其痛苦之外，另有重建被害人與加害人間之社會關係之特別之意義之存在。

雖在民法中訂有侵權行為之規定，使犯罪之被害人享有民法上之損害賠償請求權，但實際上卻有突發狀況發生，使得使得民法之侵權行為損害賠償請求權無法運用[66]：

1.犯罪行為發生後，犯罪人逃匿無蹤，檢警機關無法順利逮捕犯罪人歸案，並依法進行訴訟，也導致犯罪被害人無法依法定程序，向犯罪人起訴請求賠償。

2.犯罪人本身經濟情況不佳，無力賠償被害者所要求之賠償金，或無法給予被害者滿意之賠償金。

3.倘若犯罪人爲無行爲能力人或限制行爲能力人，則依法律之規定，必須由其法定代理人代爲負賠償之責任；但犯罪人之法定代理人，事實上並無此資力去負擔犯罪人之損害賠償金。

4.一般說來，訴訟程序在繫屬中時，其進行程度十分緩慢，且對於最後之訴訟結果亦十分難以預料，因而使得被害人無法馬上滿足其需求。

上述四種原因，將使被害人無法依法順利獲得賠償，許多國家因此制定相關法令，針對於某些特定犯罪之被害人，在其無法依法行使損害賠償請求時，可轉而向國家提出申請，因此在具備這些特定條件之前提下，得由國家代替犯罪人向被害者進行賠償工作。目前我國亦有制訂相關法令，以[67]：

犯罪被害補償立法之理論基礎，歸納我國學術相關研究，可分爲「國家責任論」、「宿命論」、及「社會福利論」[68]：

(一) 國家責任論

國家責任說又可稱爲：「損害賠償理論」。

國家責任論之論點，在於國家對於國民應該負有防止犯罪發生之責任。倘若國家不能善盡此防止犯罪發生之責任，而使得犯罪行爲發生，就應對其犯罪行爲所致被害者之損害，負適當之補償責任。

(二) 社會保險說

社會保險說又名「宿命論」，其論點在於：犯罪行爲乃是社會上一種無法避免之危害，而被害者只是所有人當中較爲不幸的一個人，因其被機會選中，而成爲犯罪行爲發生之不幸對象。依此論點，被害人並無理由獨自承擔此一不幸機會所引發之損害，故應由社會上其他非被害者共同分擔被害人之厄運。也就是，人民平時以類似保險之方式繳納一定之稅金，一旦發生被害時，可以民眾全體之力量彌補個人不測之損害[69]。

(三)社會福利論－有力說

社會福利理論又稱爲：「保護生活理論」。

社會福利論之論點，在於社會在其政策上，應承擔改善民眾生活之責任，固對於窮人、老人、病患、失業者、孤兒等這些需要幫助的人，應由社會負責提供必要之幫助與救濟。同理，社會對於犯罪被害人也應盡照顧之責任，此乃社會增進人民福利之當然任務之一。

如採國家責任說，國家成爲損害賠償之義務人；如採社會福利理論，被害人之經濟能力如能承受被害之損失，及被害人之生活爲因而陷於困難時，原則上無須予以補償；如採社會保險理論，只要被害之情狀符合一定要件，即得申請補償，不以生活困難爲要件[70]。

評論以上三說，國家賠償理論目前已無學者認同，亦無立法例。社會保險與社會福利二說皆有學者主張，並有立法論[71]。採社會保險說，例如日本犯罪被害人等給付金支給法；此外，採社會福利論最爲有力，因此現在各國所採行之補償立法，幾乎皆以社會福利論作爲根據[72]。

玖、我國被害者補償之制度

我國爲因應世界人權保護之趨勢，早在民國七十年七月一日實行國家賠償法。但由於實施狀況並無理想中佳，爲徹底保護被害人之權益行政院於民國八十四年三月三日，將犯罪被害人補償法草案函送立法院審議。

以下，爲我國國家賠償法實施之狀況：

一、國家賠償法之實施概況與檢討

國家賠償法自民國七十年七月一日開始施行。但限於官方統計資料之不完整，因此現茲舉國內學者之研究中，民國七十一年至民國七十八年有關國家賠償法之相關實施情形[73]：

(一) 國家賠償事件請求協議與成立件數[74]

年度 機關		71	72	73	74	75	76	77	78	成立件數合計		請求協議件數
										總計	%	
中央機關		0	2	0	1	0	0	3	11	17	3.9	441
台灣省		16	24	117	29	14	44	80	97	391	16.3	2379
台北市		3	3	12	7	8	20	14	13	80	10.8	739
高雄市		1	3	3	0	1	1	3	1	13	7.6	170
成立件數	總數	20	32	132	37	23	65	70	122	501	100	
	%	4.9	9.2	27.2	8.2	5.4	14.8	13.8	19.4	100		
請求件數		405	346	486	449	429	439	509	648			

上表之統計為各年度之間請求國家賠償之協議件數與協議成功之件數。由上述中，可得知民國七十一年至七十八年中，協議成功件數以民國七十三年之132件為最高，占全部之27.2％；其次則為民國七十八年之122件佔19.4％；再其次則為民國七十七年之70件佔13.8％。

惟由這八年之資料，可發現每年度申請賠償之件數與協議成功之件數比例略低，此外，因我國民眾早期對於法令熟知度甚低，如何運用此法保障自我權益者，相信較之現在也有差強人意之憾。

（二）國家賠償事件請求協議成立賠償金額[75]

年度機關別	71	72	73	74	75	76	77	合計	
								金額	%
中央機關	0	9,000	0	8,000	0	0	8,90,548	979,548	1.16
台灣省	1,210,979	3,950,617	29,713,350	5,918,600	5,380,840	2,754,164	9,040,414	57,968,865	68.76
台北市	76,824	169,680	4,399,249	801,847	3,979,271	3,829,939	7,706,992	20,969,965	24.8
高雄市	56,078	236,076	1,945,865	0	1	908,749	1,243,865	20,962,902	5.20
合計	1,343,881	2,365,373	4,365,373	36,058,465	6,801,447	9,360,113	7,491,952	18,880,820	100.00

民國七十一年至七十七年中之請求協議成立之金額，以民國七十七年之18,880,852元最高。此七年中，因國家賠償法施行而賠償之金額達到八千四百三十萬元，其中以台灣省最高佔68.76％；其次依序則為台北市、高雄市、以及中央機關。

(三) 國家賠償事件請求協議收結賠償原因（民國七十七年度）[76]

賠償原因 機關別	公務員不法侵害行為	公有公共設施有欠缺	公有公共設施管理有欠缺	其　他	合　計	
					件　數	%
中央機關	45	4	10	2	61	12.0
台灣省	86	53	175	0	314	61.7
台北市	37	5	62	0	104	20.7
高雄市	20	6	4	0	30	5.8
合計	188	68	251	2	509	100.0

上述之表，為民國七十七年度之統計結果。藉由上表，可發現在所有之請求協議事件中，以請求公有公共設施管理有欠缺之協議者最多，高達251件；其次則為公務員不法之侵害行為，有188件；再次則為公共設施之欠缺，共68件。

(四) 國家賠償法之檢討

對於國家賠償法之相關統計，目前具體數據僅為民國七十年至民國七十八年之資料。惟國家賠償法施行至今，已有二十年之歷史，究竟其成效如何，實乃須更進一步之研究、評估才能得知。惟上述之八年統計結果，可得知每年度請求國家賠償協議成立之案件比例並不高，尤在中央機關之部分，甚至僅有百分之一。

依筆者之見，若干協議成立件數不高之因，承此上述導因於大部分民眾對於國家賠償法缺乏足夠認識，國家應藉由各種管道加強國家賠償法之法令宣導，使民眾能充分了解國家賠償法之立法精神及適用範圍，以免民眾錯失了自己應享有之利益。

評估上述表格之數據中國家賠償成立之原因，大多數因由公務員之不法侵害行爲所造成。此數據顯示了憂喜參半之結果。喜在於，我國對於公務員之不法行爲，嚴格管束，此充分顯示出我國對於公務員操守之注意。但於另一方面也突顯我國公務員之操守仍須謹守克己之務。

最後在賠償金額方面，依據上述表格，雖每年成立之案件數並不多，但每年之賠償額數卻有增加之趨勢。此可顯示出各機關於受理相關之國家賠償案件時，能夠秉持著公平合理之原則，仔細評估每個案之相關事項，給予不同之賠償金額。此可說明我國國家賠償法之推行，仍具有正面之成效。

國家賠償法開創了我國被害保護之先驅，惟此法之功能，仍不敷目前世界人權保護之趨勢，因此，我國立即立法保護犯罪被害人之權益，近年來犯罪被害人保護法之施行，獲得相當大之成效，以下，針對我國當前犯罪被害人保護法作一簡單之介紹：

二、犯罪被害人保護法

爲徹底施行對於被害者之保護措施，我國犯罪被害人保護法經總統於一九九八年五月二十七日公布[77]，並於一九九八年十月一日起施行。

我國犯罪被害人保護法之實行，除針對國家賠償法不足之補充爾外，相關研究並指出，我國犯罪被害人之保護，查閱我國相關之法令規定，有關於犯罪被害者之補償，除了散見於民法侵權行爲之損害賠償制度，以及刑事附帶民事訴訟制度之規定外，在我國犯罪被害者之權利以及義務並沒有受到相當之保護，因此爲了加強對於犯罪被害者之保護，乃由中央、地方民意機構以及社會人士共同訂定犯罪被害者補償法，以求能藉由法條之明文規定，加強國家對於犯罪被害者之補償[78]。

世界各國對於犯罪被害保護立法在於二次世界大戰爾後陸續提出，在於亞洲諸國中，我國雖與日韓二國並駕立法前驅，惟立法之時間落後韓國約有十年，此外，並落後紐西蘭約有三十數年。

【圖表22】 各國制定犯罪被害者補償法之時間表[79]

年代	國　名	名　　稱
1964	紐西蘭	刑事損害補償法
1966	美　國	制定有關補償犯罪被首人之法律
1972	奧地利	聯邦犯罪被害人扶助法
1976	荷　蘭	犯罪被害人補償法
1976	德　國	暴力犯罪被害人補償法
1980	日　本	犯罪被害人等給付支給法
1983	英　國	刑事傷害補償法
1987	韓　國	犯罪被害者救助法

我國犯罪被害者補償法，共計條文三十條，其內容之要點分述如下[80]：

1.本法爲綜合性之犯罪被害人保護法，除金錢補償外，尙附帶涉有對於被害人之訴訟救助及成立被害人保護機構之規定。

2.爲考量被害人權益採社會保險理論，也就是只要因犯罪行爲被害而受重傷者或死亡者之一定遺囑，即可申請補償金。

3.申請補償之被害行爲包括過失之犯罪行爲（犯罪被害人保護法第三條第一款）。

4.補償之項目依照侵權行爲法有關財產上之損害賠償項目而定，但有最高金額之限制（最高金額限制參照：犯罪被害人保護法第九條）。

5.被害人與有過失，或與加害人有親屬關係等情形，得不予賠償（犯罪被害人保護法第十條）。

6.已受有社會保險、損害賠償給付或因犯罪行爲被害依其他法律規定得受之金錢給付，均應以減除（犯罪被害人保護法第十一條）。

7.補償決定機關設於檢察署，補償決定方式採委員合議制。

8.以犯罪發生地定補償事件之管轄機關（犯罪被害人保護法第十五條）。

9.爲促使補償審議決定機關對於補償之申請迅予決定，以收迅速補償之效，我國法令嚴格規定三個月爲決定期限（犯罪被害人保護法第十七條）。

10.補償金之支付方式兼採分期支付制（犯罪被害人保護法第五條第二項，同法第九條第四項）。

11.由檢察官行使求償權（犯罪被害人保護法第十二條第四項，同法第二十七條）

12.設有暫時補償金制度，解決申請人生活急難（犯罪被害人保護法第二十一條）。

13.我國立法中指示，依照犯罪被害人保護法之規定申請補償者，以犯罪行爲或犯罪結果發生在本法施行後爲限，惟犯罪行為發生於本法施行前，而當事人死亡或受中傷之結果發生在本法施行後者，亦可申請補償。

14. 廣開補償金經費來源。除法務部編列預算外，並包括監所作業者之勞作金總額提撥部分金額，及犯罪行為人因犯罪所得或其財產經依法沒收變賣者二項。

附表一　地方法院檢察署犯罪被害補償案件收結情形

單位：件

	八十七年 10-12月	八十八年	八十九年	九十年
新收案件	34	837	1,616	1,411
申請犯罪被害補償金	27	776	1,030	905
申請暫時補償金	7	28	28	22
補侏金返還事件	–	–	3	5
檢察官行使求償權				
終結案件	13	519	1,071	1,111
申請犯罪被害補償金	8	490	853	701
決定補償	–	215	410	258
駁回	8	490	853	701
撤回	–	45	102	80
其他	–	13	18	22
申請暫時補償金	5	25	22	24
決定補償	–	3	–	3
駁回	4	14	10	14
其他	1	8	12	7
補償金返還事件	–	–	1	6
檢察官行使求償權	–	4	195	380
清償完畢	–	2	3	12
取得債權憑證	–	–	10	70
簽准報結	–	2	182	298

資料來源：法務部統計處

壹拾、被害者學之展望

犯罪是違反社會規範及侵害人類的基本權利之行爲。在於誰都有可能成爲犯罪被害人及加害人之狀況下，針對加害人之判刑處遇與對於被害人之理解及支援間的平衡，爲目前刑事司法最爲重要之事。

犯罪被害者學當中，目前探討之議題，除有相關保護法令之修訂以外，如何使犯罪被害人從犯罪之打擊中重新站起，並使其重新追求屬於自己的幸福生活，此外，被害人之治療方面，亦是目前被害者學之研究當中，不可或缺之部分。

科學辦案技巧日益創新，針對犯罪人與其犯罪行爲之研究，亦因科學之進步，目前有極大之進展。在於本書當中，筆者以最新之犯罪學研究，探討目前犯罪人之犯罪原因，在此之間，因社會日益進步，社會所伴隨而來的壓力、污染等等亦是造就了犯罪的主要成因。此種犯罪，多數比起傳統犯罪，無所謂特定之被害人，在此種犯罪類型當中，被害人在於莫名之理由下，導致犯罪被害的結果，對於自身而言，相信有極大的挫折與創傷。在於此種犯罪類型之下，犯罪人之懲處、處遇以及被害人之治療方面，亦是目前極需研究之部分。

由於犯罪被害人保護相關理論與觀念之興起，各種理論的觀點均是希望政府應正視到犯罪被害人長期以來在刑事司法地位上、被害後之生活照料上、心理支持上、或社會上對犯罪加害人的關注均是相當被漠視的問題。未來政府在於保護民眾之立場上，並在針對犯罪被害人保護政策在施行上，執行人員應注意避免二度傷害之造成，而影響人們對政府施政信賴觀點，以爭取人們之向心力。其次是經由對犯罪被害人於被害後其心態爲何？及需求爲何之了解，以更了解被害者所面臨的困境與心酸的心路歷程。這也是促使我們在執行上能更體會被害者的心情，及在偵審過程中更尊重被害人「證人」之法律地位。

近年來由於國際上對於人權問題的重視，我國法令當中，對於犯罪加害人之人權多有重視，加上最近蘇建和等人死刑案判處無罪之翻案結果，促使我國刑事司法體系對於加害人之懲處，重視甚多。雖我國在於國家賠償法、犯罪被害人保護法之推行下，已逐漸重視犯罪被害人之權益，但施行幾年下來亦陸續發現犯罪被害人於刑事訴訟地位上，仍較之先進諸國爲下。

雖於近幾年有相關法令的制定與修訂，如性侵防治法有針對被害人出庭應訊的相關保護規定，且證人保護法亦於二○○二年通過，對於犯罪被害人有更多的保障。雖我國在於立法上已有改善，但不足之處可參酌德國、日本、美國等國家近年來所修正賦予犯罪被害人「訴訟參與權」、「陳述權」、受告知訴訟進行之狀況及選任類似辯護人代爲出庭等權利。其次，應以更開放之態度，使所有被害者均可爲請領補償金之對象，不需限定重傷者始可領取，因補償金的作用應是「救急不救窮」，且受傷應無輕重之分，只要是因被害而受傷，應均可提出申請。而在犯罪被害保護方案的執行上，更應加強各部會之整合與聯繫，亦希望能由政府設立犯罪被害人保護委員會，而非如目前單由社團法人之犯罪被害人保護協會來負責，在效果上會更加著明顯。最後要強調的，即是刑事司法之審訊過程中，更應避免二度傷害造成，以免對於犯罪被害人造成再次的傷害，而對於政府失去信心，不再出庭作證舉發犯罪，造成更嚴重的惡性循環[81]。

曾有「解鈴還需繫鈴人」之語說明了當事人需自行積極處理所發生之事。在於犯罪被害方面，雖然以此句話來說明，對於被害人只空有殘酷之評。然而，對於被害人之治療與訴訟程序方面，若無被害人積極協助，相信亦是徒勞之舉。在筆者等之研究當中，發現部分被害人將自己犯罪之被害經過，藉以傳媒積極告知大眾，並藉由誇大被害事實而圖利。以人性觀點而言，被害人仗持強大被害之理由，對於加害人之言語攻擊，雖在法令之上，有毀謗之嫌，但在於世人之人性觀點，似乎合理。因此，被害人大膽、誇張之被害陳述，經常爲世人所動，因此眾人便積極與被害人參與加害人攻訐之舉。此情形造成了加害人本身與其家屬永久之傷害。雖加害人之惡行，需受到懲處，惟此懲處之意義與範圍，吾等需加深思考。

人性的深奧，或許是詮索犯罪時永難理解的一面。

註釋

1.本論文發表於世界被害者學會第三次亞太國際會議（2001年於日本召開），並發表於日本中央大學比較法雜誌第37卷第1號（2003年）。

2.參閱林山田、林東茂，《犯罪學》，頁195，台北三民書局。

3.諸澤英道（2001年），《新版被害者學入門》，頁1，成文堂。

4.諸澤英道（2001年），《新版被害者學入門》，頁10-11，成文堂。

5.參閱謝春金，《犯罪學》，頁15。

6.參閱張平吾，《被害者學》，頁12，台北三民書局。

7.參閱張平吾，《被害者學》，頁5，台北三民書局。張甘妹，《犯罪學原論》，頁309。

8.在此，筆者認爲應該是造成容易遭到心理被害的原因。

9.參閱張甘妹，《犯罪學原論》，頁310。

10.參閱張甘妹，《犯罪學原論》，頁310。

11.http://psy.pmf.org.tw/pp2.htm。2003/01/09造訪。

12.張朝凱、范佩貞，心理重建撫平災難創傷，http://www.nobeleye.com.tw/liberty/c901219.htm，2003/01/10造訪。

13.陳美琴（民87）。創傷後壓力症。中華民國航空醫學會會刊。12:1，3-8

14.*DSM-III*爲心理診斷統計手冊第三版。此部分爲國立中正大學碩士研究生程冠豪同學於陳慈幸教授所開設之「刑事政策與被害者學專題研究」課程中專題報告擷取出。

15.林式穀，「九二一地震災害後精神醫療介入」，台灣精神醫學會，http://www.sop.org.tw/921ta4.htm，2003/01/09造訪

16.http://bluesky.ping.com.tw/msg8/5898.htm，2003/01/10造訪。

17.認知行爲療法運用於犯罪矯治，主要是在犯罪研究領域中，學者不斷指出犯罪人中具有許多認知缺陷（*cognitive skills deficit*）與思想扭曲（*thinking distortions*）現象（楊士隆，1997）例如*Yochelson*及*Samenow*（*1976*）之研究，則指出許多犯罪人具有「犯罪思考型態」（*Criminal thinking patterns*），不合乎邏輯、短視、錯誤、不健康之人生價值感等偏誤之認知扭曲型態。*Yochelson*及*Samenow*於1978年所著《犯罪者的人格》（*The Criminal Personality*）一書中，首先定義錯誤思考（*thinking errors*）一詞，同時他們認定52項常被頑固的犯罪人所使用的錯誤思考（例如，凝固之思想、說謊、欠缺責任感、容易生氣、未能注意及他人之需求、認爲自己是受害者等）。自從他們首先提出後，至今錯誤思考已被濃縮爲17項，並用於處遇方案中（*Laurel, 1999*）。*Fabiano*’*Porporino*和*Robinson*（*1991*）指出，很多犯罪人不能被要求運用適應於社會所許可的認知技巧來處

理本身的問題，例如犯罪人缺乏自我控制、不能規範自己的行爲、衝動，缺乏個人問題解決技巧、推論技巧及計畫技巧，以致形成錯誤思考的循環，且難以看到在世界上具有另一種觀點(即不能多方面思考)，不能區分他們所擁有的情緒狀態與其想法的關係，因此認知模式即在教導犯罪人回復這些技巧，包括邏輯的、客觀的、理性的思考。而*Gendreau*及*Ross*(*1979*)回顧1973年至1978年間對犯罪人所做的95個介入個案，發現有86%是成功的，其中降低再犯率爲30%至60%，而進一步的對矯治文獻檢驗，發現很多研究者包括最有效的矯治方案在內，致力於矯正犯罪者的認知功能。*Ross*及*Fabiano*(*1985*)指出犯罪人普遍存在與其犯行相關的認知不足，包括認知的衝動、凝固的推論、缺乏社會上一致的觀點、不良的個人問題解決技巧，而當犯罪人被提供高度的發展技巧教育訓練時，累再犯就被有意義的降低(*Ross, Fabiano & Ewles, 1988; Henning & Frueh, 1996*)。因此，挑戰犯罪人錯誤思考是任何爲了幫助犯罪人學習責任、不再犯罪的方案所必須包含的內容(*Laurel, 1999*)。由上述學者的研究可知，運用認知行爲療法處遇犯罪者，具有實用價值，特別針對其錯誤思考、認知扭曲部分加以導正，並強化其問題解決能力、增進正向的社交技巧及憤怒情緒控制，使其表現出更適應的想法與行爲。參閱http://www.tpt.moj.gov.tw/C200/MONTHLY/200107/2001077.htm，2003/01/21參訪。

18.參閱*Newton*雜誌234期（2003/2月號），《心與腦的世界》，頁54，牛頓出版社。

19.引述日本東京都精神醫學綜合研究所飛鳥井望博士之談話，鑑於*Newton*雜誌234期（2003/2月號），《心與腦的世界》，頁54，牛頓出版社。

20.林式穀，《九二一地震災害後精神醫療介入》，台灣精神醫學會，http://www.sop.org.tw/921ta4.htm，2003/01/09造訪。

21. 林式穀，《九二一地震災害後精神醫療介入》，台灣精神醫學會，http://www.sop.org.tw/921ta4.htm，2003/01/09造訪。

22. 張朝凱、范佩貞，心理重建撫平災難創傷，http://www.nobeleye.com.tw/liberty/c901219.htm，2003/01/10造訪。

23. 張平吾，《被害者學》，頁3，台北三民書局。

24. 門德爾遜在其書《被害及其犯罪》(The completely innocent victim)一書中，將被害者依罪責大小之程度不同分爲六個型態。參閱張平吾，《被害者學》，頁5-6。張甘妹，《犯罪學原論》，頁313-314。

25. 參閱張甘妹，《犯罪學原論》，頁316。

26. 張甘妹，《犯罪學原論》，頁314-315。

27. 張平吾，《被害者學》，頁4，台北三民書局。

28. 張平吾，《被害者學》，頁4，台北三民書局。。

29. 參閱林山田、林東茂，《犯罪學》，頁201，台北三民書局。

30. 陳慈幸，《犯罪被害保護之研究...台灣與世界諸國之比較》，2001年9月5日國際被害者學會於日本常盤大學召開。

31. 有關於被害人研究部分，似乎僅有前司法行政部犯罪問題研究中心出版之《殺人傷害犯罪與被害人研究》。此研究報告，是以民國六十四年桃園地方法院暨同院檢察處新收之三十件殺人案件作爲研究對象。

32. 司法行政部犯罪問題研究中心，殺人犯問題之研究（民國54年），頁121。張甘妹，《犯罪學原論》，頁333。。

33. 張甘妹，《犯罪學原論》，頁332。

34.參閱林山田、林東茂，《犯罪學》，頁202-203，台北三民書局。

35.參閱張甘妹，《犯罪學原論》，頁333。

36.日本舊刑法200條與我國刑法272條皆有殺害尊親屬者判處極刑之規定。

37.依據日前剛通過之刑法總則部分條文文修正草案，已將未滿十八歲之人犯殺害直系血親尊親屬仍得處死刑或無期徒刑之規定廢除。

38.參閱張甘妹，《犯罪學原論》」，頁337-338，台北三民書局。

39.參閱司法行政部：犯罪問題研究中心，殺人犯問題之研究（民國五十四年），頁110、頁139。

40.參閱國立中正大學性別歧視及性侵犯防治實施要點。http://www.ccunix.ccu.edu.tw/~advising/gendar.htm，2003/01/13造訪。此外請參考大專院校及國立中小學校性騷擾與性侵犯處理原則，中華民國88年3月5日，台（88）訓（三）字地○二三○○五號。

41.http://www.peopledaily.com.cn/wsjk/topic/xsr/102.html，2003/01/15造訪。

42.http://www.peopledaily.com.cn/wsjk/topic/xsr/102.html，2003/01/15造訪。

43.參閱張甘妹，《犯罪學原論》，頁340-341。

44.參閱張甘妹，《犯罪學原論》，頁340-341。

45.參閱林山田、林東茂，《犯罪學》，頁207-208。

46.早期我國亦以強姦罪稱之，但現已改稱爲《妨害性自主》。

47.參閱林山田、林東茂，《犯罪學》，頁209，台北三民書局。

48.林山田、林東茂，《犯罪學》，頁209，台北三民書局。

49.參閱張甘妹，《犯罪學原論》，頁353。

50.張甘妹，《犯罪學原論》，534-535。

51.張甘妹，《犯罪學原論》，頁357。

52.張甘妹，《犯罪學原論》，頁357-358。

53.以往日本都是以「性病」來稱之，但最近全都以 (*STD*)來稱之。性感染症(*STD*)較以往所用的「性病」的名詞還廣義，故醫療單位現皆已廣用*STD*（性感染症）來取代性病之說法。

54.被害人居家附近衛生所也可接受檢查，費用為免費。

55.被害人居家附近衛生所也可接受檢查，費用為免費。

56.參閱林山田、林東茂，《犯罪學》，頁214-215，台北三民書局。

57.林國泰，性侵害防治法之簡介，http://hlm.aide.gov.tw/%B1%D2%B4%BC%BE%C7%AE%D5/%A9%CA%ABI%AE`%A5%C7%B8o%A8%BE%AAv%AAk%C2%B2%A4%B6.htm，2003年2月12日造訪。

58.林山田、林東茂，《犯罪學》，頁215，台北三民書局。

59.此參照2002年10月31日至11月4日，國立中正大學犯罪防治學系、財團法人中華民國婦女權益促進協會所共同主辦之21世紀性罪犯司法處遇與精神治療研討會。

60.陳慈幸，《關於性犯罪被害之輔導治療》，21世紀暴力犯罪問題研討會，2001年11月於犯罪學學會所發表。

61.林明傑，《美國性罪犯心理治療之理論、技術、與重要法案介紹》，http://www.ccunix.ccu.edu.tw/~deptcrm/class/mcl/mcl02.doc，2003年2月15日造訪。

62.http://www.new7.com.tw/weekly/old/590/590-080.html，2003年2月15日造訪。

63.http://www.new7.com.tw/weekly/old/590/590-080.html，2003年2月15日造訪。

64.在台北監獄試行團體治療時，治療師曾表示下列意見：「...一開始時，可以感覺出來大家是抱著兩種心態來上課的：一種是來看我們會玩什麼把戲，另外有一種人關心的則是自己能不能因此而獲得假釋。至於他們上課的態度，他們有些人會存著挑釁心態。例如說，當我們跟他們解說一般人的行爲模式時，我們通常會以日常生活的小事爲例子，但是有一個人偏偏就是和我談他做愛的經驗。我感覺有些受刑人可能會在心裡想，你懂什麼！」參照於http://www.new7.com.tw/weekly/old/590/590-080.html，2003年2月16日造訪。

65.相關條文參閱我國民法第18、19、184、192-195之相關規定。

66.林山田、林東茂，《犯罪學》，頁210-211。

67.參閱林山田、林東茂，《犯罪學》，頁210-211，台北三民書局。

68.參閱張甘妹，《犯罪學原論》，頁348-349。林山田、林東茂，《犯罪學》，頁212，台北三民書局。張平吾，《被害者學》，頁611，台北三民書局。

69.許啓義，《犯罪被害人保護法之實用權益》，頁26，永然文化。

70.許啓義，《犯罪被害人保護法之實用權益》，永然文化，頁27-28。

71.許啓義，《犯罪被害人保護法之實用權益》，永然文化，頁28。

72. 例如紐西蘭、美國、加州所採刑之補償立法，均是以社會福利論作為依據。

73. 參閱張平吾，《被害者學》，頁672-674，台北三民書局。

74. (1)資料來源：法務部法務通訊雜誌社印行之《國家賠償法實施概況與檢討》第一冊至第八冊72年5月至79年5月出版等書。

(2)年度係指前一年七月起至該六月底止。

75. (1)資料來源：法務部法務通訊雜誌社印行之《國家賠償法實施概況與檢討》七十一年五月至八十年五月出版等書。

(2)合計部分含新收集就收件數。

76. (1)資料來源：法務部法務通訊雜誌社印行之「國家賠償 法實施概況與檢討」七十八年五月出版。

(2)合計部分含新收及舊收件數。

(3)件數係指受理件數而言。

(4)「其他」指受託行使公權力之團體、個人不法侵害行為等。

77. 華總（一）義字第八七○○一○四五○○號令公布。

78. 參閱張平吾，《被害者學》，頁676，台北三民書局。

79. 張平吾，《被害者學》，頁676，台北三民書局。

80. 此部分歸納於許啓義，《犯罪被害人保護法之實用權益》，頁104-116，永然文化。

81. 摘自丁榮轟（2002年），《我國現行犯罪被害保護制度相關問題之探討》，刑事政策與被害者學課程報告（國立中正大學犯罪防治系博士課程講座，陳慈幸指導）。

第二章

性被害論：法律之定位與二度傷害[1]

- 從「性騷擾」談起
- 性騷擾之性別對象及類型討論
- 關於「性騷擾」我國法令之訂立及改正及被害人二度傷害問題
- 結語

摘要

性騷擾是一種屬於現代社會中經常發生之犯罪典型之一。但而性騷擾發生緣由及當事人對處理方式之複雜性及其定義因難以歸納之故，遂此問題實不宜以一般犯罪來處之對應。

在處理一般刑事案件時，各搜查機關及社會各階層都是比較傾向重視犯罪加害人之科處刑罰問題之外，而被害人被害後之各種問題，如心理及健康問題卻是無法得到適當的援助及改善。雖然我國及世界上各開發中的國家都已有一完整的被害人保護法案[2]，但許多被害人卻是因無法充分理解此保護法令，甚至因搜查機關之不當搜查方式而造成被害人遭到第二次受害的問題。

經由此文，敝人將日本現行有關性騷擾等性侵害犯罪之法令及實務學術之例逐一介紹，望由本文能使國人更加了解日本實務，學術領域中應處性犯罪之手法，並由本文能使國人更爲重視性騷擾等性犯罪之犯罪典型之重要性。

關鍵詞：性騷擾、PTSD、第二次受害

壹、從「性騷擾」談起

所謂「性騷擾」的定義一般是指對他人（特別是針對女性）行之他人所不希冀的性的言行舉動；其內容包括了強暴等的「積極性」的性侵害行爲，及對他人發之性暗示的言行等的「消極性」的侵害他人的人格，其定義之內容非常廣泛。

構成對他人的性騷擾是否須要達到被害人感到不快的程度的

言行，完全是任由被害人個人的主觀來決定，亦可以說，個人之行為及言語只要構成他人的「精神上之不快感」就可定義為構成他人的性騷擾的侵犯行為。

要論及社會上目前所發生的性騷擾事件的話，首先是要從台灣目前的社會文化及社會中的男女地位對等問題談起。

我國社會文化構成主要是來自中國固有文化的傳承；其社會及文化的形成自古以來主要是以中國思想的精髓－儒家思想為主。我國在早期農業社會，雖然曾有一段時期受到日本殖民文化的影響而有中國文化斷層的時期，但基本上日本文化亦是學習中國文化並且吸收儒家思想，特別是儒家思想中特有的父權主義的思想，深深根植在日本傳統社會之中，成為規築日本家庭文化傳統的核心。所以，基本上儒家傳統文化可說並沒有在我國因受殖民政治而根除，反之對岸中國大陸因政局之混亂及統治當局在文化大革命等意欲撤除中國固有文化之種種行由，而使得中國固有文化在大陸已無法承續，所以我國可稱為唯一傳承中國固有道德文化思想之國家。

在脫離日本政府統治而進入國民政府統治時代後，雖我國社會為朝向現代化不斷地改革，但儒家的文化思想並沒有在我國人民的思想中被排除及抹殺；亦就是，我國雖在國家的外在形態是學習歐美諸國的現代理念，但是其社會構成，文化背景及人民的思想，仍舊嚴守著儒家的道德理念及父權文化思想。雖儒家的思想是我國文化之精華所在，但儒家思想中的父權本位及男尊女卑的思想因因應歐美諸國之男女平等等現代思想的導入，此思想顯得陳腐而不符現代化國家潮流而甚至成為現代化的一大阻力，而被婦權運動人士視為急於根除之物。但在社會各界意欲廢止父權文化之時，卻發現儒家文化影響我國文化千年之久，一時的社會的改革風氣並無法立即將此思想徹底排除。所以目前社會中所謂的男女平等運動的結果亦不過只是將父權本位思想卻去其外形，使我國社會不呈現是以父權男性本位之社會，但儒家思想的核心國無法從我國人民思想中徹底根除；亦就是，儒家思想中的父權主義，從舊有社會中的「表面化」情形移轉成「潛在化」的情形依存在我國社會中，此在我國訂立「家庭暴力防治法」以前，社會中，個人家庭內生家庭暴力事件之頻率之高之情形可以觀之。

或許，許多人會認爲，我國社會雖早已成爲現代化，但其社會中所存在的的男性本位主義化的文化印象，亦是處處顯示出是一以男性爲主之男性主導的社會形態，此意識形態是否與現代化的國家外形有著不均衡的狀況產生？但是此質問的答案剛好是否定的，雖然我國現代社會上依然多少存在著「男性本位」的狀態，但比較於如日本等其他亞洲國家，我國目前在社會上及法令上積極訂立各種保護女性權益之制度及法令，使此「男性本位狀態」的減少至最低；再者，於一些女性本身而言，以男人爲一家之主，由男性繼續掌握家庭主導權的舊有思想依然存在，所以，在於我國的社會中的「男女不平等」的現象，只不過等於是舊有的儒家文化延伸的現象，造成犯罪行爲之外（如家庭暴力之情形），而此觀念並沒有造成我國人民在社會生活上有嚴重個人生活上的窒礙影響，卻反而使得我國社會表面上能仍維持國家現代化及舊有儒家傳統家庭文化兩者之均衡。

雖然我國的社會及法令上同時能保持舊有的儒家文化及現代化之男女平等思想，但是根生在社會及個人思想深隅中的男女差別思想理念，卻容易構成社會中「性騷擾」事件的導火線。

隨著社會上女性就業人口的增加，以往以男性爲主的就業社會出現了變化，而在就業環境中加入了女性就業人口的競爭時，男性必須亦要隨之順應就業人口之變革，而在此種就業人口的變化及兩性同時必須適應就業社會而相互之間必須取得調和之際，「性騷擾」問題也容易在兩性調和關係中的不協調之時產生。

貳、性騷擾之性別對象及類型討論

一般常見的性騷擾的典型可分爲「環境型」及「代償型」（亦可是對價型，地位利用型）兩種[3]。

「代償型」的性騷擾是一般在公司等工作單位中所常見之公司的上層主管人員利用其權勢向下屬人員脅迫並且行使性騷擾的行爲。一般「代償型」的性騷擾情況發生時（如上司向下屬人員行使性騷擾行爲）而加害人受到被害人之拒絕其騷擾之時，加害人常會以工作單位中的權勢地位，以「降低職等」或以「退職」來做爲脅迫被害人，以達成其目的。

在公司等工作單位上所發生的性騷擾事件的背後，有隱匿著不將女性當成對等的工作夥伴之對女性的性差別意識，所以，在職場等工作單位及在社會上之男女對等之問題是刻不容緩之事，如職場內男女對等之此種最基本的人權不受到保障時，性騷擾的問題是無法根本解決的。此外，要求公司所須付出的義務，亦不是單只是按照勞動諸法中所制定禁止性別岐視或勞動契約之平等作成等表面上之男女工作權之處理義務而已，對於女性就業人口充分地活用及男女對等之工作環境的作成等等之事，和防止性騷擾事件的發生有著息息相關的重要性；亦就是，要充分活用女性就業人口時，必須防止職場中的性騷擾事件的發生，反之，要防止性騷擾的發生時，女性就業人口之充分利用及男女平等風氣的職場環境作成並且維持是相當有必要的，而這些亦是屬於公司所必須要作到的義務。爲了作成風氣良好的工作環境，女性，男性工作人員，及上司等高層管理人員的意識之改變，及協力等都是相當重要的。性騷擾事件頻繁的工作環境對於女性就業人員而言當然不是一適當的工作環境，並且對於男性工作人員而言也應該不是一個良好的職場環境。這些都是相互之間有連鎖性的重要關係。

除職場上之「代償型」的性騷擾的情形外，此典型的性騷擾案亦常發生在校園內。最常見的例子是教師利用其教師的職權向所指導的學生進行性的侵害行爲，如年前在國內所發生的某名奧運古姓選手向其學生行性騷擾而遭其學生舉發之事。

此外性騷擾的其他一種典型是「環境型」的性騷擾。此型又可分成積極性及消極性兩種情形。消極性環境型性騷擾是指向異性或同性提及性暗示的話題或是循問女性個人隱私等言論至向對方行使使對方在生活上造成各種窒礙及騷擾等困擾的行爲。而積極性的環境型性騷擾行爲是除上述的消極性的行爲外又包括積極地向被害人從事性侵害等一些違法之行爲。

在職場工作單位方面，隨著社會的變遷，女性在公司中擔任高層管理人員的機會亦比從前爲多，而女性就業人口及女性管理人員的增加，使得性騷擾的受害人並不再只限於女性；此種男性受到女性的性騷擾的情形，以美國之男性受性騷擾爲例，在1990年及1994年中的所發生的案件來統計是從244件增加至773件[4]；同樣在日本社會中，目前就有名歌手松田聖子向某男性進行性騷擾後而受到其男性提訴的例子。但男性受性騷擾之情形亦有來自同性，如在工作場所受到來自同性男性的排斥，並且以性暗示的言動諷刺之情形爲多[5]。

不過，因我國社會仍屬於男性主導的文化風氣，在職場上擔任高層管理人員的女性的人數較之男性爲少，所以在工作單位中女性主管人員向男性下屬進行性騷擾的例子並不多；而且就算男性遭到女性性騷擾被害後，因男性方面感覺到困惑及恥辱感的關係，男性向公司或民間機關申訴被害的情形更爲少數，所以男性受到性騷擾的情形無法如女性一樣有著許多前例作爲參考。此外，女性在生理體能方面較之男性而爲弱勢，性騷擾等性侵害行爲的被害人是以女性爲多，所以性侵害犯罪改正爲公訴罪是有其必要之處，因爲藉此可保護女性，使加害人受到更多的刑事制裁，以達成保護婦女之權益。

參、關於「性騷擾」我國法令之訂立及改正及被害人二度傷害問題

自86年1月22日總統公布性侵害犯罪防治法以來，內政部隨即成立性侵害防治委員會負責研擬性侵害防治政策，監督各級政府成立性侵害處理程序、服務、及醫療網路等，而各直轄市政府及縣市政府亦成立性侵害防治中心，以提供24小時電話專線，被害人心理治療、輔導、緊急安置與法律扶助等。

而在檢察署，法院部分亦責由專股偵辦審理，正值所有相關機構依前開法律如火如荼展開時，88年4月21日，總統公布原刑法第16章妨害風化罪章，修正爲「妨害性自主罪章」，並且將刑法第221條強制性交罪（原稱強姦罪），第224條強制猥褻罪等更爲非告訴乃論罪。僅限於夫妻間強制性交罪爲告訴乃論罪。

不過刑法第221條及第224條之罪，於民國89年12月31日仍適用舊法告訴乃論規定。

就在諸多婦女團體爲此修法拍手稱慶之時，大家卻感受不到受害者爲此而鼓舞，探究其因，原來是司法二度傷害問題未獲解決。

在司法二度傷害問題未有進一步改善前，立法上即將強制性交罪等改爲非告訴乃論罪，迫使受害者不僅要赤裸裸接受司法檢驗，且在無法忍受司法傷害而拒絕應訊時，還可能遭檢察署、法院名正言順拘提，因此有關司法二度傷害問題，應是所有關心性侵害防治之人應優先深思且刻不容緩的議題，而舉其二大問題點

論之：

一、將受害者身分，地址曝光

依性侵害犯罪防治法第10條規定：宣傳品，出版品，廣播電視，網際網路或其他媒體不得報導或記載性侵害事件被害人之姓名或其他足以識別被害人身分之資訊，行政機關或司法機關所製作必須公示之文書，亦不得揭露足以識別被害人身分之資訊。因此目前檢察署及法院等在起訴書及判決書固未記載足以識別被害人身分之資訊，但在警察署，法院未作任何處分及判決之前，即傳訊被害者時，卻在法庭（偵查庭）庭外公然高聲點呼被害人姓名。法院雖為不公開審理，但因法院將性侵害案件與其他案件同日審理，並在法庭外明列妨害風化案件，致法院點呼時，被害人成為所有人之焦點，而深感不安。此外，法院將被害者之姓名，身分證字號及地址等亦一一載於卷內，未行密封，而供加害者之辯護人閱覽抄錄，所以加害者擬取得被害者身分、地址，易如反掌，因此常常造成被害者恐於加害者之報復而和解或遷移住所。

因此建議檢察署及法院應貫徹法律上專股及不公開審理之立意，在傳訊被害人時以單獨、秘密傳訊方式為之。若非不得已而令加害者與被害人對質時，亦應將性侵害案件與其他案件分開審理，且運用電視雙向系統將加害者及被害人及其辯護人隔離訊問或對質（惟目前性侵害犯罪防治法第15條規定僅限受害者為智障者及16歲以下方有雙向電視系統之適用）。

除外，被害者之身分，地址等應別行封緘，禁止閱覽，所有有關被害者訊問筆錄上簽名應以代號取代。（但在非公開審理下之書證證據力問題，該筆錄簽名欄是否以被害人別名為之，尚待法律界在技術面克服）。

二、警檢及法官訊問被害者態度問題

依刑事訴訟法第98條，第192條規定訊問證人應出於懇切之態度，不得用強暴、脅迫、利誘、詐欺、疲勞訊問或其他不正方法。

而在性侵害案件之警檢方及法官在訊問被害人時，其態度實應出於懇切，且禁止以輕蔑，鄙視態度為之。我們曾在報章媒體見到或聽到司法人員歧視受害者工作、教育程度及社會經驗地位等，或質疑被害者何以穿著暴露，前往加害者家中等語...。甚至還有在受害者拒絕司法的輕視後遭司法人員拘提。

因此所有社工人員的安撫，醫療機關的心理治療等為保護受害者免於二度傷害者的努力，在此均化為烏有。一個個受害者在已有重創後遺症症候群[6]後（自責、自卑、羞愧、夜啼等症狀），又在司法傷害下衍生成精神分裂症、企圖自殺、家庭破裂等。

也許司法人員至今仍不知做錯了什麼或造成了什麼遺憾，但所有關心性侵害議題的朋友，應該設法謀措讓司法人員知道。

肆、結語

在早期的社會對於「性騷擾」的事件之看法是「自我意識主張過剩的女性反社會秩序的作法」[7]，因此對於提出性騷擾受害的女性，社會及職場單位上並不對其施以關懷及理解，反以諷刺及無視的態度對應處置。因早期的社會大眾普遍有存在著潛在的女性差別的意識，使得受到性騷擾，甚至發展至性侵害的被害女性不敢隨便對自己的被害情形訴之公權力，而加害者的男性亦趁此機會恣意濫用自己權勢而侵害女性。此種情形在我國刑法改正使強暴罪等性侵害犯罪爲提起公訴罪並且施行家庭暴力防治法，性侵害犯罪防治法等規定，性侵害等犯罪案件的受害人得到法令之保護後，人們的對性騷擾的意識亦不再是任以草率處理的心態，而性侵害犯罪之受害人，特別是婦女亦可自由將自己的受害情形訴之公權力，使得犯罪人受到法律的制裁。

只是，在性騷擾案件中，被害人的心理問題常是解決性騷擾問題的一大關鍵；如在工作單位中受到性騷擾侵害的被害人中，多數有將自己的受害經驗隱匿而突然自動離職的傾向；亦有受害人雖已向有關申訴單位訴之被害情形甚至其加害人已受到法律的制裁，但是受害人自己卻無法對受害的經驗而釋懷，最後也只有以轉職或是遷移住所等的方式來解決其心理障礙。

不管在我國，或是如日本等其他國家中，許多受到性騷擾等性侵害犯罪的受害人因畏懼提起訴訟後會產生對自己不利的影響，例如在工作單位上被孤立，或提訴之後會被公司退職等情形而常常無法正確將自己的受害情形提出。緣此，日本在1999年的「改正男女雇用機會均等法」的規定中，對於被害人所提出的在職場上遭遇性騷擾等被害時，公司方面必須嚴守其秘密之義務，並且不可以此原因而強迫被害人退職或在職場單位中使被害人有被孤立等的第二次被害的情形產生[8]。類似日本的「改正男女雇用機會均等法」的規定，我國目前有「就業服務法」及「男女工作平等草案」，此外但我國在勞動基準法上有性別歧視之禁止規定（勞動基準法第25條）及終止勞動契約時之明文規定（勞動基準法第2章勞動契約部分參照），所以被害人自身是不用擔憂因訴之職場上的性侵害事件而導致在工作場所受到孤立或失職的問題。

要有效地解決及防止性騷擾等性侵害犯罪的發生，除了有效的法令制度的訂立施行之外，被害人亦必須了解法令之內容及運用，才能在有效保護自己的權益並且在提訴時發揮效果。據調查[9]，大多數的婦女對週遭生活空間存有強烈的不安感，不論是在公共場所、職場、家庭，擔心自己受性騷擾，性侵害的比例都是相當高，被害人如有意向公權力申訴並舉證自己之受害雖為有效對付性騷擾等性侵害犯罪非常重要的一步，但被害人對法律知識的欠知，使得立法的成果無法眞正被婦女分享。

在前述中有提起到，被害人如有性騷擾問題時，欲將加害者訴之公權力以保護自己的權益時，除可透過法令所設立的性騷擾被害援助單位，如性侵害犯罪防治法第6條所規定之各縣市之性侵害防治中心提出救濟援助外；被害人亦可以透過民間之婦女權益基金會等措施之婦女權益救濟設施申求援助。除了在上述中提起過的男性主導主義的社會形態及職場上的環境問題所導致性騷擾事件的發生的主要原因外，近年我國社會的風氣及人民的思想模式較其從前開放之點，亦是導使性騷擾事件頻發理由之一。近來各種娛樂方面的書籍，報章雜誌及電視節目中隨時可見男女裸身的映像及探討性問題的記事，雖然這或許可稱為是現代化國家社會中所普遍存在的所謂「性開放」或「性解放」的現象，但此種現象亦不能否認是易誤導人的思想進而誘其發生性犯罪的理由之一。

在本文的第三部分中有探究分析現行司法實務的缺失容易造成被害人第二度傷害問題。但在性騷擾此種性侵害典型中，因有些類型不是單純之被害人生理方面的受害，而是受害人心理部分的受害，所以性騷擾的問題，是否應該全部訴之公權力來解決，我認為不可勉強被害人，而由被害者自行決斷較佳。一般人都認為為保護被害者之權益，由被害人提出訴訟制裁加害者是最好之擇。但對於被害人來說，人生只有單單數十年，比起「在工作上因受到性騷擾問題而感到對於人際關係上的疲弊」，或是「因性騷擾訴訟而以公司等團體單位為對手在法庭奮戰的情形感到精神上疲乏」等等的提出訴訟後惱人之事來說，將自己目前因性騷擾而感到煩躁的生活方式劃下一休止符而重新選擇更新的生活方式，或許亦是一不錯之決擇。近年，犯罪被害者的保護，在國際間成爲一大注目之話題，而我國亦有立法保護犯罪之規定。但在性騷擾等性犯罪方面，其受害人別於其他犯罪受害人的問題是在於被害人受害後之心理問題。所以在性騷擾等性侵害犯罪之被害人權益的觀點來看，被害人是否提出告訴之決定權的尊重，才能有效保護性騷擾等性犯罪的被害人，並且由被害人決定事情的解決方式，才可有效避免被害後二度傷害。

在本人的觀點來看，解決性騷擾的問題如只是一律強要被害人將加害人訴之公權力亦不是權宜之計。有些被害人並無訴訟之意，如強使被害人將其受害訴之公權，此反而對受害人而言，容易受到受害後的第二次傷害。

總而言之，不管是提之訴訟亦好，轉職等改變自己目前的工作、生活環境亦好，只要被害人自己選擇自己最喜歡的生活方式，並且因自己的選擇而能使自己走出受害的陰影，並因能改善自己受害後的心理問題，此不也可說是一種最佳的解決方式？

註釋

1.本文原名爲：「有關日本國內『性騷擾』問題之探究」，部分於刑事法雜誌第四十四卷第三期（2000年）。

2.有關我國之犯罪被害人保護法在民國八十七年五月二十七日華總（一）義字第八七００一０四五００號令公布。

3.參照《さよなら！職場のセクシュアルハラスメント》（中文

名：揮別職場中的性騷擾)，日本勞動省。

4.*See Dallas Morning News*1994年12月17日。

5.**これじゃ**男**は**救**われない** 小谷野敦著，**ちくま**新書

6.有關重創後遺症症候群*PTRD* (*Post-traumatic Disorder*，學名又稱心理外傷後壓力反應)。此種症狀除了上述之犯罪受害後的症狀以外，亦發生在天然災害後的災民上，如去年台灣921大地震後許多災民亦發生不安，對人生失望感等後遺症症狀。

7.此語出日本名女律師兼議員福島瑞女士在接受「*Hanako*」的雜誌訪問中所提及之性騷擾的日本社會問題。

8.有關此規定，參照日本改正男女雇用機會均等法第21條有關女性就業人員雇用的規定。

9.財團法人婦女權益促進發展基金會委託「傳訊電視民意調・市場研究中心」於1999年9月1日至3日以電話訪問方式調查，對象爲台灣省21縣市及北、高兩市20歲以上的婦女，共成功訪問1,070個樣本。

第三章

性被害論釋義：性騷擾被害處理之法理程序[1]

- 前言
- 日本性侵害犯罪之現狀
- 日本之性侵害犯罪之法律訴訟經緯
- 有關性犯罪被害人救濟之立法課題
- 結語

摘要

日本針對性侵害之定義，各有狹義與廣義之論，詳細而言，如果試論述何謂「性侵害」之定義，我們可以「在女性心理、生理上『不期待』之狀況下，男性對於女性所施之性的暴力行爲」來詮述性侵害形式上之定義。如果再試問之有關「性侵害」更深奧之實質定義，此時多數人會因傳播媒體之影響而對「性侵害」犯罪之定義而有下述類似之觀念；例以強暴罪而言。一般人對強暴案所發生之加害人與被害人之性別與相互關係而論；多數人認爲加害人是爲男性，而被害人幾乎全定義爲女性，且加害人與被害人兩者之間的關係爲不熟識爲多；在強暴案發生時間方面：須多人認爲強暴案情一定是發生在深夜無人煙之處；此外，對於被害人行爲之相關描述方面：被害人大多是身著暴露，或是有不當之言行進行而挑起加害人男子犯案之動機......等等。惟在於定義上，犯罪學理與法律學理各有相岐，本文擬就性侵害犯罪之定義、性侵害性侵害犯罪之法律訴訟經緯（刑事訴訟程序與民事賠償方面）以及有關性犯罪被害人之立法救濟之課題（日本現今性犯罪被害人之庇護單位及救濟金援助制度、日本告訴乃論罪之現狀、不與被告對面之訊問）作爲探討，期以比較法之研究得致對於日本性侵害法理之認識。

本論文原名爲：《現行日本性侵害犯罪案件處理方法之研究與分析》，發表於刑事法雜誌第33卷第6期（1999年）。

壹、前言

一、性侵害犯罪之定義

如果試論述何謂「性侵害」之定義，我們可以「在女性心理、生理上『不期待』之狀況下，男性對於女性所施之性的暴力行為」來詮釋性侵害形式上之定義。

如果再試問之有關「性侵害」更深奧之實質定義，此時多數人會因傳播媒體之影響而對「性侵害」犯罪之定義而有下述類似之觀念；例如以強暴罪而言。一般人對強暴案所發生之加害人與被害人之性別與相互關係而論；多數人認為加害人是為男性，而被害人幾乎全定義為女性，且加害人與被害人兩者之間的關係為不熟識為多；在強暴案發生時間方面：須多人認為強暴案情一定是發生在深夜無人煙之處；此外，對於被害人行為之相關描述方面：被害人大多是身著暴露，或是有不當之言行進行而挑起加害人男子犯案之動機......等等。

上述定義是為一般人對性侵害犯罪中強暴罪之看法，這些想法並不能全謂之有誤，但亦不能代表我們就可就此來詮釋此為強暴之眞義。在現今社會所發生之種種強暴案類型，我們因此可得知，強暴案件發生的情形除了上述之通說理論外，因伴隨社會之變遷，兩性間對於性觀念也大異於從前之故，強暴案件發生時加害人受害人性別、兩者之間的關係，以及強暴案發生時間、背景等各種狀況並不限制於上述之一般通說觀念。

以下列【圖表23】、【圖表24】之一九九六年東京強姦救援中心針對在日本所發生的強暴案受害婦女所作的電話統計中顯示：一般強暴罪所發生地點在屋內的高達六八%，被害人與加害者之間有面識的亦達到六七%；此二數據有打破了上述一般人對於強暴案之觀念，為此我們只能說一般人所持之對強暴罪定義之說法只是一種對強暴類型之虛幻「故意類型說」(註一)[2]而已。

【圖表23】 被害場所資料來源：東京、強姦救援中心
(一九九六年七月至同年十月之被害人電話相談統計)

被害人遭受性侵周之被害人場所	占總數之比例
屋內（住宅、旅館、學校、工作場所）	68%
不明	18%
屋外（路上、交通工具、公園等）	16%

【圖表24】 強暴案加害人與受害人的關係資料來源：東京、強姦救援中心(一九九六年七月至同年十月之被害人電話相談統計)

性侵害犯罪之強暴案中加害人與受害人間的關係	占所有人數之百分比
所認識的男性（上司、同事、朋友、丈夫、男朋友、親戚、家人等）	67%
不明	10%
不認識的男性	23%

二、日本法令之性侵害犯罪定義

由上表可得知，一般人所認爲的強暴案發生類型(亦爲上述之「故事典型說」)與實際上的強暴案件發生背景有相當程度之差別，故就上述資料統計之結果，日本學說及實務就實際強暴案件

上類型及發生狀況，把性侵害之實質定義歸納成三個主要部分[3]：

1.性侵害是對女性之攻擊與侵害。性侵害是利用暴力的方式達成對女性的支配、征服、佔有之慾望。

2.「強暴」是女性所不期待之性行為。強暴是無視女性想法及自我意志想法之性行為。

3.性侵害是容許及持續助長對女性之暴力之社會問題。

此外，日本現行法令並無如同台灣為防治性侵害犯罪及保護被害人之權益而制定之「性侵害防治法」特別法規定，故於強暴犯罪的處理仍是沿用現行刑法第二十二章有關猥褻，姦淫及重婚等「妨害風化罪」規定中的第一七七條(強姦罪)為中心，強盜、強姦致死罪(第二四一條)、強制猥褻致死傷罪(第一八一條)強制猥褻罪(第一七六條)準強制猥褻及準強姦罪(第一七八條)淫行勸誘罪(第一八二條)公然猥褻罪(第一七四條)猥褻文書頒布罪(第一七五條)等規定處理。

日本法令之性犯罪定義中包括了「強姦罪」、「強制猥褻」、「公然猥褻」及「猥褻物頒布」等罪。其中強暴刑法上法文定義為：「對十三歲以上之婦女為暴行、脅迫手段達成姦淫之目的」[4]。且此定義中之「暴行」「脅迫」行為，是必須達到「抑制、壓制被害者自我意志之程度而言」[5]。

貳、日本性侵害犯罪之現狀

一、日本性犯罪之歷史與沿革

關於日本性侵害犯罪歷史，可以追溯到第二次世界大戰之時期。第二次世界大戰前，日本除設有公娼制度外，舊日本刑法中亦定有通姦罪，戰後日本政府制定賣春防治法並同時廢止公娼制度及通姦罪。

首先，公娼制度廢止是在於一九四七年一月二一日，因公娼制度違反社會善良風俗之由，故日本政府在聯合國佔領軍司令部的命令下全面廢止此制度；此後一九五六年日本賣春防治法成立，並在一九五八年正式施行；其次是有關通姦罪之廢止，此罪是當時世界各國中少見「夫妻中一方犯通姦罪時只有妻受罰，但夫方不受罰」之特殊規定(舊日本刑法第一八一條)，此法謂輿論垢病有男女不平等之隱喻，故在一九四七年正式廢止。一九四七年之公娼制度，通姦罪廢止及賣春防治法成立至現在爲止，日本現行法令有關性侵害犯罪的處理方式爲依照刑法第二十二章第一七七條強姦罪等各條文處理之。

綜觀上述各規定可得知，日本廢止舊法並制定有關性侵害法令時是依照之著重兩性平等之觀點社會風潮而爲前提。但在涉及關於合法夫妻婚姻以外之性關係行爲（婚外情）方面，日本法令爲顧及當時著重兩性平等之制定法令之原趣旨卻採取「在兩性的合意下所發生之婚姻外之性行爲是屬個人自由、法令不爲干涉」之消極態度[6]。但以夫妻婚生活、家庭生活和諧及社會道德之社會之法上法益維持必要而言，日本社會及法令上對合法婚姻以外之性行爲所採取之消極態度仍待質疑，兩性關係固然是純屬個人自由，但法令對合法婚姻外之性關係上作較積極嚴格約束之態度是爲理想。

二、日本性侵害犯罪現狀之介紹

日本所謂性犯罪之內容是包括強姦、強制猥褻、公然猥褻及猥褻物頒布等罪。

(一)一九五八年、一九七〇年、一九九七年日本性犯罪認知件數、檢舉件數、檢舉人員等統計

1.強姦罪

追溯日本強暴案檢舉及檢舉人數，可謂認知件數，檢舉件數及檢舉人數在一九四五年代左右以及一九五八年時日本法令制定二人以上之共同犯之強姦罪爲非告訴乃論罪時開始急遽增加，此種情形至一九七〇年代都維持著高檢舉率，但之後有減少之傾向。[7]

此外，在最新之研究報告中，近年強姦罪之檢舉率部分由八〇％增加至九〇％。[8]

2.強制猥褻

在【圖表23】中，強制猥褻之認之件數，檢舉件數以及檢舉人員之推移中可得知；在較起一九五八年之情形，一九七〇年至一九九七年有增加之趨勢。

3.公然猥褻

在公然猥褻方面，認知件數，檢舉件數及檢舉人員在一九七〇年代前半期達到最多數，在一九七〇年代後半期有減少之傾向，但近來有增加之趨勢。

4.猥褻物頒布

有關猥褻物頒布方面，在一九五八年代後半期及一九七〇年代後半期都在認知件數，檢舉件數、檢舉人員方面各達到最高點，尤其是在一九七五年後半期成人情色錄影帶之風行而成爲當

時日本大社會問題。[9]

【圖表25】一九五八年、一九七〇年、一九九七年日本性犯罪認知件數、檢舉人員統計(資料來源：日本犯罪白皮書)[10]

強姦罪			強制猥褻罪			公然猥褻罪			猥褻物頒布罪		
一九五八年			一九五八年			一九五八年			一九五八年		
認知件數	檢舉件數	檢舉人員	認知件數	檢舉件數	檢舉人員	認知件數	檢舉件數	檢舉人員	認知件數	檢舉件數	檢舉人員
5988	5795	8539	2234	2145	1962				1121	1121	1392
一九七〇年			一九七〇年			一九七〇年			一九七〇年		
5161	4747	6430	3299	2839	2054	1623	1613	1966	4002	3998	3196
一九九七年			一九九七年			一九九七年			一九九七年		
1483	1317	1117	4025	3438	1675	1203	1193	1114	621	622	766

(二) 少年犯罪之動向

第二次世界大戰後日本所實施之舊少年法[11]規定之少年犯爲未滿一八歲，此舊法所

保護之對象爲觸犯法令或者爲有觸犯法令之虞之少年。

日本現行少年法於一九四八年七月公布，一九四九年一月開始施行[12]此法規定少犯之年齡提高爲未滿二〇歲，除此之外，付予家事法庭審判之少年之最新之概念如下[13]：

1.犯罪少年

從一四歲(刑事責任年齡)至未滿二〇歲之違法少年。

2.觸法少年

有觸犯法令行爲之未滿一四歲少年，但因未達刑事責任年齡，所以不負刑法上之責任。

3.虞犯少年

不服從保護者之管教，無正常之家庭背景，與不良之集團交際等各種理由觀之，將來有觸犯法令之虞之少年。

有關少年刑法犯之性犯罪(強姦、強制猥褻亦包括強制猥褻、公布猥褻及猥褻物頒布)之推移參考下表：

【圖表26】一九四六年、一九六〇年、一九九六年三年中少年刑法犯之性侵害犯罪檢舉人員比較(資料來源：日本警察廳)

年次	強姦	強制猥褻
1946	258	282
1960	4407	1265
1996	227	480

1.強姦罪

強姦罪之少年犯罪人員在一九四六年及一九六〇年時開始急速增加，於一九六〇年時達到四、四〇〇人左右之最高犯罪人數，此後犯罪人數開始減少，在一九九六年時爲最低之二二七人。

2.一九四六至一九六〇年爲止有犯罪人員繼續增加之現象，到一九六〇時，達到最高犯罪人數之一、二六五人，此後有減少之現象，直到最近一九九六年之統計爲止是維持強制猥褻等罪四〇〇左右之犯罪人數。

(三) 日本檢察廳之强姦案件中成人及少年之處分情形

【圖表27】 檢察廳處分情況(資料來源：法務綜合研究所研究部紀要)

無前科及餘罪檢舉歷 / 處理內容		全姦事件	
		實數	%
成人	請求提起公訴	50	42.7
	暫緩起訴	24	20.5
	告訴撤銷	34	29.0
	不當告訴	1	0.9
	無嫌疑	1	0.9
	其他	7	66.0
	計	117	47.2
少年	刑事處分	17	13.0
	送致少年院	45	34.4
	保護觀察	65	49.6
	其他	3	2.3
	中止等	1	0.7
	計	131	52.8
總計		248	100

註(　)爲對總數之百分比

上表是將無餘罪且無檢舉歷之全體嫌疑犯中分爲成人與少年之處理內容所作成之研究報告。

在此表中有關成人之部分，約有四二、七%是爲提起公訴，少年之部分是爲四七、四%，相當於刑事處分或爲相當於送致少年院。此表是檢察廳對於無前科及無餘罪檢舉率之初犯之處罰比較之一九六四年當時之五一、三%強姦罪之起訴率(註一三)[14](此爲包括有前科犯之人數率)，上表中之檢察廳處分情形是爲相當嚴格。

此外，在把上表再分爲強姦既遂、強姦未遂，及強姦致傷三部分，也就如以下表之所示；依照此表；在成人方面，公訴提起率的順序依然爲強姦致傷、強姦既遂、強姦未遂，取消告訴是以強姦未遂爲多；在少年犯方面，以刑事處分之處理最多爲強姦致傷罪，在強姦既遂罪方面是爲送致少年法院情形比率爲最高，保護觀察的情形是以強姦未遂爲最多。

【圖表28】 無前科之強姦嫌疑犯之罪種及處分內容(資料來源：法務綜合研究所研究部紀要)

犯型態樣／處理內容		單獨犯 實數	單獨犯 %	輪姦 實數	輪姦 %
成人	請求提起公訴	18	30.0	27	62.8
	暫緩起訴	10	16.6	10	23.2
	告訴撤銷	29	48.3	--	--
	不當告訴	1	1.7	--	--
	無嫌疑	1	1.7	--	--
	其他	1	1.7	--	--
	計	60	(56.1)	43	(36.1)
少年	刑事處分	5	10.6	9	11.9
	送致少年院	16	34.0	28	36.8
	保護觀察	24	51.1	37	48.7
	不處分	--	--	--	--
	其他	2	4.3	1	1.3
	中止等	--	--	1	1.3
	計	47	(43.9)	76	(63.9)
總計		107	(100.0)	119	(100.0)

之後，將上表所揭示之無前科及餘罪檢舉率之強姦案件嫌疑犯之犯行樣態處理內容作爲比較，如下表所示：在少年犯處罰方面，單獨犯與輪姦並無太大之差；但成人方面，在輪姦方面之處罰有明顯較爲嚴格。

由以上之少年犯罪處理情形可得知：日本對於少年事件之處理方面，較少年犯罪行爲及犯行之樣態等各種少年之犯行問題，實務上還較重視少年犯之人格素質與生活環境背景等所造成少年犯罪之緣由進而從事之後之輔導觀察。

【圖表29】 犯行樣態別處分內容(資料來源：法務綜合研究所研究部紀要)

處理內容＼罪種		強姦既逐		強姦未逐		強姦致傷	
		實數	%	實數	%	實數	%
成人	請求提起公訴	11	33.3	11	29.7	25	58.1
	暫緩起訴	5	15.2	2	5.4	177	39.5
	告訴撤銷	9	27.3	24	64.9	--	--
	不當告訴	1	3.0	—	--	--	--
	無嫌疑	--	--	—	--	1	2.4
	其他	7	21.2	—	--	--	--
	計	33	100.0	377	100.0	43	100.0
少年	刑事處分	3	5.5	2	4.3	11	39.3
	送致少年院	23	41.8	11	23.4	11	39.3
	保護觀察	28	50.9	32	68.0	5	17.9
	其他	1	1.8	2	4.3	--	--
	中止等	--	--	—	--	1	3.5
	計	55	100.0	477	100.0	28	100.0

註：1.（　）是對合計之總數之百分比(%)

2.（成人）起訴：不起訴x2=10.948　df=1 p<0.001

3.關於（少年）刑事處分、送致少年院：以外之意見

x2=0.187　0.5<p<0.6

再參考下表所示之當事者雙方有無表示願意和解的部分。

雖在和解成立之案件亦有被請求提起公訴之情形，或者是亦有相當於刑事處分而送至家事法庭處理的狀況產生，但以和解成立之案件與和解不成立之案件之比較來看，很明顯的是雙方和解成立時提起公訴率低，而暫緩起訴或告訴取消率高。此外，少年案件之處理方面也有和上述同樣情形發生，由此得知：如當事者雙方和解成立之案件，在實務上在處理方面會較爲寬容。

【圖表30】 有無表示願意和解與處理內容(資料來源：法務綜合研究所研究部紀要)

處理內容＼有無表示和解	無		有	
	實數	%	實數	%
請求提起公訴	117	25.3	22	13.5
暫緩起訴	22	4.8	42	25.8
告訴撤銷	34	7.3	55	33.7
不當告訴	4	0.9	1	0.6
無嫌疑	7	1.5	4	2.4
其他不起訴案件	9	1.9	6	3.7
送致事法庭（刑）	50	10.8	7	4.3
同（少年）	120	25.9	5	3.1
同（保護）	88	19.0	21	12.9
同（不搀份）	--	--	--	--
同（其他）	5	1.1	--	--
中止等	77	1.5	--	--
計	463	100.0	163	100.0

註：請求提起公訴，送致家事法庭（刑、少年）：x2=81.624 df=p<0.001

(四) 請求提起公訴之求刑與判決

參考表【圖表31】中有關在強姦案件中報請求提其公訴之例。日本在實際案件之判決之刑期較求刑爲輕，由下列表中可爲明顯看到此種情形；例如：求刑一五年時，實際之判決爲一一年；以此類推，求刑一〇年實爲八年；三年六個月以上七年以下之求刑占總數之三四、四%，到了實際上的判決時卻減爲日本刑法強姦罪之法定刑爲二年以上之有期徒刑(強姦致傷爲無期或爲三年以上之有期徒刑)觀之，日本實務上判刑刑期之趨勢有集中在法定刑下之傾向。

此外，暫緩執行之人員有五五人，占全體一一六有罪人員中四七、四%。

(五) 少年案件之檢察官送檢意見與家事法庭之處分

針對強姦案件之全體少年犯二六八人之簡易送檢意見與家事法庭處分內容之異同如【圖表32】所示。

一般而言，檢察官之送檢意見比較嚴格，如相當於刑事處分爲一九、四%，送少年院之處分爲九、九%，兩者合計約六〇%；此外在家事法庭方面之處分情形：家事法庭之處分是以三五、八%爲不處分不開始，保護觀察處分爲三六、二%，刑事處分方面僅有三、四%，送致少年院爲一一、五%。

由以上之數字中可得知，日本家事法院在處理性犯罪之少年犯方面有過於寬大之虞。性侵害犯罪是屬惡性犯罪之一，對此犯下惡性犯罪之少年犯處分而論之，日本家事法庭之處分未免有過於寬大，如此一來，法令並不能有效遏止少年犯下性犯罪，且青少年亦因之處罰過輕而易再犯下性犯罪。

【圖表31】 強姦案件之求刑及第一審判決之比較表(資料來源：法務綜合研究所研究部紀要)

刑期等	求刑		求刑	
	實數	%	實數	%
一年	2	1.6	1	0.8
暫緩執行			3	2.3
一年六月	1	0.8	3	2.3
暫緩執行			1	0.8
二年	23	18.0	18	14.1
暫緩執行			23	18.0
二年六月	3	2.3	1	0.8
暫緩執行			6	4.6
三年	41	32.0	18	14.1
暫緩執行	6	4.7	22	17.2
三年六月	23	18.0	4	3.1
四年	10	7.8	11	8.6
五年	1	0.8	2	1.6
六年	4	3.1	1	0.8
七年				
八年	1	0.8	1	0.8
一〇年	1	0.8	(11年)1	0.8
一五年				
無罪				
上訴駁回	1	0.8	1	0.8
繫屬中	8	6.2	8	6.2
不明	3	2.3	3	2.3
總計	128	(100.0)	128	(100.0)

【圖表32】 檢察官之意見與家事法庭之處分(資料來源：法務綜合研究所研究部紀要)

	檢祭廳之處分意見		家事法庭之處分	
	實數	%	實數	%
不開始	0		24	8.9
不處分	0		72	26.9
保護觀察	104	38.8	97	36.2
少年院	107	39.9	31	11.5
刑事處分	52	19.4	9	3.4
其他	5	1.9		
移送			4	1.5
未濟			26	9.7
不明			5	1.9
計	268	100.0	268	100.0

參、日本之性侵害犯罪之法律訴訟經緯

目前有關日本性侵害犯罪告發方式分爲刑事部分(提出告訴)與依照民法請求損害賠償兩者說明之：

一、 刑事訴訟程序方面

目前日本之刑法強姦罪之告訴規定爲親告罪(告訴乃論)，亦爲如被害人本人無處罰加害人之意思表示時就不予處罰加害人，但例外的情形是，如果是強姦致傷罪時(包括性感染症在內)，以及加害人是爲二以上的情況，是無法成立告訴乃論。

以下是有關日本強姦罪案件被害人之訴之刑事行動經緯：

第一部分：案件發生至被害人告訴提出

被害人向警方提出被害證明：

此時警方會確認被害人是否有提出訴訟之意。

有關告訴時效規定：告訴時效爲六個月，但如果加害人無法特定時，則不在此限[15]。

提出告訴：

提出告訴只要被害人之口頭意思表示即可。[16]並且提出告訴可由代理人爲之。[17]

告訴之受理：

告訴之受理單位爲警方，警察不可拒否受理被害人告訴。

第二部分：被害人提出告訴後警察對於案件偵查至公判開始之經緯

警察開始偵查：

如加害者已知悉及已確定時，警察會判斷是否立即逮捕或做更精確定偵查。

被害人訊問及筆錄之作成：

被害人訊問時間由警察官決定，並且由警察來訊問。依目前日本擔任強姦事件被害者訊問之警察人員，原則上由負責殺人或強盜案件等刑事案件之警察人員擔任之。因刑事事件部署大多爲男性警察人員，而性犯罪受害人多爲女性之故，日本警察廳在一九九六年提出性侵害犯罪由女警察人員擔任訊問工作之方針，但目前女性警察人員人數仍寡於男性警察人員，故此方針無法順利在日各地之警察單位達成。

供述筆錄調查書作成：

此調查書爲記錄性犯罪之被害人之供述，被害人供述審查是否有記錄失誤之處後簽名或蓋章。此調查書作爲此後公判時之證物書面資料。

↓

模擬現場：

原則上是要求被害人在場陳述意見及說明，但因被害人在受到性侵害犯罪時身心都受到極大之傷害，如不願獨自在場陳述說明時，可由家屬等陪同在場陳述說明。

↓

送至檢察單位：

警察官完成偵辦之後將有關之文書及證物送交檢察 官，此時檢察官又再度召喚被害人再度作成「供述筆錄」。

↓

檢察官起訴及不起訴決定：

*如被害人對於檢察官不起訴決定之不服申訴：可向法院中的「檢察審查會」申訴。

*加害人之和解請求：大多數之加害人會在公判之前，欲爲減輕罪刑之由，會經由律師向被害人要求以金錢賠償達成和解。

第三部分：公判開始

在正式公判開始時，要說明清楚的是：日本之刑事裁判，被害者身分僅是「參考人」之由，故檢察單位不聯絡被害者公判之開庭日期。此時被害人如要知悉開庭日期時，只有向擔任偵查警察官、檢察官查詢。

罪狀認否：

↓ 檢察官朗讀起訴書，此時審判長告知得終始沉默[18]，得對各項訊問拒絕陳述[19]

被害人以證人身分傳喚到庭：

↓ 加害人方面如果對於被害人之供述筆錄（前述在警察單位、檢察廳作成之物）有所質疑時，檢察官會聯絡被害人以證人身分到庭說明。

判決之確定：

被害人如對判決有不服時，可向檢察官表達意見，並且被害人及檢察官皆可因對判決不服提起上訴[20]。

二、民事賠償申請部分

日本民法規定如有因不法行爲受到被害時，可向加害者請求損害賠償[21]。此損害賠償爲指金錢償付方式行之。對加害人請求損害賠償時，可大致分成三個部分：

1.與加害人直接交涉

被害人可委任律師爲代理人利用口頭或文書向對方交涉。

2.申請民事調解

此調解在簡易法院舉行，爲非公開方式舉行。

3.申請民事審判

- 民事裁判之時效爲三年。
- 在加害者居住地之管轄法院提訴之。

● 可請求之賠償如下：

○ 實際支出金額(須有收據爲佳)

例如：醫療費；入院、通院時之交通費、雜費；破損物品（如衣物等）再購入費；因遭被害而搬家之費用；律師費等。

○ 工作上休業之損害賠償。

○ 利益上損失費用(因受害之後遺症所造成)。

○ 被害之精神賠償費。

有關提出民事裁判之經緯：

1. 向法院提出訴狀。

2. 提交答辯狀。

3. 提出原告及被害人自己本人之陳述書狀或對對方之反論之準備書狀。

4. 調查證據。

5. 判決。

此外在審判期間，經審判長之勸告或被告、原告兩者同意下即可作成調解手續，而審判是以公開審判爲之，但調解手續爲不公開方式爲之。

肆、有關性犯罪被害人救濟之立法課題

一、日本現今犯罪被害人之庇護單位及救濟金援助制度

(一)日本現今性犯罪被害人之庇護單位

日本目前有關受到強暴、性騷擾、性暴力等性侵害被害人之主要庇護單位如下：

單位	主要職責
女性少年室	主要接受性騷擾及工作上的煩惱的相談
東京都勞動相談	接受性擾騷及勞動等相談
東京UNION	包括性騷 擾等各種有關勞動的相談
第二東京律師會	每日都有值日的律師，受各種法律詢問
東京都女性相談中心	接受女性各種相談
東京強暴救援中心	家庭內暴力及提供被害人非難的場所
東京Woman's Plaza	接受女性各種相談
法律扶助協會東京都支部	接受各種法律詢問

有關東京、強姦救援 **センター** (*Tokyo Rape Center*；中文：東京、強姦救援中心)介紹。

日本針對女性性侵害犯罪之受害人在案發後除了生理上的治療與療養及心理輔導以外，也同時重視受害婦女性暴力案後必須投之訴訟以保障自信之權益。為了保護受害婦女之生理，心理的問題同時也兼顧到婦女的權益等問題，日本政府在一九八三年九月專門為性暴力及性侵害犯罪案件受害人婦女而設立了一個輔導

機構，此機關的正式名稱爲「東京、強姦救援**センター**（以下譯爲『東京、強姦救援中心』）[22]此中心亦可說是日本最初之公設援救受性暴力之受害婦女之救援中心。

關於東京、強姦救援中心之內部作業及工作人員方面，因顧及受性暴力侵害受害人大多爲婦女，故在聘用工作人員時也因此顧全受害人隱私及心理等問題而一概任用女性；此外，中心之所有工作人員也必須受半年左右之性侵害受害人心理輔導訓練。此中心實際上之協助受害婦女輔導作業是以電話接受被害人之洽詢進而與被害人接觸，之後進行被害人之心理輔導；此中心開設以來一年平均約受理二八〇件的電話婦女性侵害暴力相談[23]。

此中心之婦女性侵害暴力救援活動如下：

(1) 醫療輔助：有專門醫師、特別是有心理醫師及此中心專門訓練之心理輔導員來幫助受害的婦女生受害婦女向加害人提出訴訟的保障自己的權益。

(2) 法律洽詢：有專門的律師來協助受害的婦女對加害人提出告訴，並且提供無利息的救援基金借予受害婦女向加害人提出訴訟的保障自己的權益。

有關東京、強姦救援中心基金名爲「東京強姦**センタ**出版：**希望を捨てない女性へ**」（中譯：給不要放希望的女性們），此基金是於一九九〇年設立，設立的宗旨是爲借予受害人在委託律師訴訟時之一部分費用以及給予無經濟能力之婦女提出訴訟時所需的費用。

此援助基金的利用資格爲：(1)利用東京救援中心法律相談的受害人，(2)必須委任此中心的專屬律師訴訟。此外，此援助金金額爲每一件案子最高日幣二〇萬元無利息借予受害人，有關援助金之返還期限是爲案情解決後一年內必須返還[24]。

(二) 犯罪被害者之救濟給付金制度

有關日本之犯罪被害者救濟對策是始於一九八○年之犯罪被害者等給付金支給法[25]之定立。此法是與一九五五年訂立之自動車損害賠償保障法[26]制定緣起同爲「謂對犯罪被害人及被害人家屬之損害賠償原是應由加害人爲之之民事上問題，但加害人無充足訴訟資力之情形爲多，爲此，國家有積極參與干涉之必要」。

犯罪被害者給付金有分成給予已死亡被害人家屬之「遺族給付金」及支付因犯罪受到重大傷害之「障礙給付金」等二種。其給付方式是爲：「遺族給付金」是依照政令所定之給付基礎金額爲標準再勘照遺族之生計維持情況而定所給付之金額；「障礙給付金」是政令所定之給付基礎金額再加上所受到犯罪被害之程度之金額。

附帶說明是，日本政令所定之被害人(以一人單位)之給付限度額爲：遺族給付爲一、○七九萬日元，障礙給付金爲一、二七三萬日元[27]。

在一九九六年警察廳長官官房資料中指出，從一九八一年一月一日被害人給付金制度施行以來申請者約有三、九一七人，決定給付金額者有三、五○三，給付金額合計約八○億七三○○萬日元。

二、日本告訴乃論罪之現狀

日本刑事訴訟法第二三○條規定：「由於犯罪之被害之人，得爲告訴」。謂告訴爲對於偵查機關犯罪事實申告之行爲及處罰加害人之被害人意思表示，故告訴亦謂爲偵查之始端。但在告訴乃論罪之情形，因告訴爲訴訟重要條件之故，如無被害人之告訴而提起之公訴則爲無效(日本刑事訴訟法第三三八條第四號規定)。

日本現行法之各告訴乃論罪爲以下：信書開披、秘密漏洩(日本刑法第一三三條至第一三五條)、非營利略取誘拐、非營利拐幫助、被拐取收受(同二二九條)、私文書毀棄、器物毀棄、信書隱匿(同法第二六三條)、名譽毀損、侮辱(同法第二三二條)等，其中，特別尊重被害人之利益爲強姦、強制猥褻罪(同法第一八〇條)等性犯罪之部分。

告訴乃論罪定立之前提是爲因檢察單位進行偵查時，案情之內容及被害人之隱私會爲公布於衆，爲顧全被害人之名譽及尊重被害人之意志而犧牲對犯罪人員處罰之國家之利益。有關檢察單位搜查之手段影響到被害人隱私之情形，在性侵害犯罪之被害人偵查階段狀況最爲嚴重。雖日本法令有規定在一般之偵查不得侵害關係之隱私(日本刑事訴訟法第一九六條)，且又規定被害人一度提起之告訴在提起一般訴前可取消(同法第二三七條第一項)，但一旦被害人提起告訴偵查機關進行調查後，被害人之隱私不免公露其外，且一旦提起公訴之後，被害人不得取消其告訴(同法第二三七條第二項)。

在此須說明的是，許多性侵害犯罪之受害人家屬在案發後會因「心理之外傷後精神傷害」(*PTSD*：*Post-traumatis Stress Disorder*)所苦[28]，最早於*PTSD*心理症狀之發表是於一九八〇年美國精神醫學會(*APA*)公布之診斷便覽第三版(*DMS III*)[29]。

*PTSD*之精神傷害之一般之定義爲：「遭遇到超乎一般人精神上所能承受體驗範圍之外之精神上之痛苦」。此種心理外傷(*PTSD*)之精神傷害除了在一般犯罪被害後被害人及被害人之家族會產生以外，也會同樣發生在一般人因天災等之突發災害後所遺留下之心裡上傷害[30]。

性侵害犯罪之被害人在受害後有一段長久期間會因*PTSD*問題而精神狀態往往處於極度不穩定情形中，且根據研究報告中顯示，被害人在遭遇性侵害受害後半年期間依然處於*PTSD*之心理傷害期爲多[31]。對於被害人而言，除自己本身之生理心理治療之外又必須按照法令所規定時效之內考慮是否提出告訴等問題，此時，被害人必須對案情發生當時情景不斷重覆回想易使其再度受到精神上傷害，因而被害人所受之心理輔導亦爲無效。此外，雖日本現行法令將性犯罪定爲告訴乃論罪之前提視爲保護被害人之隱私，但性犯罪之被害人應皆有將加害者繩之於法之心，但礙於提起告訴而造使隱私之暴露之耽憂及在被受害後之*PTSD*精神外傷之問題等各種緣由易使其超過告訴之六個月之提訴期間，因而導使加害者不受到法令上之處分。

故將性犯罪定爲一般告訴乃論罪且與一般刑事案件同樣時效規定，此行對性犯罪之被害人而言實爲不平，性侵犯罪對於受害婦女所造成之傷害非一般人所能想像及體會，謂與一般之刑事事件所定之六個月之提訴時時效規定，似有欠失之處，且有時間過短之虞。

三、不與被告對面之訊問

性侵害犯罪之被害人，特別是受到性虐待之兒童以證人身分召喚時，其因性侵害犯罪所受之恐懼比一般人更爲嚴重，除保護被害人之權益外，在加害人之權益方面，日本憲法保障被告人有受公開裁判(日本憲法第三七條第一項、八二條)與證人審問、喚問權(日本憲法第三七條第二項)等權利之故，所以爲保護被害人不受到法庭內之訊問而受到再度傷害，謂處理性侵害犯罪之訴訟案件時，實務上被告與被害人之權益相牴觸之事件有調整之必要。

以歐美之情形而論：歐美各國之強姦，兒童性虐待等性侵害犯罪亦爲嚴重之社會問題。歐陸各國中以英國爲例，近來在英國之性犯罪之實務上強姦之追訴及有罪判決件數減少之問題[32]。在美國方面，美國聯邦最高法院在一九八八年之*Coy*強制猥褻案件(*Coy v. Lowa487 U.S. 1012(1998)*)[33]之判示，受到強制猥褻被害人少女(當時一三歲)以證人傳喚到庭時，在述其證言時因與被告之間隔著屏風，故最高法案判處此證人之述證方式爲違反美國聯邦憲法第六修正法案之「與被告面對面之法庭內訊問(*face-to-face confrontration*)」；但在一九九〇年之*Craig*兒童性虐待案件(*Maryland v. Craig,497 U.S. 836(1990)*)當中，受到性虐待之當時六歲被害人，審判在接受證人訊問時是以雙向電視系統與被告、法官隔離、被告與被告律師，法官及陪審員可經由電視螢幕觀看被害人之訊問情形，如被告與被告律師有對訊問方式及被害人之證言有質疑時可利用電話聯絡。此利用雙向電視系統審判方式美國聯邦最高法院認爲不違反上述之聯邦憲法第六修正案，因而爲之可行[34]。

同樣受性侵害之兒童利用雙向電視系統、聲音、映像傳達裝置進行法庭外之處所訊問者有我國[35]，英國、德國、奧地利等國[36]。

有關日本之實務上現行法令保護性犯罪之被害人對策是爲：如被害人以證人之身分在庭接受訊問，而被害人受到精神上之嚴重創傷而無法有效之陳述意見時，法官會要求被告退庭(刑事訴訟法第三〇四條之二)；或是特定旁聽人退庭(刑事訴訟規則二〇二條)；如證人之證言內容有「違反善良風俗之虞」時，可停止審判之公開(憲法第八二條二像前段)；在學說方面亦有極力主張在審判日以外之法庭以外處所之證人訊問[37](刑事訴訟法第一五八條一項)或在審判日期中法庭內之證人訊問(刑事訴訟法第二八一條)[38]：此外，證人在偵查時所作之偵訊筆錄亦可在法庭審判中作爲證據(刑事訴訟法第三二一條一項)。

現階段日本之立法與實務並無採用上述之電視雙向傳達系統來保護性侵害受害者，然現今日本之以未成年人爲受害對象之性侵害犯罪有增加之趨勢[39]，尤其受到性虐待之兒童在審訊時面對加害者(其父母、親戚或有面識之人)時並陳述證言時，其本身所受精神上之打擊並非一般人所能想象，謂在實務上，如日本採用與我國所採用之電視雙向傳達系統來保護性侵害被害人，使其述之被害之證言，才能有效檢舉性侵害犯罪，也使受害人在述之證言時較爲和緩其心理之傷害。

伍、結語

如果我們試著研究並且論述犯罪中被害人受害後之心態，特別是針對因一般刑案如殺人罪或是因交通事故所亡故被害人遺族之立場來體驗其苦悶心情的話，此時會比針對體驗強暴案件被害者之心態來得容易獲得較多之共感及共鳴。特別是對大部分的男性來說，要其研究並體會性侵害犯罪之受害人女性種種身心方面的打擊及痛苦時，一般男性的感覺較女性來得困惑，甚至我們可以直接說男性根本無法深切的女性爲何會因受到性的侵害後之心理外傷之後遺症(*PTSD*)等問題。針對此男性對於性暴力的受害感之困惑的問題，我們也只能就因男女生理構造對「性」的觀念及行爲思想模式不同，一般男性比較無法理解女性受到性侵害所受的傷痛，來作爲男性無法理解女性性侵害後之*PTSD*之合理解釋；亦因如此，有些男性警察人員在實際處理性侵害案件時，因對受害女性的心理無法充分掌握及理解，偵訊調查案件時一些無意行爲言詞易造成受害人女性再度之傷害。

我國爲防治性侵害犯罪及保護被害人之權益而在民國八十五年十二月三十一日三讀通過了「性侵害防治法」，並於八十六年一月二十二日公布實行，除性侵害防治法之訂立外，在性侵害犯罪之追訴審判方面，實務上告訴人得委任代理人到場，被害人可在法庭外接受訊問，刑事訴訟法第三五條亦設有輔佐人之規定，此輔佐人可陪同被害人在場陳述意見，審判中被害人可委託律師爲代理人檢閱卷宗及證物、抄錄或攝影，並且爲避免被害人受到二度傷害，法院審判不公開[40]等。近來我國更制定了「家庭暴力法」，使許多婦女在受到家庭內暴力(包括性暴力時)能有效之保護自己權益。由以上各種性侵害犯罪法令之制定及執行等觀之，我國在性侵害犯罪之防治方面在日本水準之上。

然而我國之性侵害防治法令如此之完善卻不能有效遏阻現今台灣社會性侵害犯罪之氾濫。近年台灣社會之性犯罪加害者年齡層降低及犯案時殘虐之手法一反先前，一如前所發生之軍史館姦殺案，加害者犯案之動機背景實令人困惑，加害人後雖以軍事審判判處極刑，然被害人之家屬在案發之後所承受之心理傷害打擊，卻是永不能磨滅。性侵害防治法令之完備固爲重要，對於當今青少年行爲息息相關之家庭背景之重視，及如何重建遭性侵害之被害人與被害人之家族之心理輔導亦是一不可忽略之課題。

註釋

1.本論文原名爲：《現行日本性侵害犯罪案件處理方法之研究與分析》，發表於刑事法雜誌第33卷第6期（1999年）。

2.此說參照於東京強姦 **センター** 手帳、p.4。

3.此說參照於東京強姦 **センター** 手帳，p.10。

4.日本刑法第一七七條規定：「十三歲以上の女子を暴行、脅迫を用いて姦淫したもの」

5.宮澤浩一、《犯罪と被害者》、第一卷日本犯罪者學(一)、成文堂p135。

6.秋將孝吉、《少年性犯罪の被害者特性》、調查官研修所紀要第九號。

7.重森幸雄、《日本法務總合研究所研究部紀要》、一九六六。

8.參照平成九年版，《犯罪白書-日本國憲法執行五〇年の刑事政策》，法務所法務總合研究所編。

9.參照平成九年版，「犯罪白書-日本國憲法執行五〇年の刑事政策」，法務所法務總合研究所編。。

10.秋將孝吉、《少年性犯罪の被害者特性》、調查官研修所紀要第九號。

11.大正一一年法律第四二號。

12.昭和二三年法律第一六八號。

13.秋將孝吉、《少年性犯罪の被害者特性》、調查官研修所紀要第九號。

14.第九〇檢察統一年報、p.1。

15.日本刑事訴訟法二百三十五條第一項規定：「告訴乃論之犯罪，從知悉犯罪之日起經過六個月者，不得告訴...」。

16.日本刑事訴訟法二百四十一條第一項規定：「告訴或告發，應以書面或言詞向檢察官或司法警察員提出。」

17.日本刑事訴訟法二百四十條前段規定：「告訴得由代理人爲之」，但我國刑事訴訟法並無此規定，但在實務上，性侵害犯罪之被害人得委任代理人告訴，且被委任之人，亦不以律師爲限(淤法院院字第八九號(三)、第一二二號、第一四九號解釋)林俊益「性侵害犯罪之追入審判」月旦法學雜誌第二五期。

18.日本刑事訴訟法三百一十一條第一項規定：「被告得始終沉默或對於每個質問拒絕供述。」

19.日本刑事訴訟法二百九十一條規定。

20.日本刑事訴訟法三百五十一條規定。

21.日本民法第七百零九條規定：「因故意及過失造成他人權利之侵害者，須負擔損害賠償責任。」

22.東京強姦救援 **センター** 、連絡處：東京都江東區郵便局私書箱七號

23.教授中心所受理的電話相談中也包括了各公共相談所、教育、醫療機關、律師、警察的少年課的介紹的受害人。

24.一九九四年四月現在所規定。

25.昭和五五年法律第三六號。

26.昭和三〇年法律第九七號。

27.一九九四年政令第一七四號。

28.小西聖子、瀧水良子等著，「 **トラウマ** 」被害者研究，第四號，p. 11(1994)

29.Washinton D. C. Rape Crisis Center,” Training Manual”。

30.如日本地下鐵沙林事件及一九九五年所發生之日本阪神淡路地震後就有許多震災災民訴之在震災後感受到*PTSD*之傷害,......宮澤浩一等編，「被害者**の**研究」，成文堂，P. 13。

31.如日本被害者學會第一〇次大會(一九九九年六月二六日召開)中岡田幸之等著，「被害者 **の** 研究」，東京醫科齒科大學難治疾患研究項犯罪精神醫學教室之發表。

32.Louise Ellison, Cross-Examinatin in RapeTrials, (1998) Crim. L. R.605.

33.津村政孝，被害者とトラウマ，九六五號，p.86。

34.有關證人審問、喚問權，參考崛江愼司著，法律論叢一四一卷一-五號，一四二卷二號(一九九七)等。

35.性侵害犯罪防治法第十五條第一項規定：「偵查；審判中對智障被害人或一六歲以下性侵害犯罪之訊問或詰問，得依聲請或依職權驗『法庭外』爲之，或採書向電視系統將被害人與被告，被告律師或法律隔離。」

36.宮澤浩一，搜查研究五六一號p.78、五六八號p.86，五六九號，p.64。

37.日語名爲「臨床訊問」，參照椎橋隆幸，刑事訴訟法と手続き。

38.野間禮二，松山大學論集四卷六號，p.23以下。

39.野間禮二，松山大學論集四卷六號，p.18。

40.林俊益《性侵害犯罪之追訴審判》月旦法學雜誌第二五期。

第四章

性被害法理程序之比較研究：日本學理與實務之廣義性分析

- 法律之時之效力與程序從新原則之意義及功能
- 日本社會中所存在的「職場習慣型」的騷擾
- 有關性騷擾的訴訟
- 結語

摘要

本文旨在說明性被害法理程序之比較研究，並對於日本學理與實務之做廣義性分析。此外，並有日本社會當中所存在之「職場習慣型」騷擾作爲介紹，尚有性騷擾訴訟方面之問題。

本文因偏重廣義性探討，此目的在於以廣義面向介紹日本實務與學理之動向，期在於幫助讀者更加認識日本學理實務之狀況。

壹、法律之時之效力與程序從新原則之意義及功能

所謂「性騷擾」的定義指對他人（特別是針對女性）行使他人所不希冀的性的言行舉動，其內容包括強暴的「積極性」性侵害行爲；及對他人發出性暗示的言行等「消極性」侵害他人人格之行爲，構成對他人的性騷擾是否需要達到被害人感到不快程度的言行，完全是任由被害人個人的主觀決定，亦可以說，個人之行爲及言語只要構成他人的「精神上不快感」就可以定義爲構成他人的性騷擾的侵犯行爲。

要論及日本社會上目前所發生性騷擾的事件的話，首先是要談起一般人對日本社會及文化之看法。在台灣人的觀念中，日本的文化是充斥著「大男人主義」，或是嚴重的「男尊女卑」的色彩。此種台灣人的觀念中的男性本位主義化的日本文化印象，不能說是台灣人對日本社會文化有所誤解，而事實上，日本的社會亦是處處顯示出是一以男性爲主之男性主導之社會型態。

日本社會文化構成主要是來自中國固有文化的傳承。日本社

會及文化的形成自古以來主要是以中國思想的精髓－儒家思想爲主。日本在學習中國文化並且吸收儒家思想之後，隨著日本文化之發展及變遷，儒家思想－特別是儒家特有的父權主義思想，深深根植在日本傳統社會之中，成爲規築日本家庭文化傳統的核心。之後，雖日本在大化革新時代時，日本政府亟欲成爲現代化國家，於此一時期捨棄東洋文化轉吸收西洋文化，但儒家之父權思想，並沒有因此從日本民間傳統社會及日本人之思想中被排除及抹殺，亦就是，日本雖就國家外在型態是學習歐美化的現代理念，但是其社會構成、文化背景及人民思想，仍舊嚴守著儒家的道德理念及父權文化思想。之後，隨著日本社會不斷變革，男女平等意識思想的甦生，父權文化之男性本位思想因不符現代化國家潮流，於是在日本的父權主義開始遁其外形，亦就是從舊有社會中的父權「表面化」情形移轉成「潛在化」的情形依存在日本社會中，次在男女雇用均等法改正之前，男女雇用機會之不平等及女性工作賃金是男性之一半的情形可以窺之。或許，許多人會認爲，日本社會雖早已現代化，但其社會中所存在女性差別意識型態是否和其現代化國家外形有著不均衡之狀況產生？但是此質問之答案剛好是否定的，雖然日本社會存在「男尊女卑」之思想，但對於日本人，特別是日本女性本身而言，以男人爲一家之主，也就是日本女性默許著男尊女卑之存在，而任由男性繼續掌握家庭主導權。同時，以日本人的重視團隊秩序，不重視個人主義及服從團體中唯一領導者的民族意識來看，日本社會「男尊女卑」，在日本人而言，此只不過是舊有的父權文化延伸的現象，而此觀念並沒有使日本人感覺有任何生活的窒礙，卻反而使得日本社會能維持國家現代化及舊有家庭文化兩者之均衡狀態。

雖然日本同時能保持著國家現代化及保持舊有的文化，但是根生在日本社會及日本思想中男女差別待遇的思想理念，亦是現代日本社會中頻發的「性騷擾」之導火線。隨著日本女性就業人口之增加，以往以男性爲主的日本就業社會出現了變化，而在就業環境中加入了女性就業人口的競爭時，男性必須亦要順應變革，在此種就業人口的變化及兩性同時必須適應就業社會情形下，「性騷擾」問題也容易在此時產生。

但是對於日本人，特別是日本女性而言，一九九九年無異是保護日本女性法律上權益重要之一年。一九九九年四月日本改正男女雇用機會均等法訂定。此法中除了一般男女雇用規定之外，亦制訂了有關在工作單位上發生性騷擾時處罰規定。除改正男女雇用均等法規定外，在一九九九年六月，日本政府也決定廢除「避孕藥禁令」的規定。[1]在一九九九年六月之前，日本世界中少數禁止避孕藥販賣的國家之一。在一九九九六月正式廢止避孕藥禁令之前，日本的政府針對避孕藥禁令是否要解除之事，朝野機關討論了前前後後九年的光陰。但爲何在一九九九年六月廢除此禁令，其原因是非常諷刺的：因日本政府在一九九九年通過准許販賣男性性無能治療藥「威而剛」，而此規定前後只花半年左右的時間；而對女性避妊的避孕藥禁令的排除卻一再受到遲延，此一事件受到國際上及日本社會各界的男女不平等待遇的揶揄，並且在聯合國加盟國中，日本因當時因爲禁止販賣避孕藥的國家之事遭到世界各國新聞媒體批判是「因禁止販賣避孕藥，所以才造成多數女性只有進行人工流產不幸事件」。由於受到來自國內、外雙重壓力，日本政府終於在爭論九年之久的避孕藥廢止令是否廢除一事正式以「認可」的結果而劃下終止符。

此外，日本社會開始注意並且重視「性騷擾」的嚴重性問題可追溯自到一九八九年。在當時，因「性騷擾」事件之頻繁導致成爲社會上一大問題，而「性騷擾」一字亦成爲當年日本流行語大賞[2]的寶座。在一九八九年之前，日本社會對於「性騷擾」的事件之看法往往是「自我意識主張過剩的女性反社會秩序的作法」[3]，而對於提出性騷擾受害之女性，社會及職場單位上並不對其施以關懷及理解，反而以諷刺之態度應對之。因日本社會大眾普遍有存在著潛在的女性差別的意識，使得受到性騷擾，甚至發展至性侵害的受害女性不敢隨便對自己之受害情形訴之公權力，而加害者之男性亦趁此機會恣意濫用自己權勢而侵害女性。但從一九八九年因「性騷擾」事件而受重視而當選當年最流行話題之後，經過十年的今天，日本社會謹慎對處性騷擾事件，因此在此十年之中，日本各公司、學校等性騷擾關聯訴訟事件共有一百件以上發生及獲得有效處理，人們對性騷擾意識亦不再是任以草率處理的心態。並且在一九九九年四月，伴隨「改正男女雇用機會均等法」的施行，在工作單位發生的性騷擾事件更可法律途徑解決，法律的保護傘亦延伸至職場單位。

在「改正男女雇用機會平等法」中規定，公司方面必須有下列義務：1.將所構成性騷擾的定義及嚴重性等告知職員；2.防止工作單位性騷擾事件發生；3.設置性騷擾的相談輔導窗口；4.對性騷擾問題之對應處理等等。但是，性騷擾事件最表面化的問題點是在於被害人之立場，也就是被害人經常會擔憂，如果將自己工作單位中受到性騷擾之事訴之於眾時，是否會在工作單位中的人際關係產生被孤立的情形等問題。針對此問題，在被害人的保護方面，原則上，「改正男女雇用機會均等法」中的規定是不能對被害人施以不利益之處置，所以被害人不會因將自身的性騷擾之受害經驗訴之於眾而遭到工作單位中的孤立或退職等命運，且不將被害人的情報外漏亦是本法中所規定的公司義務，所以不會產生上述之被害人被孤立或遭退職等問題。只是被害人之心理問題常是性騷擾問題解決之關鍵；有多數的被害人將自己的受害經驗隱匿而突然自動離職，亦有受害人雖已向有關單位投訴被害情形，甚至其加害人已受到法律之制裁，但受到人自己卻無法對受害的經驗而釋懷，最後也只有以轉職的情況來對處性騷擾受害情況。

【圖表33】 近年日本社會中所發生的性騷擾事件關聯年表

年	有關事件
一九八九	地點：福岡。日本最初的性騷擾事件的裁判起訴。（一九九九年，原告的女性獲得勝訴，被告的公司及上司認罪。賠償金額一六五萬日圓）
	「性騷擾」一字獲得當年全日本流行大賞
一九九二	地點：宇都宮。最初原告以自己的眞實姓名提訴。以和解方式解決，賠償金額三〇〇萬元。
一九九四	大學女生在求職時遭到性騷擾一事成爲當時社會一大問題。
	東京都公佈「性騷擾防制手冊」
一九九六	日本警察廳設置「性犯罪搜查指導宮」
	日本勞動省設置「性騷擾防止指針做成研究會」
一九九七	日本全國大學關係者發起「全國校園性騷擾防止聯盟」組織
一九九九	日本人事院施行性騷擾防止等的人事規則 包括有關性騷擾防止規定的男女雇用機會均等法施行
一九九九、十二	地點：仙台。性騷擾賠償訴訟，此訴訟之原告東北大學的副教授，被判處目前性騷擾賠償訴訟賠償金額七五〇萬日圓。
	地點：大阪。性騷擾賠償訴訟，被告人爲現任大阪知事。賠償金額爲目前最高一一〇〇萬日圓。

貳、日本社會中所存在的「職場習慣型」的騷擾

在日本勞動省所出版的「さよなら ！職場のセクシュアルハラスメント」（中文名：揮別職場中的性騷擾）一書中，性騷擾的形態依照下列之「環境型」及「代償性」（亦可說對價型、地位利用型）分類方式。「代償型」的性騷擾是一般在公司常見的：

公司的上層主管人員利用其權勢向下屬人員脅迫並且行使性的騷擾行爲，如下屬人員爲之反抗的話，主管人員會爲「降低職等」或以「脅迫退職」來作爲報復。此外，「環境型」是指一般男性觸摸女性的肩或胸部，或向女性提及性暗示的話題或詢問女性個人隱私等。

日本的性騷擾的基本典型髓然亦是有分爲「環境型」及「代償型」的二種典型，但是日本企業的特殊的飲酒交際文化及公司的自強活動時的飲酒宴會中，男性主管趁在宴會時對女性的進行性騷擾行爲非常多。日本文化特有的對於飲酒及飲酒後的言行寬容的態度，造成男性一方容易在酒宴中向女性的行使性的非禮行爲。此種情形以逸脫上述之「環境型」及「代償型」的性騷擾的基本定義範圍，以此日本特殊職場工作文化而造成的性騷擾來看，此可重新定義成一種存在日本文化特殊的性騷擾典型，亦就是：「職場習慣性」的性騷擾。

在工作等工作單位上所發生的性騷擾背後，有隱匿著不將女性當成對等的工作伙伴等對女性的性差別意識，所以，在職場等工作單位及在社會上推行男女平等之運動是刻不容緩的事。如男女平等此種最基本的人權不受保障時，性騷擾的問題是無法根本解根本解決的。此外，要求公司所須付出的義務，亦不是單只是男女雇用機會均等法中所制訂對於性騷擾表面上預防義務或是對應處理義務而已，對於女性就業人口充分地活用及男女平等的工作環境的作成等等的事，和防止性騷擾事件的發生有著息息相關的重要性；亦是就，要充分活用女性就業人口時，必須防止職場中的性騷擾事件的發生，反之，要防止性騷擾之發生，就業人口充分利用及男女平等風氣的職場環境做成並且維持是相當有必要的，而這些亦是屬於公司所必須盡到之義務。爲了促成風氣良好之工作環境，女性、男性及上司等高層管理人員的意識之改變，及協力等都是相當重要的。性騷擾事件頻發的工作環境對於女性就業人員而言當然不是一適當的工作環境，並且對於男性工作人員而言也不應該是一個良好的職場環境。這些都是相互之間有連鎖性的重要的關係。

爲了避免及有效防止職場上的性騷擾事件的產生，日本政府透過日本經濟聯合出版部作成一部有關工作上所必須避免的言行舉動的指針，此指針被稱爲：「性騷擾防止指針」。此指針將職場上容易造成性騷擾的情形及舉動分爲「黃色警戒」及「紅色警戒」二種；「黃色警戒」是指「在職場工作單位上所儘量避免的言行舉動」，而「紅色警戒」是「在職場工作單位上絕對避免的言行舉動」，有關「黃色警戒」及「紅色警戒」等的規定，參照下表：

【圖表34】 工作單位上所必須避免的性騷擾舉動[4]

黃色警戒：儘量能避免的話就避免以下的言行	1.男女差別的發言，及對女性輕蔑的發言。如：「女人就是女人…」等言論 2.妨害他人工作時的情緒的性騷擾的言行。如：工作休息時間故意在女性面前閱讀色情書刊 3.做出令他人感到性方面的不愉快的言行。如：在工作單位上針對特定的女性的容姿故作描述 4.詢索他人的隱私。如：詢問女性三圍等
紅色警戒：絕對避免以下的言行	1.利用雇用或升遷的理由強要或威脅對方發生性行爲 2.依照自己的異性的喜好來取捨工作單位的人事問題 3.強迫對方與自己發生性行爲或任何交際行爲 4.因不適當的隱喻性的言動，造成不愉快的工作環境 5.無故接觸對方身體各部位 6.無故傳播對他人人格傷害的謠言

參、有關性騷擾的訴訟

要讓性騷擾加害人承認其犯行，最有效的方法也就是被害人訴諸公權力。但如被害人提起性騷擾被害的訴訟時，常令受害人擔憂的事項有：第一是訴訟時費用方面的問題；第二是訴訟時間的問題。

第一、有關訴訟時費用的問題：

有關訴訟時所須的費用參考如下列之「律師向加害人對方進行交涉，或提起訴訟時，被害人需付律師的費用一覽表」。如被害人的訴訟資金不足時，亦可向民間性犯罪的救援機構，例如下述的的法律扶助協會等機關申請援助，但是原則上訴訟資金都是以借貸方式申請，只是利息方面較之普通的貸款方式低。

關於提起性騷擾的裁判，不光只是金錢方面之問題，被害人提起訴訟後，被害人是否可繼續原來的生活及工作模式，周遭的反應…等等都是需要被害人有相當程度的自我調適心態才能應付提訴後的這種突發的狀況，所以被害人要提起訴訟時，訴訟期間中所發生的對於被害人的隱私權受損之事，也必須要作事前完善的心理準備，以免受第二次傷害。

第二、有關訴訟時間的問題

在實務上，日本大部分的性騷擾事件的解決事件的時間通常是在六至十月之間，最長約是二年左右才會達成判決或是和解。性騷擾事件的訴訟時間越長的話，雖然容易使被害人容易遭到上述第二次被害的缺點存在，但是相反的能使被害人仔細回想被害的過程，充分提出證據，如此勝訴的可能性亦相對提高。此外，有關性騷擾事件的賠償金額最高是今年（一九九九年）十二月大阪知事（大阪府最高行政長官）的性騷擾事件5賠償金額的一一〇〇萬日圓，一般的情形大多是賠償一〇〇萬至三〇〇萬日圓。

【圖表35】目前日本解決性騷擾問題過程的經驗（第二東京律師會情形）6

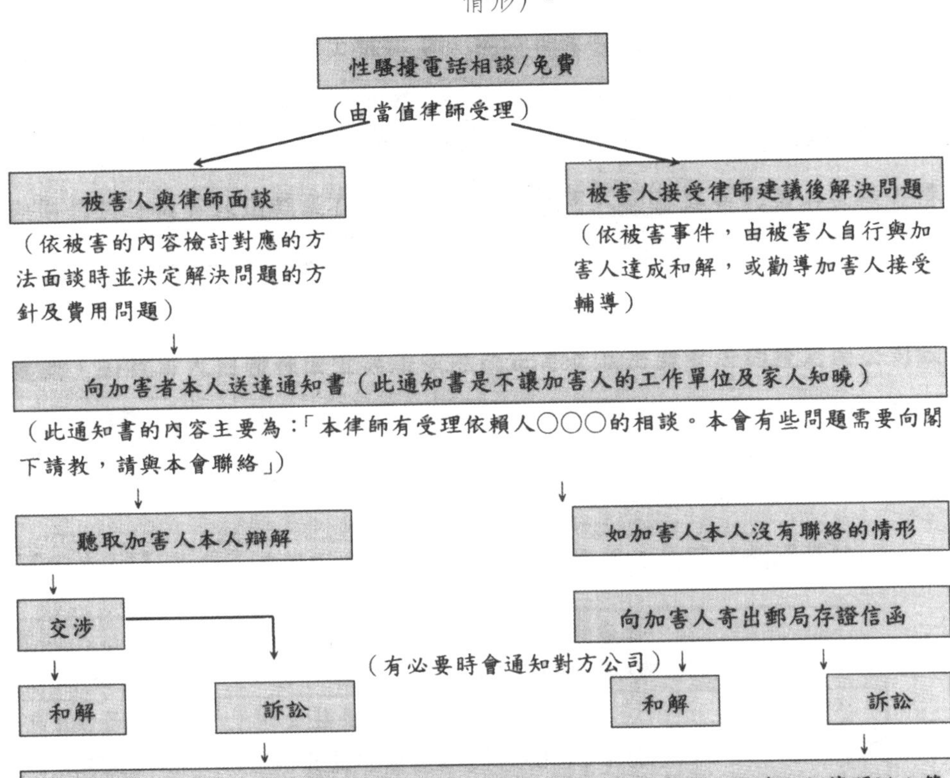

【圖表36】 律師向加害人對方進行交涉，或提起訴訟時，被害人需付律師的費用一覽表[7]

基本費	最低十萬日圓起（根據事件內容增減費用）
提起訴訟時被害人得到遮羞費等的賠償金額時	三百萬日圓以下情形：經手費八%、報酬金一六%
	三百萬日元－三千萬日元的情形：經手費五%十九萬日圓、報酬金一〇%十十八萬日圓
和解交涉的情形	上記訴訟情形的三分之二的金額計算

肆、結語

要有效地解決及防止性騷擾等性侵害犯罪的發生，除了有效的法令制度的訂立、施行之外，被害人對於自己受害的舉證及提起訴訟行為亦是有效對應性騷擾等性侵害犯罪非常重要的一步。

不管是日本或其他國家中，許多受到性騷擾等性犯罪受害人因畏懼提起訴訟後會產生對自己不利的影響，例如在工作單位上被孤立，或提訴之後會被公司退職等情形而無法正確將自己的受害情形提出。根據日本在一九九九年「改正男女雇用機會均等法」的規定中，對於被害人所提出的在職場上遭遇性騷擾等被害時，公司方面必須嚴守其秘密之義務，並且不可以此原因而強迫被害人退職或在職場單位中使被害人有孤立等的第二次被害情形產生。[8]所以被害人自身是不用擔憂因性侵害之訴而導致在工作場所受到孤立或失職問題；唯一的問題所在只是被害人自己是否勇於提訴，才是有效解決性騷擾被害的關鍵所在，在前述中有提起到，如被害人因種種因素無法依照改正男女雇用機會法的規定向公司設立的性騷擾被害援助單位提出救濟援助，亦可以透過民間性騷擾及性暴力等性侵害救濟設施申求援助，以下是東京各民間性騷擾及性暴力等性侵害的救濟設施一覽：

【圖表37】 東京最近針對有關性騷擾及性暴力等性侵害的救濟措施

單位	主要職責
女性少年室	主要接受性騷擾及工作上的煩惱的相談
東京都勞動相談	接受性擾騷及勞動等相談
東京UNION	包括性騷 擾等各種有關勞動的相談
第二東京律師會	每日都有值日的律師，受各種法律詢問
東京都女性相談中心	接受女性各種相談
東京強暴救援中心	家庭內暴力及提供被害人非難的場所
東京Woman's Plaza	接受女性各種相談
法律扶助協會東京都支部	接受各種法律詢問

除了上述男性主導主義日本社會型態及職場上的環境問題所導致性騷擾事件產生的原因外，日本社會的風氣及日本人的思想模式－日本人對於性的價值觀極端開放一點，亦是導使性騷擾產生的理由之一。到過日本遊覽的人士應不難發現，日本的各種娛樂方面的書籍、報章雜誌及電視節目中隨時可見男女裸身的映象及探討性問題之記事，雖然這或許可稱爲是現代化國家社會中所普遍存在的所謂「性的解放」的現象，但此種現象亦不能否認是易誤導人的思想進而又其發生性犯罪的緣由之一，特別是日本男性經常在交通工具或是在工作場所中閱讀此類有關性暗示的文章時，雖此男性並無對女性進行性騷擾等行爲，但是在有女性在場的公共環境下閱讀此種書報，依然使得同一場所的女性感到精神的不快感。

在職場工作單位方面，隨著社會的變遷，女性在公司中擔任高層管理人員的機會亦比從前為多，而女性就業人口及女性管理人員的增加，使得性騷擾的受害人並不再只限於女性；在最近一部有關女性的上司利用自身的地位權勢而向男性下屬行使性的騷擾行為的美國電影「*Disclosure*」[9]中就可窺見男性在職場中亦有受到來自女性上司的性騷擾的受害可能性。此種在美國男性受到女性的性騷擾的情形，例如在一九九〇及一九九四年，從二四四件增加至七七三件，[10]同樣在日本社會中，目前就有名歌手松田聖子向某男性進行性騷擾後而受到其男性提訴的例子。不過，因日本的社會仍屬於男性主導的文化風氣，在職場上擔任高層管理人員的女性還是相當少，所以在工作單位中女性主管人員向男性下屬進行性騷擾的例子並不多；而且就算男性遭到女性騷擾被害後，因男性方面感覺到困惑及恥辱感的關係，男性向公司或民間機關申訴被害的情形更為少數，所以男性受到性騷擾的情形無法如女生一樣有著許多前例作參考。但是，雖然女性上司利用其工作上的權勢對於男性下屬的性騷擾的例子在日本中較少發生，但男性受到男性性騷擾的情形卻是常見，此種情形必須再度提及日本企業的飲酒接待文化為例；在此種特殊的飲酒接待文化的日本企業經營方式之下，日本男性通常在酒過三巡之後，除了事業經營理念，他們更喜好談論一些關於性方面的猥褻，但是此時如果有同席的男性並不想加入並不想加入此種關於性描寫的猥談時，此男性會被其他男性以「沒有用」或「是不是眞正男人！」等話語重傷[11]，此種情景亦可歸納為消極性的男性對於男性的性騷擾之方式之一。日本社會對吸煙處罰方式近年來有愈嚴格的趨勢，但是對於飲酒後亂吐暴言卻不善加檢討而令其處於「野放」的狀態，日本男性通常都有飲酒後亂吐暴言後只要是向對方道歉就可了事的輕率的心理。不限於此種「飲酒時的性騷擾」的情形，在工作所等團體組織中，日本男性受到同樣男性之壓迫，凌虐的情形亦是相當的多，而且男性受到同樣男性之壓迫，凌虐多不公表於外，因在日本社會中，如男性忍受不住男性的欺凌，在公司容易被認為是沒有工作能力，[12]同時亦容易遭到同事的之間排擠；此種過度的欺凌及騷擾的情形亦是造成亦是造成近年來日本男性就業年齡層的自殺率偏高的原因。

我在日本僑居十三年，以本人的僑居體驗來比較日本與我國社會的構成及人民的思想行為方式，雖日本和我國都是同樣傳承中國儒家思想的東亞國家，但現在的日本社會文化及思想與我國差距甚大，原則上，日本人的思想及社會形態比我國閉鎖，他們重視屬於自己團體之內的協調性及內部構成員的對所分任職務的分擔；亦可以說，日本人的社會形態和蜜蜂的社會極為相似；但是日本人的閉鎖型的行為模式唯一的例外是對於「性」的詮釋比亞洲各國開放，此種不協調的狀況造成了日本人職場中易發生性騷擾情形，而被害人為了保持自己在公司團體的地位，及維持自己所屬團體的調和，往往犧牲自己不將受害事實公之於眾，此來導致性騷擾的告發率依然還是偏低的原因。雖然日本最近有關性侵害訴訟告發率及受害人主動提出救濟行為的情形比較之前為多，但以日本現有亞洲強國之一的地位來比較，日本社會對於性騷擾問題的認識及事件的低調對應處置法仍是令人感到有相當質疑之處。

人生只有單單數十年，比起「在工作上受到性騷擾而感到對於人際關係的疲累」，或是「因性騷擾訴訟而以公司等團體單位為對手在法庭上奮戰的精神感到精神上疲乏」等等的煩惱來說，將自己目前感到煩躁的方式劃下一休止符而重新選擇更新的生活方式亦是不錯選擇。總而言之，對於性騷擾的受害人而言，不管是提之訴訟也好，轉職亦好，只要自己選擇自己最喜歡的生活方式，並且因這樣而使自己感覺能因此享受人生的生活樂趣，這也可說是一種最佳解決方式。

註釋

1.一九九九年六月二日日本中央藥事審議會（日本厚生大臣諮問機關）表達了正式承認避孕藥的解禁的答申內容，並且在同月十六日，日本厚生大臣正式承認避孕藥之解禁。

2.日本每年都會回顧一年內所發生的重大事件，並同時選出當年最熱門的話題來作爲一年總結。

3.此語出自日本名律師、參議員－福島瑞穗女士在接受「*Hanako*」的雜誌訪問中所提及的性騷擾的日本社會問題

4.資料來源：《性騷擾防止指針》。

5.大阪現任知事在知選舉對其助選團的女大學生進行性騷擾，大阪知事在被害人整是提出訴訟時並無反論，於是大阪知事被判敗訴，賠償金額爲目前最高一一○○萬日圓。

6.資料來源：第二東京律師會

7.一九九九年七月的調查結果。

8.有關此規定參照改正男女雇用均等法第二一條有關女性就業人員雇用的規定

9.此片由黛咪摩爾出演，一九九四年上映。

10.*See Dallas Morning News* 一九九四年十二月十七日。

11.小谷野敦、「これじゃ男は救われない」、ちくま新書。

12.小谷野敦、「これじゃ男」、ちくま新書。

第五章

性被害非法理程序面之問題：PTSD與RTS二個問題[1]

- 性侵害被害人案發後醫療處理
- 關於PTSD、RTS
- 關於再度被害之探討
- 對我國未來性侵害犯罪搜查、輔導之展望

摘要

目前被害者學（亦稱爲「修復刑事法學」）之發展已成爲世界法學界主要潮流與趨勢。在日本被害者學之研究已受到相關領域之專家學者注目，而被害者保護等相關法令也於1980年時正式施行。

被害者學當中有關性侵害犯罪被害者保護問題近年來已受到普遍性重視，尤其在訴求兩性平等思想、人權平等的現代社會中，性侵害犯罪被害人之保護與處理已是吾等所不容忽視。性侵害犯罪的受害人，除案件發生當時所受的身、心雙方面之傷害外，被害之心理輔導、訴訟問題，甚至因因被害間接發生環境變化等等之被害後「第二次被害」問題亦是非常重要的問題。

所謂「第二次被害」之意，如以廣義之論，依據上述狀況解釋爲被害人被害後再度因外界環境變化或者是警檢機關不適切之案件搜查方式所帶來的心理問題。不僅如此，如被害人於「第二次受害」後又因上述之外界狀況無法改善，被害人持續感受到心理壓力時，再度受到被害。而此種被害後的再度被害可謂爲「第三次受害」。

通常實務單位、學術界及一般社會輿論對於一般刑事案件之關切度，似乎偏頗於加害人判刑處遇方面，而對於被害人之關切度亦僅止於犯罪被害後之補償問題是否完善，而被害人犯罪後之身心受害、身心傷害之恢復及其他種種問題卻是無法顧慮周全。

近年來我國刑法中對於性侵害犯罪之條文做大幅度增訂與修正，此外警政、民間實務機構多方努力配合下，性侵害被害人之權益已獲有改善。於此，本人將1997年至2000年於日本東京性侵害救援中心擔任性侵害被害人法律諮詢輔導員時所蒐集之日本實務機關處理性侵害犯罪被害人案發後之處理方式做一彙整，於本次研討會中以實務論文方式報告，盼本文能提供我國學術與實務人員對於日本現行實務中對於性侵害犯罪受害處理方式有更進一步瞭解，進而達到推動我國與日本學術與實務實質之交流爲要。

關鍵詞：PTSD，RTS，第二次被害

壹、性侵害被害人案發後醫療處理

日本實務上對於性侵害犯罪受害人案發後緊急處理方式原則上與一般國家大致相同，警方於接獲報案人或受害人本人之報案後將被害人於案發地點送往附近醫療機關進行緊急外傷、性感染症之處理，同時並配合醫療單位協助採集案件相關之證據。以上之法定程序完畢後，醫療機關協同警察人員於聽取被害人意願後，再進行心理輔導治療或協助被害人提起訴訟。因日本刑法中關於性侵害犯罪之規定仍屬告訴乃論罪（日本刑法第180條）之故，被害人於外傷處理後對於加害人提起告訴意願與否問題純屬被害人之裁斷，此與我國刑法規定一律提起公訴之情形大逕而異。因此，如被害人無將加害人繩之於法的意願，警察機關將會協同醫療及一般民間社福機構對於被害人進行外傷及心理輔導的工作，反之，若被害人欲控告被害人時，只要於案發後六個月時效內（日刑訴法第235條規定），由被害人本人親自（日刑訴法第230條），或委由法定代理人（日刑訴法第231條）提出告訴即可。

警察機關對於被害人除以上外傷處理以及訴訟程序之協助外，並協同醫療及民間社福團體以及公設性犯罪救援機構對於被害人進行案發後驗孕、墮胎諮詢服務，以及心理輔導治療之追蹤調查與服務。

【圖表38】日本實務中對於性侵害被害人案發後處理之程序圖

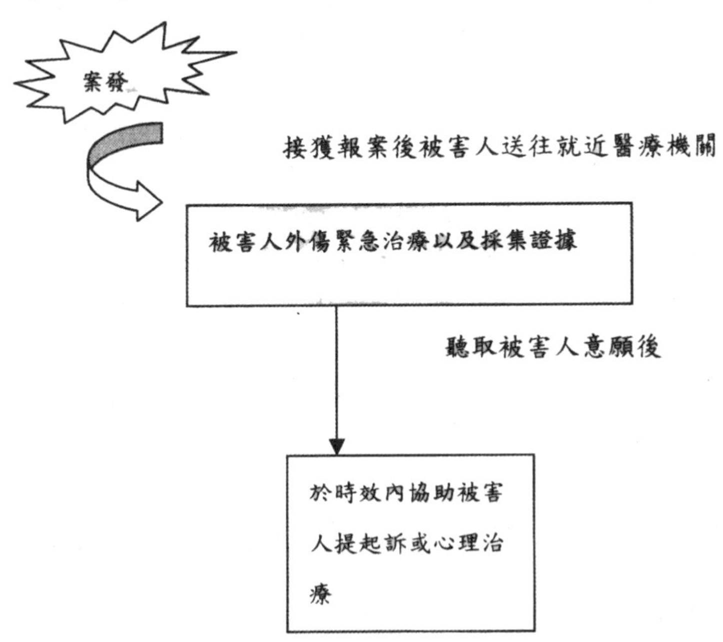

在此首先將案發後醫療單位進行緊急醫療處理程序做一詳細說明：

性侵害犯罪發生後，警方於接獲報案後將被害人送往就近醫院或婦產科作緊急外傷的處理。醫療機關爲被害人進行受害之外傷治療處理時，並也同時進行「*STD*」，亦就是所謂的「性感染症」[2]的檢查，如有發現被害人已有感染性感染症時立即進行治療。惟性感染性除淋病可及時發現外其他必須經過二、三個月後才可發現。因此爲防止被害人有感染上述性感染症之虞，醫療機關會要求被害人於被害後六個月期間之內自行前往醫院進行性感染症之追蹤檢查。

目前在日本各大醫院及婦產科爲性侵害犯罪之受害人所作的性感染症檢查主要爲淋病、*Chlamiyadia infection*（俗稱：庖疹）、梅毒及愛滋病等四大項目。其檢查費用參閱下表：

【圖表39】 日本各大醫院及婦產科醫院為受害婦女所作主要的性感染症檢查及平均費用（資料來源：東京性侵害防制救援中心）

性感染症名	淋病	Chlamiyadia Infection（庖疹）	梅毒	愛滋病
檢查時間	被害後立即檢查	被害後三星期後檢查	被害後二個月後檢查	被害三個月後檢查
檢查方式	採集陰道分泌物檢查	採集陰道分泌物檢查	驗血	驗血
收費（單位：日圓）	3,000-4,000圓	3,500圓	1,000-4,000圓	3,500-10,000圓

註

＊以上的檢查費用是沒有算入保險時之費用(依1997年至現在的收費標準計算)。

＊除上述之基本費用外，需加收初診掛號費6,000圓，及檢查費用1,500圓。如果算入全民健康保險給付時，被害人所付的金額約是上述計算後全額之30％。外籍人士如無加入全民健保時，須全額自費診療。

被害人於自費診療後，除直接向加害人請求賠償外，依據被害人保護法之規定，依法可申請被害補償金。

爲求迅速逮捕嫌犯，被害人於醫療機關進行緊急治療時，警察人員除將醫療機關所提供之相關証物之外，並詢求被害人進行以下之搜查程序：例如，提出與案件相關之證物、製作筆錄，如有需要，進行現場表演等等。在被害人自行與案件相關證物方面，除一般與案件相關之證物外，案發當時被害人如有明顯之外傷，除前往醫療機關檢查並申請驗傷證明外，亦可自行或是可委託自己的親友使用有付日期的自動式照相機拍攝存證，以便日後訴訟時舉證。此外，被害人應允協助警察人員進行搜查時，爲避免被害人受到實務人員不當之搜查方式造成二度傷害，警察機關即主動告知公設性侵害救援防治中心，民間社福機關以及醫院在旁進行協助指導被害人如何處應，免於再度受害[4]。

遭性侵害犯罪之受暴婦女除上述之外傷及是否有感染到性病之檢查外，被害婦女之因性侵害犯罪而導致不幸妊娠以及妊娠後進行人工流產的問題亦不可忽略之。

目前相關醫學研究報導指出，性侵害犯罪之受害人於犯罪後，除身體外傷之外精神上同時也感受到相當大衝擊。此種精神上打擊除使被害人有急躁不安的情緒反應之外，如被害人爲婦女時，極可能造成生理週期延遲或停止狀況發生[5]。如被害婦女於案發後有生理延遲、停止等狀況時，被害人可自行或經由公設性侵害救援中心及搜查單位之協助前往醫院進行妊娠檢查相關檢驗事項，如發現有妊娠的現象時，經當事人許可，可立即進行人工流產手術。

日本國內各級醫院受理受暴婦女的妊娠檢查平均費用爲初診掛號費用3,000至6,000日圓左右，妊娠檢查費爲3,000日圓左右，除以上再加上其他相關醫療費用後，一般收費標準於10,000日圓上下[6]。目前日本妊娠檢查以及不列入健保給付，因此被害人需全額負擔醫療費，惟受害人可依照被害人保護相關法令，向加害人及當地被害人保護公安委員會申請賠償以及被害補償金，以顧及其權益。

因目前日本現行刑法規定嚴格禁止婦女以及醫療機關人工流產手術（日本刑法第212條）[7]，惟性侵害犯罪之受害婦女可例外爲之，依日本母體保護法(舊法爲：優生保護法)之特別法規定，如遭性侵害後不幸懷孕之婦女，經搜查機關證實其妊娠爲遭到性侵害犯罪所致時，法定機關是可允許婦女經由合法醫師進行人工流產手術[8]，惟保護婦女身體安全，進行人工流產之期限爲嚴格限定於懷孕未滿二十二週（含二十二週）內[9]。一九九九年至日本各級醫院進行人工流產之平均收費爲：妊娠八週（含八週）以內之費用爲八萬至十二萬日圓，妊娠九週以上未滿二十週（含二十週）爲十二萬至二十萬日圓；超過二十週以上收費爲二十萬至四十萬日圓[10]。

然而，依日本母體保護法規定，被害婦女如遭性侵害而導致妊娠可進行人工流產手術，惟依目前醫療單位實際診療情況及案件搜查速度，要證明婦女爲遭到性侵害而受孕需依案件搜查狀況而導致無法確定其時間，有時因案件內容複雜導使受害婦女無法於醫學上之安全期限內進行人工流產手術[11]，此對於受害婦女而言無異爲一種強烈之打擊，亦有侵害婦女權益之虞，此也正是目前日本實務中對於性侵害犯罪處理方式之缺失。目前日本多數學者針對此種因實務搜查而遲延被害人無法屆時完成醫療之缺失進行強烈抨擊[12]，然而，爲求案件之搜查方式爲在適法情形下而行之以及證據蒐集精準性將影響加害人之權益是否受到侵害之虞等等相關顧慮下，目前實務機關除盡力於最短時間內完成搜查程序外，仍無法尋求更爲有效之方式來解決目前實務上的缺失[13]。

貳、關於PTSD、RTS

關於性侵害犯罪之被害人外傷、妊娠等醫療問題以及法律訴訟問題外，被害人之心理輔導問題亦是一重要之問題。

犯罪被害或一般自然災害後所造成的*PTSD*（*Post Traumatic Stress Disorder*）中文名稱爲：「重大創傷症候群」之受害後的心理症狀問題，近年來在日本許多被害人保護單位及學術會議被提出討論。此症狀除了一般犯罪被害外，一般天然災害後會出現於被害人本身以及被害人家人之外，例如我國九二一集集大地震及美國911恐怖份子攻擊行動後，許多民衆於災後因喪失家園及親屬而產生極度精神上打擊，甚至有萌生輕生之生存絕望等皆歸屬爲*PTSD*之症狀。

日本學術、實務各界近幾年因被害者學盛行而針對「*PTSD*」及「*RTS*」問題提出多數相關研究報告，而此些研究成果除探討如何成立相關救援機構治療性侵害被害人，以及如何輔導被害人之對策。日本國內性侵害犯罪之公設救援機構--東京性侵害救援中心[14]亦在日本政府有計畫地進行性侵害被害人之輔導對策中成立，此中心除協助一般被害人訴訟以及簡單的心理輔導服務之外，1997年起並與政府指定之公立醫院[15]共同設置專責「*RTS*」心理治療部門，並由心理輔導諮商人員規劃進行相關「*RTS*」輔導課程進行被害人心理治療[16]。

爲與一般犯罪及天災後受害之*PTSD*症狀有所區別，日本學術界將性侵害犯罪後被害人的*PTSD*症狀，更詳盡定義爲*RTS*（*Rape Traumatic Stress*）[17]（性侵害後被害人重大創傷後遺症）。目前最新日本醫學研究中指出，受到性侵害犯罪之被害人*RTS*的發症率高達60%，比起一般犯罪及天災後的*PTSD*發症率之35%還要明顯地高[18]，因此性侵害犯罪已不僅對被害人身體外部之侵襲而造成被害人身體的傷害，同時也對被害人心理、精神層面及人格方面形成相當大的傷害。因此，性侵害被害人於被害後除需一般外傷治療外，更需配合長期*RTS*心理輔導治療才能得使被害情形順利恢復。

根據有關性侵害犯罪被害人被害前後精神狀況分析之醫學報告中指出，被害人於被害時，其精神狀態大多會發生意識混亂之現象，此種意識混亂的現象最主要是因爲被害人受到犯罪被害而產生極度的心理壓迫而產生[19]。被害人於被害後除了不斷會有自暴自棄、自責的行爲外，被害人甚至會有受到被害的對象不是自己本身，而另有他人之意識型錯覺發生[20]。此外，被害人於被害當時，因加害人往往加諸暴力行爲而使被害人就範，導致被害人對加害者有極度的恐懼感，而對加害者完全順從。此種加諸暴力行爲越多之性侵害犯罪，加害人越容易有上述之意識混亂的現象發生。

【圖表40】性侵害犯罪被害人被害當時與案發後之精神狀況

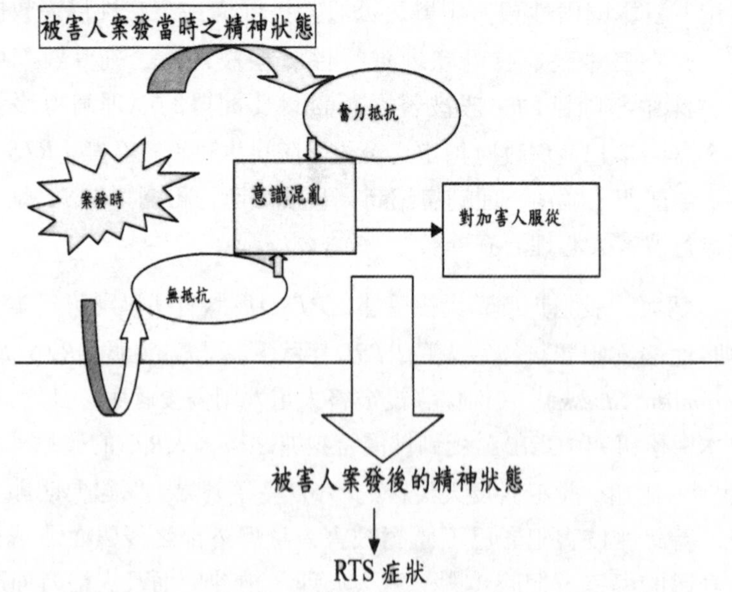

被害人平均於案發後的五至六天開始，會有精神上極度的不安定、急躁的症狀發生，此即爲*RTS*症狀。除了上述狀況外，被害人於協助警察進行搜查行動或製作筆錄時會因強制性對於案情之回憶行爲而再度產生*RTS*症狀。惟此時之被害人而呈現兩種極端態度，一種爲煩躁型，也就是呈現歇斯底里之強烈精神崩潰狀況。另一種情形是冷靜型，也就是被害人會以極度冷靜之態度來對應警察之調查，此種狀況雖讓人感受不到被害人受傷害的程度，甚至會令人誤會被害人*RTS*症狀已恢復，然而多數研究證明被害人呈現冷靜的態度亦是*RTS*症狀之一，此種症狀往往出現於個性原爲比較活潑開朗的受害人，也正因這種「隱藏性」情緒反應使得受害人之心理症狀恢復情形需以測驗方式得知[21]。因此如被害人呈現極爲冷靜的態度的情況時，並不代表被害人無*RTS*之症狀或其症狀已獲得改善或恢復，此爲從事輔導人員需留意之處。

加害人與被害人的*RTS*症狀也有關連性。加害人如是被害人之親屬或熟知之人時，被害人之*RTS*行爲反應症狀會更爲明顯，約佔一般*RTS*症狀之三分之二[22]。因此，因被害人會因爲與加害人熟識行爲而導致無法控訴被害人，或需經過一段長時間的輔導才使被害人勇於提出訴訟之狀況發生，甚至因與加害人熟識程度越深，被害人會感受到更大*RTS*受害問題，如無法獲得改善時，被害人多易有輕生之想法，此也是實務輔導人員所必須注意之事[23]。

參、關於再度被害之探討

綜上述之研究中可得知，性侵害犯罪被害人於案發後，精神方面極易呈現*RTS*症狀，也就是精神狀況不甚穩定，因此需要醫療機關與輔導人員配合方使被害人能盡快回復。除上述*RTS*心理症狀外，被害人「第二次被害」以及「第三次被害」，日本學術界定義爲「被害人之被害累進」[24]的問題，伴隨現今世界被害者學發展潮流之趨勢，已受到相當之重視。

所謂的「被害人之被害累進」之說一般如以下之說明：因犯罪行爲而直接受到被害之情形一般統稱爲「第一次被害」，而「第一次被害」的情況多是外傷爲主，然而所謂的「第二次被害」的情形爲通常發生於「第一次被害」後，此種被害是因警察人員等法治單位人員不當之調查方式或是被害人的周遭環境因案後產生變化，例如親朋好友於案發後對被害人抱持異於往昔之態度（過度地關心、安慰，被害人居住近鄰之謠言等等)，被害人又因此受到比第一次受害更深之第二次傷害等，而此種傷害主要是以心理傷害爲主。

關於「第三次被害」的過程，與「第二次被害」相同爲屬於心理傷害。而此種「再度被害」是於「第二次被害」時所產生的*RTS*症狀所衍生而成。被害人因案發後所產生的*RTS*症狀下，被害人容易衍生怨天尤人之悲觀的想法或進而有厭世的念頭。在這種累積式的被害狀態長期累積下來，被害人的精神狀態更容易產生崩潰，被害人有時有無法適應現實社會生活狀況發生，因此如被害人爲處在「第三次被害」時，對於輔導及醫療人員而言，被害人狀況改善的效果將無「第一次被害」以及「第二次被害」爲佳[25]。

要嚴密論述第二次被害與第三次被害之異同點比較因難，如要嚴格區別的話，可以以是否爲被害人本身給予自己的傷害爲區別。綜觀以上所論，第二次傷害爲被害人的外部周遭的情形，如近鄰之謠言或不當之搜查方式所造成被害人之傷害；而第三次傷害爲受害人自己本身無法承受案發後之各種壓力而產生，亦就是第二次傷害爲外來之壓力，而第三次傷害爲被害人自己本身所給予自己的壓力所產生。但第二次傷害與第三次傷害原則上因爲同爲受害後間接式傷害之故，所以一般統稱爲「再次傷害」[26]，鮮少有研究報告將第二次傷害與第三次傷害分別調查。以下之研究項目爲不分第二次被害及第三次被害，而總括爲「再度被害」之性侵害犯罪被害人調查：

【圖表41】 性侵害被害人受到再次傷害的狀況[27]

	有受到實際的再次傷害	自己有受到再次傷害的感覺
精神上打擊	175(81.4)	149(96.8)
受害後身體狀況不佳	118(54.9)	100(84.5)
對於報章媒體不當報導之不快感	80(36.9)	76(95.0)
受到鄰居的指指點點	75(35.2)	60(80.0)
因受到警察之不適當搜查行爲而感到困擾	54(25.7)	49(90.7)
受害後對異性發生不信感	26(11.8)	21(84.0)
無法和自己南舉人有正常的家居生活	25(12.0)	20(80.0)
受害後因工作績效差而受到職位上的調動	22(10.5)	16(72.7)
因受害而搬家	22(10.6)	11(50.0)
生活經濟狀況發生不良	39(18.5)	34(87.2)
受到對方律師的糾葛等騷擾	20(9.8)	16(80.0)

＊回答者的總數爲227人，(　)內是比例（%）

由以上調查結果可得知，被害人的再次被害是以「精神上的打擊」，「因受害後的身體狀況不良」，「報章媒體報導的不快感」，及「受到鄰居的指指點點」的情況居多。實際上對於性犯罪被害人，以及各種重大犯罪之被害人而言，案發時之被害與案發後所發生精神生活與心境上的變化永是一個難以磨滅之傷害。尤其實務上，我國、日本等亞洲國家對於保護及輔導被害人及防止被害人再次被害等等之法令與對策較於歐美為不足。於社會方面，以報章媒體報導方式而論，為引起民眾對犯罪事件的興趣，媒體報導大都以針對案件發生的經過及加害者隱私為報導焦點，相對的針對保護被害人及研討被害防制之報導相形之下甚為少數。此外，搜查單位犯罪搜查之程序中，如何防止被害人再度受害，並協助被害人尋求自己的權益之事亦是非常重要，擔任性侵害案件之搜查人員需要受到基礎之*RTSD*及*RTS*心理輔導訓練為佳。

為防止被害人再次傷害，並兼輔導被害人及其家屬之*PTSD*及*RTS*問題，日本民間心理醫師團體於一九九四年成立了一個稱為「遺族之會」的心理輔導組織[28]。此組織為仿照美式團體治療方式，每次團體治療時皆召集同樣擁有被害經驗被害人及其家屬互相傾訴被害後的心理打擊、煩惱，以及如何從被害傷害中恢復之經驗。雖此為一般民間性組織，但日本學術及實務各界都相當重視此組織，並預定於公設性侵害救援防治中心內規劃同性質之治療[29]，並期待有更多數之被害人能藉以此種新型之治療方式，緩和所遭受的被害後的再次被害問題。

肆、對我國未來性侵害犯罪搜查、輔導之展望

除法令用語為避免疑義依然使用「強姦」而表示性侵害犯罪之外，我國一般傳播媒體及民間都捨「強姦」之詞不用而改用

「性侵害」及「性暴力」的詞彙。此無非為保護性侵害被害人，避免其於受到性侵害之肉體上的被害後又受到不適切之文彙影響，精神再度受到無情之創。

惟如何以文雅的字彙來詮釋性侵害犯罪，現實上性侵害犯罪仍屬殘虐性質之犯罪之一，對被害人而言，除了身體上之傷害以外，有時因加害者有病態精神疾病而對被害人施予變態性之侵害行為，而使得被害人生理及心理兩方面都受到極端之重創，甚至有時還因加害人在施予加性侵害後為逃避刑責將被害人滅口殺害。

就被害人而言，要走出性暴力犯罪被害的陰影，需有自發性向外界申求援助的行為為起端。但實際上，因身心雙重傷害打擊下，多數被害人都無法踏出申求援助的「第一步」，而因此造成加害者消遙法外，被害人獨自忍受被害後之痛苦之遺憾。在我國刑法改正以前及現行日本刑法規定中將性侵害犯罪訂定為告訴乃論，此種情形使得性侵害犯罪罪犯再犯罪率高居不下，因被害人不提起公訴將加害人繩之於法，而導致被害人自己永遠活在精神打擊的痛苦及畏懼深淵外，因加害者的再犯而又導致成更多不幸的受害者產生。為此，要引導被害人勇於求援並兼顧被害人心理輔導之性侵害受害之的治療方法，首先應考慮如何設置並提供一個受害人安心訴之自己被害情形的犯罪搜查環境及擁有專門之*RTS*心理治療部門之性侵害犯罪輔導專門機構是我國警察及各輔導機關應須嚴加考慮的問題。

現在不論於我國、歐美各國、及日本都有一個完整的性侵害防制法令以及專責被害人之救援服務機構，惟以目前各國的性侵害犯罪現狀而言，性侵害犯罪之防制法令之完備，似乎並無明顯降低性侵害犯罪的犯罪率。尤其，順應社會男女平等之風潮，雖現今婦女於社會上與男性同樣賦予工作平等之權，但於職場上女性員工遭到上司濫用公司之地位對其行使性騷擾行為，甚至加諸性侵害之情形，仍是突顯我國仍須落實男女平等爲要。

爲了使性侵害犯罪率降低，被害人的身心醫療制度完備，本人提議要更爲加強以下之工作。

一、在政府工作方面：

除整備性侵害法令外，社福機關須更加強輔導相關單位制訂簡明之導引被害人如何在案發後調適自己的情緒之性被害輔導，以及訴訟方面之小手冊。此外，一般成年人外，成立專責兒童及青少年的被害救援保護之*RTS*機構、未成年之性侵害被害人的專業輔導人員之編列及其他相關之支援體制、機關的整備亦相當重要。

二、在警察人員事件調查方面：

警察人員受理並進行性侵害犯罪案件之調查時，首先要以理解被害人的心情且尊重被害人方式進行。進行調查時，需提供被害人一個安靜及緩和其心情的環境，避免無意的言論而導使被害人再次受傷害。此外，警察人員要接受專門的性侵害被害專門心理輔導*RTS*教育，並且在調查性侵害犯罪案時，仿照日本多編列女性警員加入爲佳。

三、在各級輔導救援中心方面：

除現有之婦權會以及性侵害犯罪的被害人援救中心體制外，未來爲順應各種的性侵犯犯罪的類型，如受性變態、性虐待，以及未成年受害者之需要，輔導人員也需要接受不同的輔導訓練爲較妥善。

犯罪是違反社會規範及侵害人類的基本權利之行爲。誰都有可能成爲犯罪被害人及加害人。所以除加害人之判刑處遇外，對於犯罪被害人的理解及支援，並且協助被害人走出被害後的陰霾之事，原爲社會每一份子之責任。惟欲使犯罪的被害人從犯罪的打擊中重新站起來，並且使其重新追求屬於自己的幸福生活，需再次確立犯罪被害人之權利，亦就是保護被害人知識，並非只是增進被害人的福祉，而是要增加國民對刑事司法之信賴，對於社會擔負責任。因此，國家、地方公共團體必須要負擔起被害人支援的施策責任之外，民眾也必須要理解被害人的處境，並且協助被害人支援工作。當然，被害人自己本身也要勇於面對被害後的心理問題。雖然犯罪之被害，尤其是性侵害被害後的被害人的身心兩方面受害並非一般人所能想像及體會的，然而以被害人的立場來說，永遠將自己處於被害後的*PTSD*的傷害，也只是徒增對於自己的傷害。當然，唯有被害人自己勇於踏出求援的第一步，不管是與警治單位積極配合協助搜查加害人並參與訴訟行爲或是從事案發*PTSD*心理治療，如此才能使自己所應得的權利不受侵害。甚之，再完善的法令及被害後被害人的身心輔導制度也只有被害人的協力與參與，才能早日將加害者繩之以法，使得犯罪受害者的情況不致因此而增加。

我國刑法在性侵害犯罪方面於近幾年有大幅改正，性侵害犯罪由原本的告訴乃論罪而改正爲非告訴乃論罪，期許此法令上的修正能使我國的性侵害犯罪之受害人能藉由法律伸張自己的權益，並且期待我國能更爲重視被害人的*PTSD*及性侵害犯罪之被害人的*RTS*的問題，若要降低性侵害犯罪之犯罪率，加害人之檢舉及被害人保護政策，以及犯罪後的醫療、輔導治療能相互配合，如此才能收取其成效。

註釋

1.本論文原名：「性侵害犯罪被害人受害後身心傷害輔導與治療：以日本實務研究爲例--」，原發表於日本被害者學學會第十四次大會（2003年），並發表於日本比較法雜誌第37卷2號(2003年)。

2.以往日本都是以「性病」來稱之，但最近全都以 (*STD*)來稱之。性感染症(*STD*)較以往所用的「性病」的名詞還廣義，故醫療單位現皆已廣用*STD*（性感染症）來取代性病之說法。

3.被害人居家附近衛生所也可接受檢查，費用爲免費。

4.陳慈幸（1998年2月），《性的侵害罪**の**被害者**に関する**研究》，中央大學刑事法研究會報告。

5.陳慈幸（1998年2月），《性的侵害罪**の**被害**に関する** 研究》，中央大學刑事法研究會報告。

6.陳慈幸（1998年2月），《性的侵害罪**の**被害者**に関する**研究》，中央大學刑事法研究會報告。

7.有關日本的墮胎罪的法文部分：

第二一二條爲一般墮胎罪之處罰則；即醫療單位幫助妊娠女子墮胎罪的情形，處一年以下的徒刑。

第二一三條是同意墮胎罪規定（處二年以下徒刑）及同致死傷規定(處三個月以上五年以下徒刑)。

第二一四條是業務上墮胎（處三個月以上五年以下徒刑)及同致死傷規定(處六個月以上七年以下之徒刑)。

8.日本母體保護法第十四條規定：由醫師會所指定的醫師，在下列的情況下，有本人及配偶者（包括同居人）的同意，可進行人工流產手術。

一、妊娠的繼續及分娩之事，會對母體有顯著的害處之顧慮(第一項之1)。

二、受到暴行或無法抗力的脅迫之下受到姦淫而妊娠時(第一項之2)。

9.至於懷孕的週數的計算方法是：以上個月生理開始日爲第零週起算，生理周期延遲時已經進入第五週至第六週，所以如果因爲受到強暴而懷孕的話，受害當天剛好是懷孕第二週零日。

10.東京都立大塚醫院，1999年。

11.一般日本醫院認爲最安全的墮胎期限爲妊娠十二週以內，並且利用對婦女身體負擔最小的『搔爬』的方式進行手術。--參閱富田功（1999），《レイプの被害者と医療》，日本被害者學會報告。

12.諸則英道（1999），《トラウマから回復するために》，講談社，頁一九二。

13.諸則英道（1999），《トラウマから回復するために》，講談社，頁二〇〇。

14.日本原名爲：《東京強姦救援センター》，於1997年成立於日本東京。

15.目前主要分佈於東京之公立醫院。--東京性侵害救援防治中心資料。

16.參照東京性侵害救援防制中心新聞1998年11月15日號。

17.諸則英道（1999），《トラウマから回復するために》，講談社，頁一九二。

18.長井進，《女性被害者について》，日本被害人研究第9號，頁四十。

19. *Dr. Judith I.Herman（1992），Harvard Medical School,「Understanding Sexual Violence」Unit 1, Trauma & Recovery, P.12-16.*

20. 亦日本學術界又稱此爲「無感覺的心理狀態」，諸則英道（1999），《トラウマから 回復するために 》，講談社，頁五十八。

21. 諸則英道（1999），《トラウマから 回復するために》，講談社，頁十四。

22. 諸則英道（1999），《トラウマから 回復するために》，講談社，頁七十八。

23. 陳慈幸（2000年5月），《性犯罪に関する研究》，日本中央大學刑事法研究會報告。

24. 辰野文理，《二次被害的認識》，東京醫科齒科大學難治疾患研究所資料(2000年)，頁十七。

25. 諸則英道（1999），《トラウマから 回復するために》，講談社，頁十五。

26. 諸則英道（1999），《トラウマから 回復するために》，講談社，頁二十。

27. 資料來源：宮澤浩一(1998年)，《犯罪被害人之研究》，成文堂，頁四十。

28. 參照東京醫科齒科大學難治疾患研究所被害人相談室所發行的《*News Letter*》(1994)。

29. 參照東京性侵害救援防制中心新聞2000年11月15日號。

第六章

青少年網路加害與被害相對論理之實證性萃取研究[1]

- 前言：本研究計畫之理念與簡略研究架構之分析
- 研究方法與本計畫進行詳細架構
- 本計畫執行時預期或已面臨之問題
- 結論：本計畫之預期成果
- 附註資料：調查結果分析與結論

摘要

本文爲國科會所補助三年跨領域整合型課程規劃計畫中，本人所擔任部分之第一年、第二年綜合成果報告。

本整合性計畫主要目的主要在藉由大學內網路違犯相關學程中心之設立，結合各系所不同領域之師資，藉以課程規劃方式，除論述青少年網路加害與被害相對論理之實證性萃取研究外，亦培養基本網路法律素養，即所謂應有之網路禮儀與正確網路觀，藉此培訓未來防治網路犯罪之相關種子師資。

本計畫爲整合型計畫之法律診斷部門（亦稱爲：網路違犯與法律研究分析），分別探討：

一、網路民事侵權行爲-侵害人格權

二、電子商務相關問題之探討

三、網路侵害著作權之行爲類型與規範

四、網路侵害商標權之行爲類型與規範

五、網路侵害專利權之行爲類型與規範

六、網路刑事違法行爲態樣與規範-基礎犯罪學理論

七、網路刑事違法行爲實際案例研究與調查（一）

八、網路刑事違法行爲實際案例研究與調查（二）

上述當中，本人所擔任之部分爲網路刑事違法行爲態樣與規範-基礎犯罪學理論、網路刑事違法行爲實際案例研究與調查（一）、網路刑事違法行爲實際案例研究與調查（二）等基礎與進階課程。

隨電腦設備日益普及，兼之相關電腦科技知識不斷提昇，網際網路之運用已在現代人之日常生活中佔有一席之地。然而，因網際網路「匿名性」與「技術性、專業性」等，無形中也造成了許多之「網路法律問題」，諸如網路上之毀謗、公然侮辱、散佈病毒、竊取他人電腦資料　等等，如何去規範

此些新興之課題，並教導學習者此規範之重要性，正是本計畫所欲處理之部分。

然而，所謂規範不僅重於「事後補救之道」；更重要，亦更具有意義爲「事前之預防」。本計畫旨在於說明網路犯罪之法律效果外，並輔以網路社會學相關理論，例如介紹網際網路新興媒介與社會心理發展、虛擬社群與環境、文化與認同等，其目的在於法律學探討網路違犯之法律效果，再以社會學式觀點爲基礎，培養反思與批判之研究精神，進而深入探討網路對日常生活、社會結構、以及國家發展所造成的衝擊與影響，藉以顚覆傳統以法律學爲主的宣導方式。

我國目前對於青少年涉及網路犯罪之相關研究爲數甚多，惟甫滿十八歲以後之大專院校學生之網路犯罪防治宣導教育之相關研究，並無想像中多。之前南區某國立大學學生違法販售MP3事件，已讓社會各階層人士對於大專學生網路規範之問題浮現於檯面上，若大專院校普遍設置網路規範等課程，或許可將網路違犯之狀況減爲最低，此才可達到防治之效。

關鍵詞

電腦犯罪、網際網路、網路犯罪、色情網路、電子郵件、電腦病毒、刑事責任。

壹、前言：本研究計畫之理念與簡略研究架構之分析

首先針對總計畫與子計畫之間相關性斟酌說明：

總計畫由本校資訊工程所所主導，再分爲各系所之子計畫等，亦就是，本計畫乃以電腦網路科技爲主軸，期藉由結合法律學、社會學、犯罪學、心理學等領域之菁英，建構一套完整明瞭、簡單易懂惟又不失深度之「網路法律課程」以提供大專學生學習。本計畫同時亦希望藉由對網際網路所造成的民、刑事及智慧財產權之相關問題的探討，規劃出一部「網路法律常識」教材，使一般大學學生建立網路正確之觀念，以預防網路爲人所誤用而不自知。

【圖表42】 總計畫與其他計畫關係圖（作者自繪）

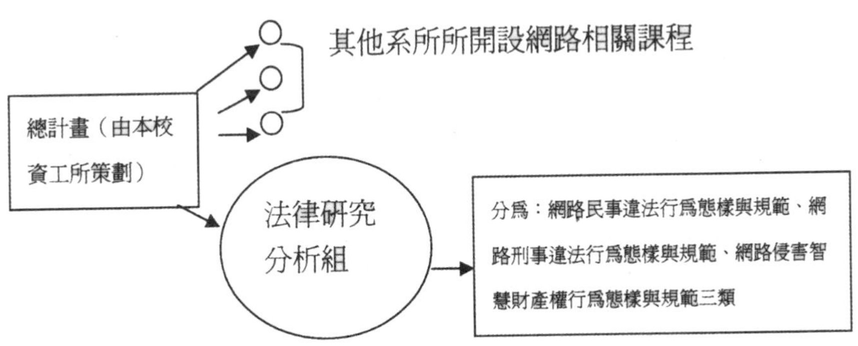

「網路違犯與法律研究分析」之子計畫之內容大致上可分為三大領域，分別為（一）網路民事違法行為態樣與規範；（二）網路侵害智慧財產權行為；（三）網路刑事違法行為態樣與規範態樣與規範。並依此規畫不同之課程內容；本部分僅就個人部分說明如下：

本子計畫針對網路刑事違法行為特別規劃二門課程，分別為基礎課程與進階課程。基礎課程即為網路基礎犯罪理論，進階課程則為基本案例研究與調查實驗（此為實作課程）。此規劃之動機主要針對目前大專學生若有涉及網路違法之行，大都延續青少年網路犯罪之類型為多，例如網路色情、電腦病毒、電子郵件使用等[2]，若以防範教育為宗旨欲徹底防治防範，需以詳細之二部分教導學生「何謂網路犯罪」之網路基礎犯罪理論，進而以各種實際案例為主之進階課程規劃，以求得學生更為理解網路規範之重要，以及使用者面對此等問題時之處理態度，並探討如何避免此類事件之再發生與檢討此類犯罪者應負之刑事法律責任。

【圖表43】 網路刑事違法之研究架構

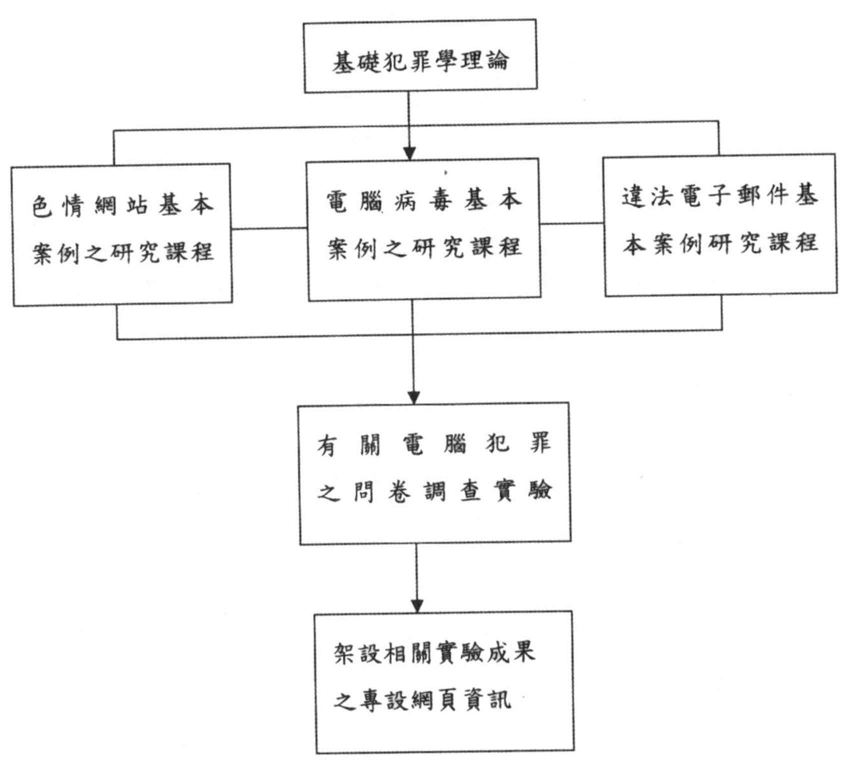

貳、研究方法與本計畫進行詳細架構

此領域之研究架構依課程之分別可分爲二：

基礎課程部分：乃以傳統的『文獻探討法』和『分析比較法』的方式[3]來探討，首先以刑事法相關文獻的資料整理出目前網際網路犯罪的現況、法律條文的應用及目前實際上的判刑處分與一般學說的走向。亦就是傳統法律之文獻探討，以國內外犯罪學相關研究論著方式探討網路犯罪。

進階課程（實驗課程）：則是以社會研究法中之量化研究方式[4]，自行設計網路問卷，其對象則是以目前在於大專院校所就讀者為主，期待以問卷調查法之方式，實際教導學生目前網路犯罪之現況。

最後，彙整上述二研究成果，架設相關實驗成果之教學網站，並與校內外各相關單位教學網站連結，開設專責解決學員疑問的網址，並定期舉行面授與學員共同研究，以補網路教學之不足。

【圖表44】 本人所擔任計畫之詳細架構

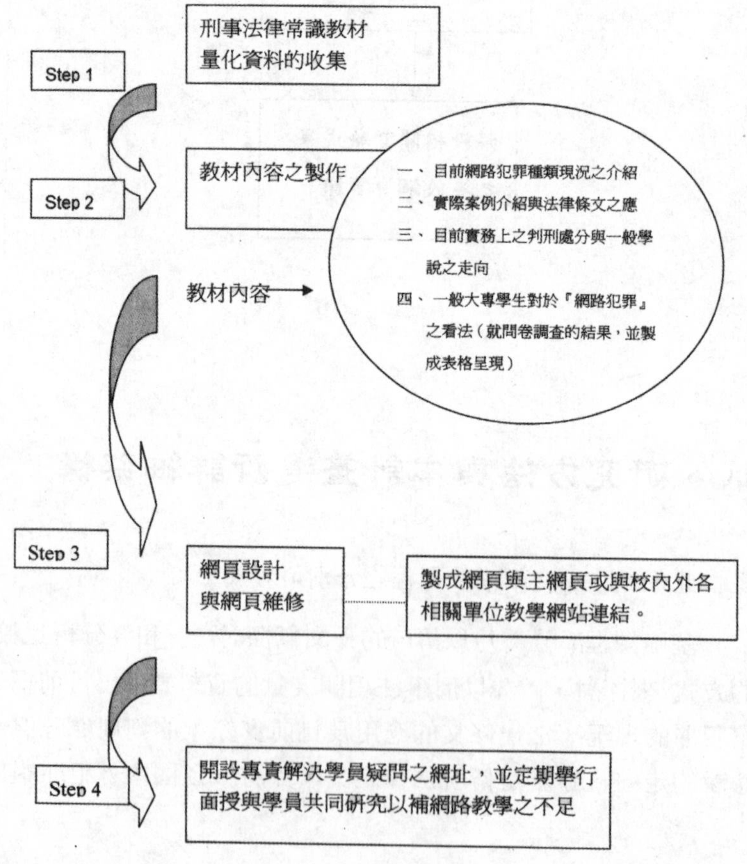

此外，為瞭解問卷之可行性並促使研究符合其施測之目的，施測前先進行預試，其注意事項有：

（一）題意是否易懂順暢

（二）受試者作答時是否有其疑問

（三）網路問卷設計是否便於施測

最後再予進行統計分析

（一）次數分配：以次數分配、平均數、百分比與累加百分比等分析統計方法，對樣本進行各項描述統計。

（二）卡方檢定：以卡方檢定考驗樣本在各變項中的差異。

參、本計畫執行時預期或已面臨之問題

關於「網路違犯與法律研究分析組」所欲達成之目的在實施中所遭遇、或未來的問題以下之面向：一為「網路智慧財產權之高價性」；一為「高度專業性、技術性之進入障礙」，除此之外尚有「電子郵寄問卷調查使用之限制」等幾種問題。

今將其分述如後：

一、網路智慧財產權之高價性

電腦使用族群中「非原版軟體」之所以履見不鮮，主要原因在於「正版原裝軟體」本身定價過高。試想一套原版Windows 2000叫價上萬元，豈是常人負擔得起？再加上最常用的Office軟體，大約需台幣一、二萬元，一般人在有需要但財力無法負擔的

情形下，只好轉而求助於非法軟體。事實上坊間所盛行之「大補帖（即非法盜版軟體）」，約只有一千元左右，惟內容卻可包山包海，一般人何樂而不為？若有門道者，甚可自己找人「燒錄（重製）」，單價更是不到三十元；在現實因素的考量下，如何建立國人尊重他人智慧財產權之觀念，不無困難？

雖然我國有相關的法律加以保護智慧財產權，但徒法不足以自行，仍需民眾的配合才可能。本課程雖可建立學生基本「尊重智慧財產權之概念」，但若市場價格無法予以配合，只怕成效仍有待考量。

二、高度專業性、技術性之進入障礙

一般人透過電腦及滑鼠即可輕鬆進入網路世界，但是眞正值得重視的卻是所謂「電腦駭客」問題，網路技術隨著電腦科技的發達變得容易上手，然而有關電子程式之相關保密技術卻仍有待加強，許多的電腦駭客，憑藉著自身所擁有的專業能力，往往得以輕易的破解他人保密程式而竊取他人的資料甚或塗改他人資料（如最近的大學生塗改學生資料事件）、甚或有人以製造電腦病毒（如有名的車諾比*CHI*病毒、紅色警戒病毒），專門破壞他人的電腦資料為樂…等。諸如此類的問題如何處理？

若能利用高科技技術反追蹤、反破解，找出此等自以為是的網路惡徒並將其繩之以法，雖是一種解決方法；但若能將此等反破解、反侵害的能力技術加以推廣至全民化、普及化似乎才是眞正的治本之道。不過眞要落實，其困難度不可謂不高矣！

三、電子郵件調查使用之限制

根據國內相關研究指出，電子郵件調查具有快速、塡答問卷時間具有彈性、彈性（問卷內容修改方便）以及生動（可以多媒體呈現）、資料取得精確、可排除重複填答現象、訪問人員干擾較少、較具私密性、容易進行回訪並建立固定樣本（*panel*）之優點，惟作答者可能具有特定背景，無法代表所欲調查對象、某種特性影響作答意願會影響調查結果、回收率過低、結果之推論性有限、成本結構的特性（雖然便宜，但品質會影響調查結果）[5]。本研究雖有考量上述之研究限制，惟斟酌優弊之權衡，仍採網路郵寄問卷方式進行調查。

肆、結論：本計畫之預期成果

本計畫設置之目的，預期經由修習本計畫一系列法律相關課程後，能使本校學生養成基本之網路法律素養，除保護自我，避免於遭受侵害時求助無門之窘態外，更可適時提醒學生應具備正確使用網路的態度與觀念，以免誤觸法網而不自知。民國九十年時，教育部曾對於近來青少年網路犯罪氾濫，學子無視網路倫理之狀況制訂「校園網路使用規範」[6]，惟此規範如何使一般學子充分理解，此乃為宣導教育之重要性。

承所述，目前青少年相關網路防範宣導教育（網路版）相當多[7]，惟針對大專學生所設計之網路教育網路設計仍是少數，針對目前大專學生網路法律常識不足，造成觸法之情事，此外未來就業時面對資訊社會衝擊，其網路法律、倫理需有相當程度之補足等之情狀，再加上大專學生已因年齡、學識教養方面較高中以下之青少年較高，故針對大專學生之網路犯罪宣導教育或許能期待較高之成效。

本計畫為三年跨領域研究計畫，目前依據研究程序，第一階段基礎教育課程已於上學期（2003年6月）結束，並於同時進行網路郵寄問卷測試（詳細結果請參考本文第五部分），在第二階段進階課程開始前（2004年2月），將製作相關*flash*，俾以生動活潑配合一定之學術論理，以區別於一般青少年法律宣導教育。此外，本文亦有提及本研究之最後部分將成立學習網站，此亦配合大專學生之需要，成立相關學習網站，別於實務當中青少年防範網路宣導教育之實施方式，本研究擬採以學術爲奠基，設計大專學生以上專屬網路犯罪防治學習網站，以求網路犯罪防範宣導教育進行更爲精細與徹底。

「水能載舟，亦能覆舟」。科技進步爲人類生活帶來了便利，人類無須等待姍姍來遲之資訊，即能獲取欲求之資訊，惟科技之進步亦有其副作用。

根據本次研究結果可發現，因人類高度依賴資訊之現象，使得不良份子可利用網路之匿名性，進行其詐騙之勾當，此外，多數青少年爲其金錢利益，上網援助交際，甚者迷失於虛擬網路世界當中，無法自己。從本文研究中，筆者亦發現網路虛擬文化與青少年網路犯罪之相關性。此雖不在本研究之範疇內，惟本議題將是未來探索青少年網路犯罪之重要部分，須相關領域之學者亟待探討之。

資訊之進步，卻使學術研究遙不及實務當中急遽發生之犯罪，在於虛擬世界所發生之心理、生理之問題，在此研究當中，姑且不再贅述，惟以犯罪原因而論，心理與生理因素確實爲影響犯罪淵導之一。因軟體公司與網站之個體受益，越擬眞、越合邏輯的虛擬世界將可獲得更多網友喜愛，孰不知在此種虛擬世界中，亦創設了一個最佳的犯罪環境。

縱覽目前網路犯罪現象便發現，推動資訊發展是人類，而在資訊發展之餘，蒙受其害最多的，亦是人類。以防制電腦犯罪最爲消極之方法，有人或許會以「不使用電腦」此種方式解決，惟以資訊產業掛帥之今日而言，此種方式將有無稽之談之慮。惟在於防治觀點而言，吾等僅能期許相關機關盡快改善防治電腦犯罪之相關法令，教育機關對於青少年網路行為認眞探討與研發網路成癮性少年之輔導策略，唯有積極防範，才得使犯罪終止於人間。

伍、附註資料：調查結果分析與結論（含圖表）

此部分乃研究者針對網友對於目前網路犯罪與相關刑事法律之需求與意見調查，本部分主要包含了受試者的基本資料、受試者面對網路犯罪所表示之情感、受試者對網路犯罪與相關法律知識之認知以及受試者對網路犯罪與法律議題的興趣程度。

問卷內容與統計結果

第一部份 我們非常希望了解您的家庭狀況，請您就實際狀況在適當的「□」內打「V」。

1. 您的實際年齡是：_____歲
2. 您的性別是：

   □(1)男

   □(2)女
3. 您的教育程度：

□ (1)國小程度(畢、肄業；含以下)

□(2)國(初)中程度(畢、肄業)

□ (3)高中(職)程度(畢、肄業)以上

4. 您有多少兄弟姊妹？_____人

5. 您在兄弟姊妹中排行是：

□ (1)老大

□ (2)中間排行

□ (3)老么

□ (4)獨生子

6. 您父母的婚姻狀況：

□ (1)父母親住在一起

□ (2)父母親分居

□ (3)父母親離婚，未再婚

□ (4)父母親有一方再婚

□ (5)父母親有一方已死亡

□ (6)父母親皆已死亡

7. 您父親的教育程度是：

□ (1)國小程度(畢、肄業；含以下)

□ (2) 國(初)中程度(畢、肄業)

□ (3) 高中(職)程度(畢、肄業)

□ (4)專科程度

□ (5)大學程度(畢、肄業；含以下上)

8.您母親的教育程度是：______(選項如上題，請填數字)

9.您父親的職業是：________(如無適當項目可選，請詳填服務單位與名稱於空格內)

11.大專校長	21.中小學校長	31.技術員、技佐	41.技工、水電工	51.工廠工人
12.大專教師	22.中學教師	32.小學教師	42.自耕農	52.學徒
13.醫生	23.會計師	33.委任級公務人員	43.店員、小店主	53.小販
14.大法官	24.法官、律師	34.科員、行員、出納員	44.零售商、推銷員	54.佃農、漁夫
15.科學家	25.工程師、建築師	35.縣市議員、鄉鎮代表	45.司機、裁縫師	55.清潔工、雜工
16.中央、省市政 府特任或簡任及公務員	26.薦任級公務人員、公司行號科長、課長	36.批發商、代理商、包商	46.廚師	56.臨時工、工友
17.立法委員、監察委員	27.院轄市議員	37.尉級軍官	47.美容師、理髮師	57.大樓管理人員、門房
18.大公司企業董事長、總經理	28.經理、襄理、協理、副理	38.警察	48.郵差	58.傭工、女傭
19.將級軍官	29.校級軍官、警官	39.消防人員	49.士官	59.侍應生、酒(舞)女
	2A.作家、畫家、音樂家	3A.船員	4A.領班、監工	5A.家庭主婦
	2B.媒體記者	3B.秘書、代書		5B.無業
		3C.演員		5C.學生
		3D.服裝設計師		

10.您母親的職業是：________(選項如上題，請填數字)

11.您最喜歡上網的時段？

□ (1)凌晨(0時-3時)

□ (2)清晨(4時-7時)

☐ (3)早上(8時-11時)

☐ (4)中午(11時-13時)

☐ (5)下午(13時-16時)

☐ (6)傍晚(16時-19時)

☐ (7)晚上(19時-21時)

☐ (8)深夜(21時-24時)

12.您最喜歡上網的場所？

☐ (1)家裡

☐ (2)網咖

☐ (3)學校

☐ (4)其他

(一)散播電腦病毒

1.請問您有中過電腦病毒嗎？

☐ 有

☐ 沒有

☐不清楚...回答「有」的人請回答下列第2、3、4題問題

2.請問您的電腦中過幾次病毒？

☐ 1-5次

☐ 6-10次

☐11次以上

3.請問您的電腦中毒時，您通常需要花費多少錢處理？

☐ 不用錢

☐ 1000元以上

☐ 1001-5000元

☐ 5001至1萬元

☐ 1萬零1元以上

4.您的電腦中毒，對您的生活狀況有沒有影響？

☐ 有

☐ 沒有

☐ 不知道

5.請問您對於散發電腦病毒的人的感覺？

☐ 無感覺

☐ 最好把他關起來

☐不用關，叫他賠錢就好

6.請問您知不知道散發病毒的人是可以依刑法的規定移送法辦？

☐ 知道

☐不知道

7.其實，您是否有想過當個駭客，感受一下散發病毒讓別人家電腦癱瘓的樂趣？

☐有

☐ 有時會有

☐ 沒有

□不知道

8.如有必要，不惜散發病毒癱瘓敵對單位電腦的動機，也是可以理解的。

□ 是

□ 不是

□ 不知道

(二) 接收垃圾電子郵件

1.請問您有接收垃圾電子郵件？

□ 有

□ 沒有

□不清楚...回答「有」的人請回答下列第2、3、4題問題

2.請問您接收垃圾電子郵件之頻率如何？一星期

□ 1-5次

□ 6-10次

□11次以上

3.請問您所接收過的垃圾郵件來源多為？

□ 色情網站

□ 朋友轉寄

□ 廣告信函

□ 來自所加入網站(為該網站之會員)之郵件

□ 不知來源

4.接收到垃圾郵件之處理方式爲何？

□ 不打開，立即刪除

□ 若是郵件來源清楚，會打開看

□ 即使來源不明，因爲好奇，會打開看看

5.請問您是否曾因爲垃圾郵件導致電腦中毒？

□ 有

□ 沒有

6.請問您是否認爲散發垃圾郵件是屬於一種犯罪的行爲？

□ 是

□ 不是

□ 沒意見

7.請問您對收到垃圾郵件的感覺？

□無所謂，其中有些郵件還頗有趣或有用

□ 頻率不高，所以還可以忍受

□ 極度厭煩，需要常清電子信箱

□不知道

(三)色情網站

1.請問您曾經瀏覽過色情網站，或從網路上得到色情訊息一性交或三點全露的圖片嗎？

□ 有

□ 沒有...回答「有」的人請回答下列第2、3、4題

問題

2.請問您是否曾經付費得到網路資訊？

□ 有

□ 沒有

□不記得

3.請問您覺得架設色情網站營利或供人瀏覽的行爲？

□ 是犯罪行爲

□ 沒有什麼不可以

□ 視網頁的內容而定

4.請問您曾經因爲瀏覽色情網頁或下載色情檔案—圖片或影片而中毒的經驗嗎？

□ 有

□ 沒有

□ 不知道

5.請問您是否會因爲接觸網路色情而影響與異性的接觸或交往模式？

□ 會

□ 不會

□ 不知道

6.請問您是否同意瀏覽色情網站是種可以接受的休閒活動？

□ 是

□ 不是

□ 不知道

7.請問您是否認爲網路會助長色情的氾濫？

□會

□ 不會

□不知道

一、受試者之基本資料

變項	組別	人數	百分比（%）	有效樣本數
性別	男	126	43.4	
	女	163	56.2	
	未塡答者	1	0.3	290
年齡	19歲以下	85	29.2	
	19-23歲	145	50	
	23歲以上	58	20	
	未塡答者	2	0.7	290
上網時段	凌晨（0時-3時）	19	6.6	
	清晨（4時-7時）	4	1.4	
	早上（8時-11時）	6	2.1	
	中午（11時-13時）	3	1.0	
	下午（13時-16時）	11	3.8	
	傍晚（16時-19時）	11	3.8	
	晚上（19時-21時）	76	26.2	
	深夜（21時-24時）	130	44.8	
	未塡答者	30	10.3	290
上網場所	家裡	192	66.2	
	網咖	34	11.7	
	學校	51	17.6	
	其他	5	1.7	
	未塡答者	8	2.8	290

1.您的實際年齡是：______歲

年齡

		次數	百分比	有效百分比	累積百分比
有效的	15.00	1	.3	.3	.3
	18.00	16	5.5	5.6	5.9
	19.00	68	23.4	23.6	29.5
	20.00	58	20.0	20.1	49.7
	21.00	35	12.1	12.2	61.8
	22.00	32	11.0	11.1	72.9
	23.00	20	6.9	6.9	79.9
	24.00	19	6.6	6.6	86.5
	25.00	17	5.9	5.9	92.4
	26.00	10	3.4	3.5	95.8
	27.00	3	1.0	1.0	96.9
	28.00	6	2.1	2.1	99.0
	29.00	3	1.0	1.0	100.0
	總和	288	99.3	100.0	
遺漏值	99.00	2	.7		
總和		290	100.0		

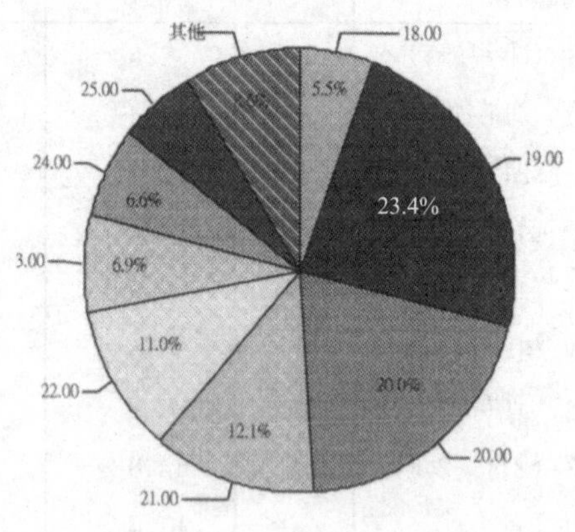

2.您的性別是：

□(1)男

□(2)女

性別

		次數	百分比	有效百分比	累積百分比
有效的	男生	126	43.4	43.6	43.6
	女生	163	56.2	56.4	100.0
	總和	289	99.7	100.0	
遺漏值	9.00	1	.3		
總和		290	100.0		

性別

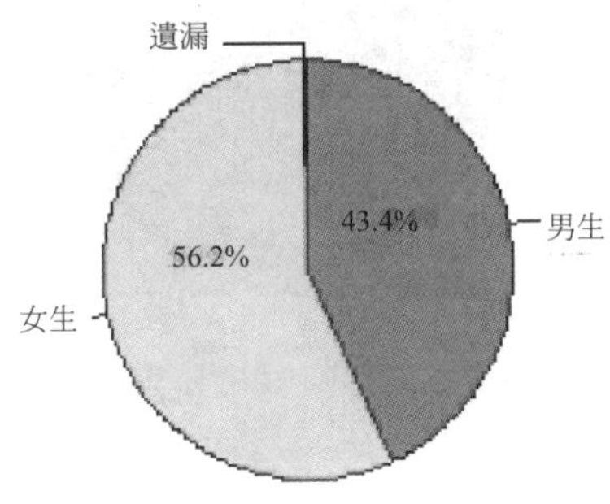

3.您的教育程度：

□ (1)國小程度(畢、肄業；含以下)

□(2)國(初)中程度(畢、肄業)

□ (3)高中(職)程度(畢、肄業)以上

教育程度

		次數	百分比	有效百分比	累積百分比
有效的	國小程度(畢.肄業;含以下)	2	.7	.7	.7
	國(初)中程度(畢.肄業)	1	.3	.3	1.0
	高中(職)程度(畢.肄業)以上	286	98.6	99.0	100.0
	總和	289	99.7	100.0	
遺漏值	9.00	1	.3		
總和		290	100.0		

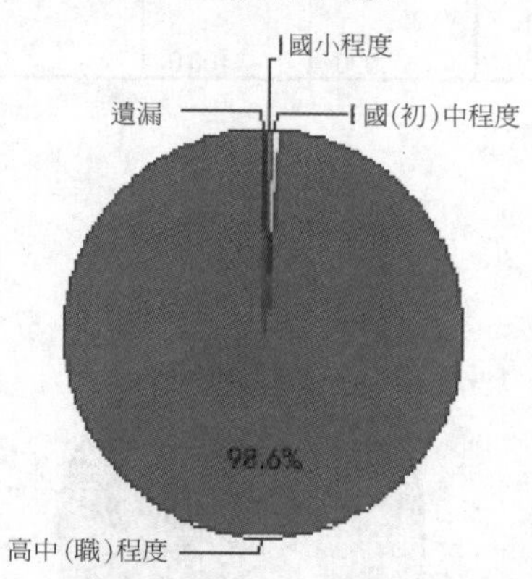

4. 您有多少兄弟姊妹？＿＿＿人

兄弟姊妹數目

		次數	百分比	有效百分比	累積百分比
有效的	.00	8	2.8	2.8	2.8
	1.00	78	26.9	27.1	29.9
	2.00	98	33.8	34.0	63.9
	3.00	68	23.4	23.6	87.5
	4.00	24	8.3	8.3	95.8
	5.00	11	3.8	3.8	99.7
	6.00	1	.3	.3	100.0
	總和	288	99.3	100.0	
遺漏值	9.00	2	.7		
總和		290	100.0		

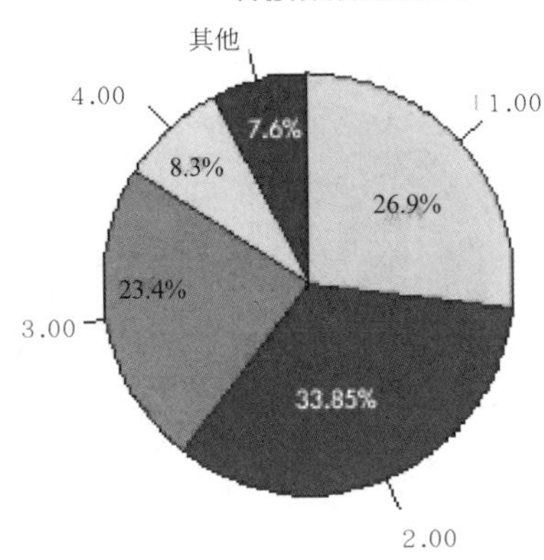

5.您在兄弟姊妹中排行是：

□ (1)老大

□ (2)中間排行

□ (3)老么

□ (4)獨生子

兄弟姊妹中排行

		次數	百分比	有效百分比	累積百分比
有效的	老大	128	44.1	44.1	44.1
	中間排行	72	24.8	24.8	69.0
	老么	83	28.6	28.6	97.6
	獨生子	7	2.4	2.4	100.0
	總和	290	100.0	100.0	

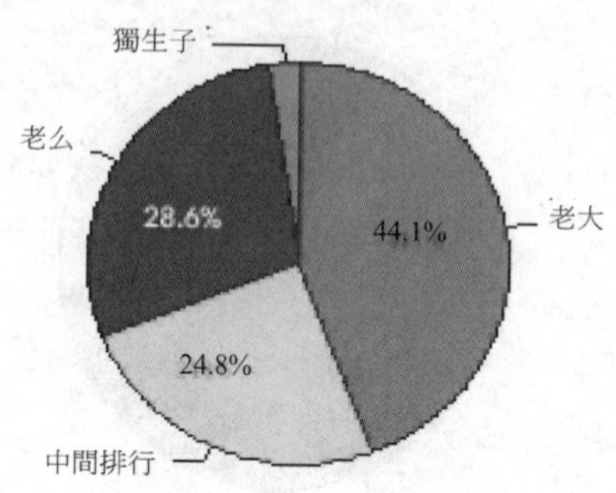

6. 您父母的婚姻狀況：

☐ (1)父母親住在一起

☐ (2)父母親分居

☐ (3)父母親離婚，未再婚

☐ (4)父母親有一方再婚

☐ (5)父母親有一方已死亡

☐ (6)父母親皆已死亡

父母的婚姻狀況

		次數	百分比	有效百分比	累積百分比
有效的	父母親住在一起	253	87.2	87.2	87.2
	父母親分居	7	2.4	2.4	89.7
	父母親離婚,未再婚	10	3.4	3.4	93.1
	父母親友一方再婚	2	.7	.7	93.8
	父母親友一方已死亡	18	6.2	6.2	100.0
	總和	290	100.0	100.0	

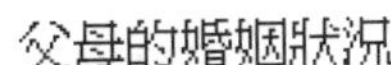

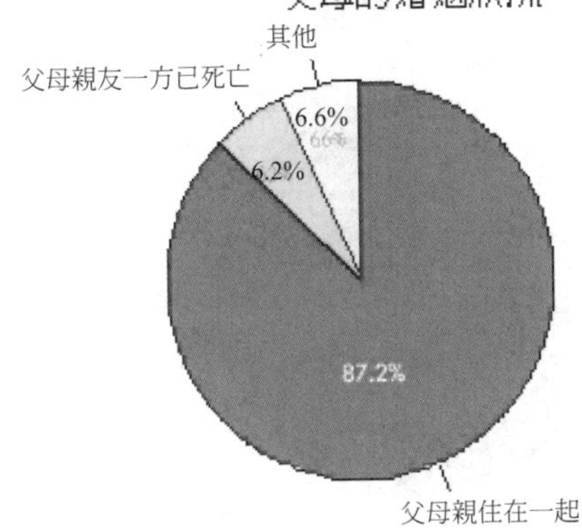

7.您父親的教育程度是：

□ (1)國小程度(畢、肄業；含以下)

□ (2) 國(初)中程度(畢、肄業)

□ (3) 高中(職)程度(畢、肄業)

□ (4)專科程度

□ (5)大學程度(畢、肄業；含以下上)

父親教育程度

		次數	百分比	有效百分比	累積百分比
有效的	國小程度(畢,肄業;含以下)	52	17.9	18.1	18.1
	國(初)中程度(畢,肄業)	41	14.1	14.2	32.3
	高中(職)程度(畢,肄業)	73	25.2	25.3	57.6
	專科程度(畢,肄業)	47	16.2	16.3	74.0
	大學程度(畢,肄業;含以下上)	75	25.9	26.0	100.0
	總和	288	99.3	100.0	
遺漏值	9.00	2	.7		
總和		290	100.0		

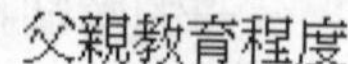

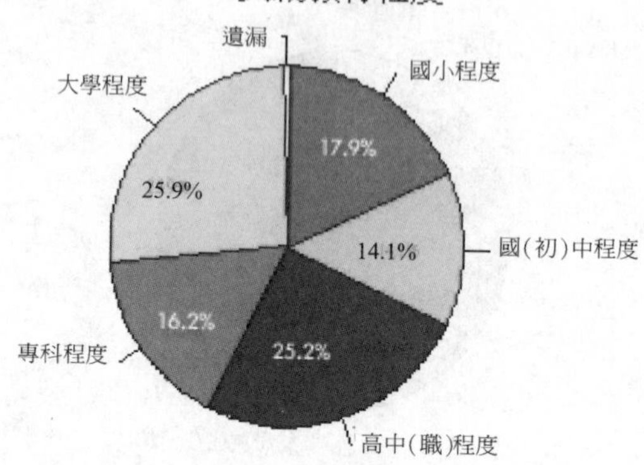

8.您母親的教育程度是：______(選項如上題，請塡數字)

母親教育程度

		次數	百分比	有效百分比	累積百分比
有效的	國小程度(畢,肄業,含以下)	72	24.8	24.8	24.8
	國(初)中程度(畢,肄業)	53	18.3	18.3	43.1
	高中程度	82	28.3	28.3	71.4
	專科程度	37	12.8	12.8	84.1
	大學程度	46	15.9	15.9	100.0
	總和	290	100.0	100.0	

母親教育程度

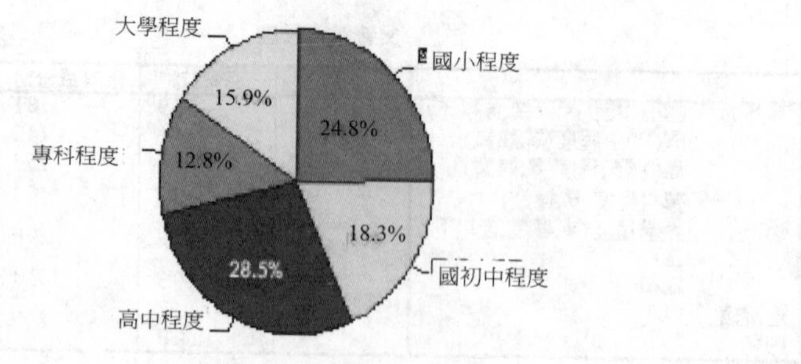

9.您父親的職業是：________(如無適當項目可選，請詳填服務單位與名稱於空格內)

父親職業

		次數	百分比	有效百分比	累積百分比
有效的	2.10	1	.3	.4	.4
	3.10	1	.3	.4	.7
	3.20	2	.7	.7	1.5
	4.10	3	1.0	1.1	2.6
	5.10	2	.7	.7	3.4
	5.20	14	4.8	5.2	8.6
	9.00	1	.3	.4	9.0
	11.00	1	.3	.4	9.4
	12.00	3	1.0	1.1	10.5
	13.00	2	.7	.7	11.2
	16.00	12	4.1	4.5	15.7
	18.00	4	1.4	1.5	17.2
	19.00	2	.7	.7	18.0
	21.00	2	.7	.7	18.7
	22.00	7	2.4	2.6	21.3
	24.00	1	.3	.4	21.7
	25.00	11	3.8	4.1	25.8
	26.00	12	4.1	4.5	30.3
	28.00	17	5.9	6.4	36.7
	29.00	3	1.0	1.1	37.8
	31.00	15	5.2	5.6	43.4
	32.00	1	.3	.4	43.8
	33.00	11	3.8	4.1	47.9
	34.00	2	.7	.7	48.7
	35.00	1	.3	.4	49.1
	36.00	25	8.6	9.4	58.4
	38.00	1	.3	.4	58.8
	39.00	1	.3	.4	59.2
	41.00	19	6.6	7.1	66.3
	42.00	14	4.8	5.2	71.5
	43.00	20	6.9	7.5	79.0
	44.00	12	4.1	4.5	83.5
	45.00	7	2.4	2.6	86.1
	48.00	1	.3	.4	86.5
	51.00	23	7.9	8.6	95.1
	52.00	1	.3	.4	95.5
	53.00	5	1.7	1.9	97.4
	54.00	2	.7	.7	98.1
	56.00	2	.7	.7	98.9
	57.00	3	1.0	1.1	100.0
	總和	267	92.1	100.0	
遺漏值	99.00	23	7.9		
總和		290	100.0		

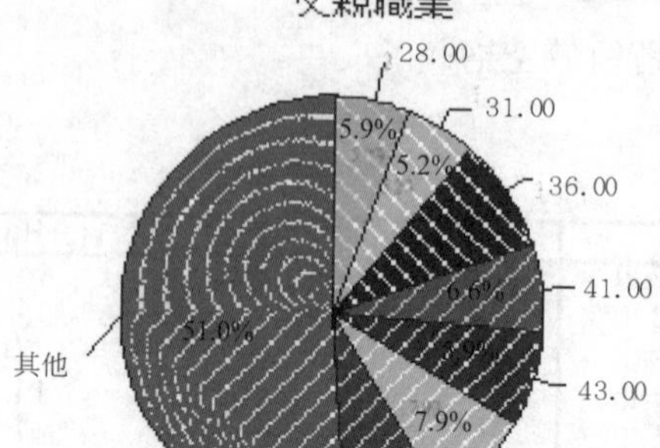

10.您母親的職業是：＿＿＿＿＿(選項如上題，請填數字)

母親職業

		次數	百分比	有效百分比	累積百分比
有效的	1.00	1	.3	.4	.4
	3.10	2	.7	.7	1.1
	3.20	1	.3	.4	1.5
	4.00	1	.3	.4	1.8
	4.10	2	.7	.7	2.5
	5.10	123	42.4	44.7	47.3
	5.20	15	5.2	5.5	52.7
	8.00	1	.3	.4	53.1
	9.00	1	.3	.4	53.5
	11.00	2	.7	.7	54.2
	12.00	2	.7	.7	54.9
	16.00	6	2.1	2.2	57.1
	21.00	1	.3	.4	57.5
	22.00	9	3.1	3.3	60.7
	23.00	2	.7	.7	61.5
	26.00	3	1.0	1.1	62.5
	28.00	5	1.7	1.8	64.4
	31.00	2	.7	.7	65.1
	32.00	11	3.8	4.0	69.1
	33.00	11	3.8	4.0	73.1
	34.00	7	2.4	2.5	75.6
	36.00	4	1.4	1.5	77.1
	41.00	3	1.0	1.1	78.2
	42.00	4	1.4	1.5	79.6
	43.00	17	5.9	6.2	85.8
	44.00	5	1.7	1.8	87.6
	45.00	2	.7	.7	88.4
	46.00	3	1.0	1.1	89.5
	47.00	3	1.0	1.1	90.5
	51.00	17	5.9	6.2	96.7
	53.00	2	.7	.7	97.5
	54.00	1	.3	.4	97.8
	55.00	2	.7	.7	98.5
	56.00	1	.3	.4	98.9
	57.00	1	.3	.4	99.3
	58.00	2	.7	.7	100.0
	總和	275	94.8	100.0	
遺漏值	99.00	15	5.2		
總和		290	100.0		

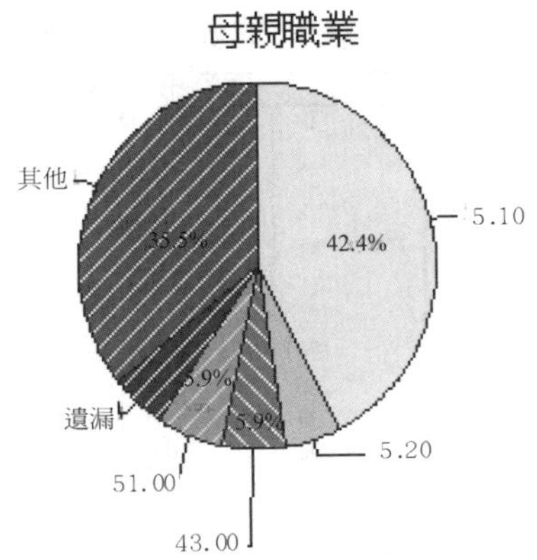

11.您最喜歡上網的時段？

□ (1)凌晨(0時-3時)

□ (2)清晨(4時-7時)

□ (3)早上(8時-11時)

□ (4)中午(11時-13時)

□ (5)下午(13時-16時)

□ (6)傍晚(16時-19時)

□ (7)晚上(19時-21時)

□ (8)深夜(21時-24時)

最喜歡上網的時段

		次數	百分比	有效百分比	累積百分比
有效的	凌晨(0-3時)	19	6.6	7.3	7.3
	清晨(4-7時)	4	1.4	1.5	8.8
	早上(8-11時)	6	2.1	2.3	11.2
	中午(11-13時)	3	1.0	1.2	12.3
	下午(13-16時)	11	3.8	4.2	16.5
	傍晚(16-19時)	11	3.8	4.2	20.8
	晚上(19-21時)	76	26.2	29.2	50.0
	深夜(21-24時)	130	44.8	50.0	100.0
	總和	260	89.7	100.0	
遺漏值	9.00	30	10.3		
總和		290	100.0		

最喜歡上網的時段

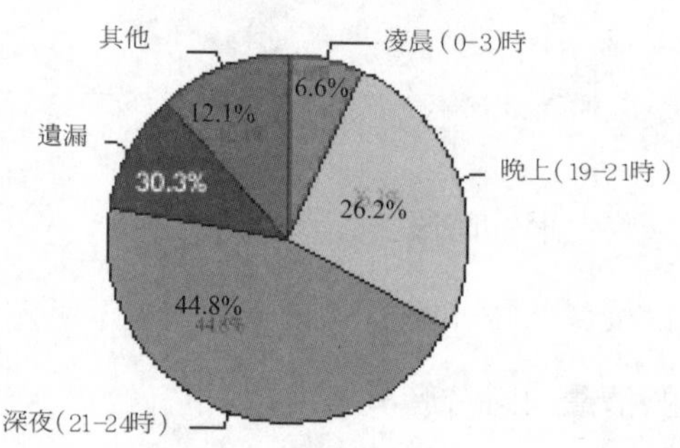

12.您最喜歡上網的場所？

□ (1)家裡

□ (2)網咖

□ (3)學校

□ (4)其他

最喜歡上網的場所

		次數	百分比	有效百分比	累積百分比
有效的	家裡	192	66.2	68.1	68.1
	網咖	34	11.7	12.1	80.1
	學校	51	17.6	18.1	98.2
	其他	5	1.7	1.8	100.0
	總和	282	97.2	100.0	
遺漏值	9.00	8	2.8		
總和		290	100.0		

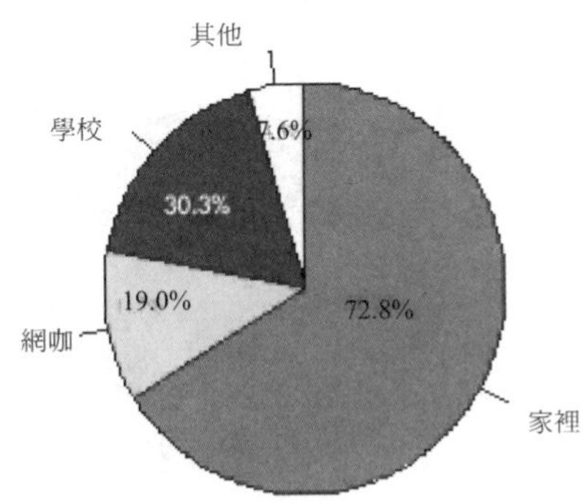

二、散播電腦病毒

9.請問您有中過電腦病毒嗎？（回答「有」的人請回答下列第2、3、4題問題）

□ 有

□ 沒有

□不清楚

中過電腦病毒

		次數	百分比	有效百分比	累積百分比
有效的	有	211	72.8	73.3	73.3
	沒有	55	19.0	19.1	92.4
	不清楚	22	7.6	7.6	100.0
	總和	288	99.3	100.0	
遺漏值	9.00	2	.7		
總和		290	100.0		

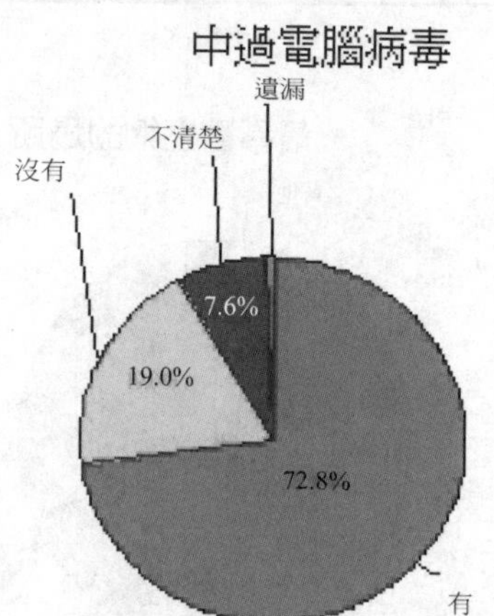

2.請問您的電腦中過幾次病毒？

☐ 1-5次

☐ 6-10次

☐11次以上

電腦中毒次數

		次數	百分比	有效百分比	累積百分比
有效的	1-5次	179	84.8	85.6	85.6
	6-10次	18	8.5	8.6	94.3
	11次以上	12	5.7	5.7	100.0
	總和	209	99.1	100.0	
遺漏值	9.00	2	.9		
總和		211	100.0		

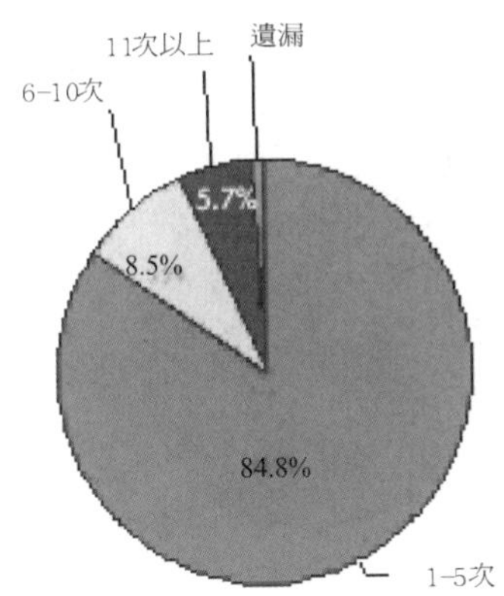

3.請問您的電腦中毒時，您通常需要花費多少錢處理？

☐ 不用錢

☐ 1000元以上

☐ 1001-5000元

☐ 5001至1萬元

☐ 1萬零1元以上

電腦中毒時,花費處理的金額

		次數	百分比	有效百分比	累積百分比
有效的	不用錢	169	80.1	80.9	80.9
	1000元以內	26	12.3	12.4	93.3
	1001-5000元	12	5.7	5.7	99.0
	5001-一萬元	1	.5	.5	99.5
	一萬零一元以上	1	.5	.5	100.0
	總和	209	99.1	100.0	
遺漏值	9.00	2	.9		
總和		211	100.0		

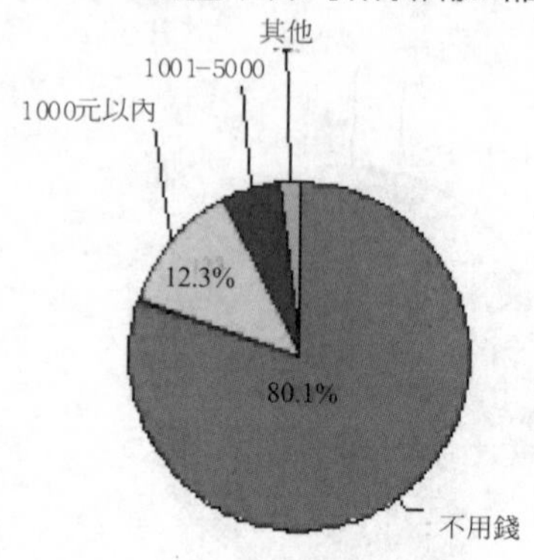

4. 您的電腦中毒，對您的生活狀況有沒有影響？

□ 有

□ 沒有

□ 不知道

是否知道散發電腦病毒可以移送法辦

		次數	百分比	有效百分比	累積百分比
有效的	知道	210	72.4	73.2	73.2
	不知道	77	26.6	26.8	100.0
	總和	287	99.0	100.0	
遺漏值	9.00	3	1.0		
總和		290	100.0		

電腦中毒對於生活狀況之影響

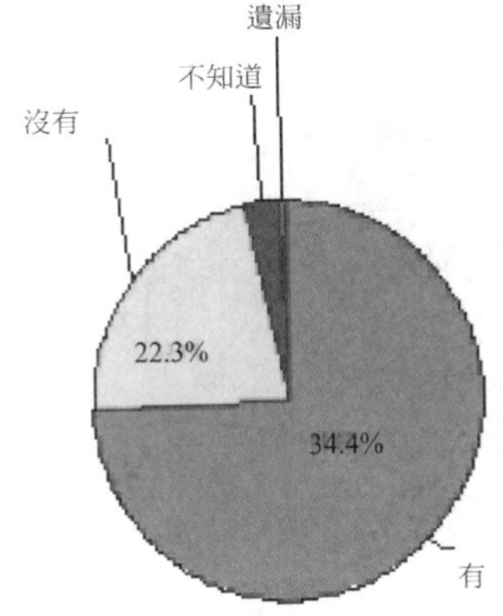

10. 請問您對於散發電腦病毒的人的感覺？

□ 無感覺

□ 最好把他關起來

□不用關，叫他賠錢就好

對於散發病毒者之感覺

		次數	百分比	有效百分比	累積百分比
有效的	無感覺	34	11.7	11.8	11.8
	最好把他關起來	122	42.1	42.5	54.4
	不用關,叫他賠錢就好了	131	45.2	45.6	100.0
	總和	287	99.0	100.0	
遺漏值	9.00	3	1.0		
總和		290	100.0		

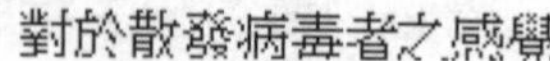

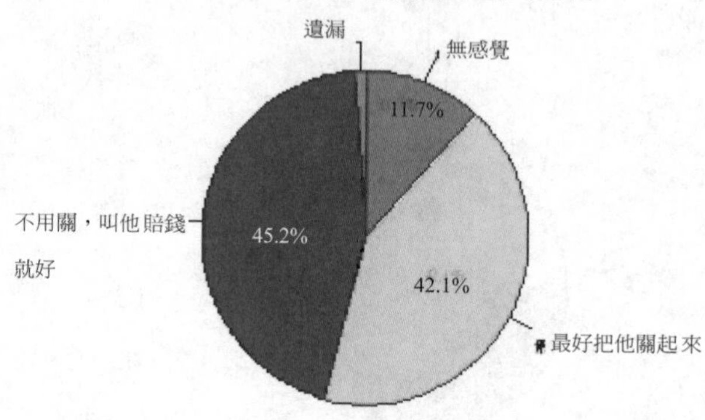

4.請問您知不知道散發病毒的人是可以依刑法的規定移送法辦？

□ 知道

□不知道

是否知道散發電腦病毒可以移送法辦

		次數	百分比	有效百分比	累積百分比
有效的	知道	210	72.4	73.2	73.2
	不知道	77	26.6	26.8	100.0
	總和	287	99.0	100.0	
遺漏值	9.00	3	1.0		
總和		290	100.0		

是否知道散發電腦病毒可以移送法辦

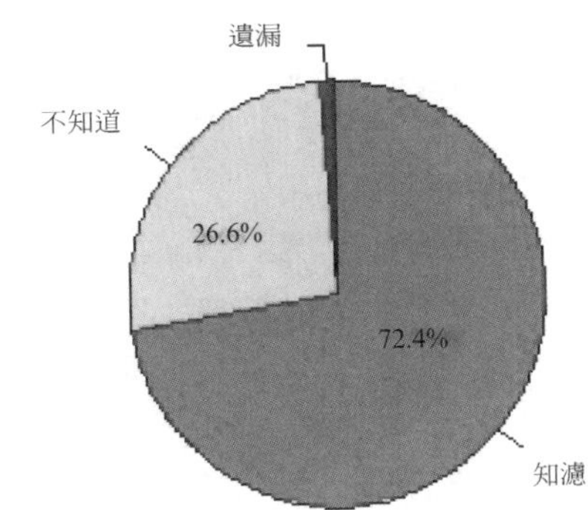

5.其實，您是否有想過當個駭客，感受一下散發病毒讓別人家電腦癱瘓的樂趣？

□有

□ 有時會有

□ 沒有

□不知道

是否想當駭客散發病毒

		次數	百分比	有效百分比	累積百分比
有效的	有	32	11.0	11.1	11.1
	有時會	52	17.9	18.1	29.3
	沒有	201	69.3	70.0	99.3
	不知道	2	.7	.7	100.0
	總和	287	99.0	100.0	
遺漏值	9.00	3	1.0		
總和		290	100.0		

是否想當駭客散發病毒

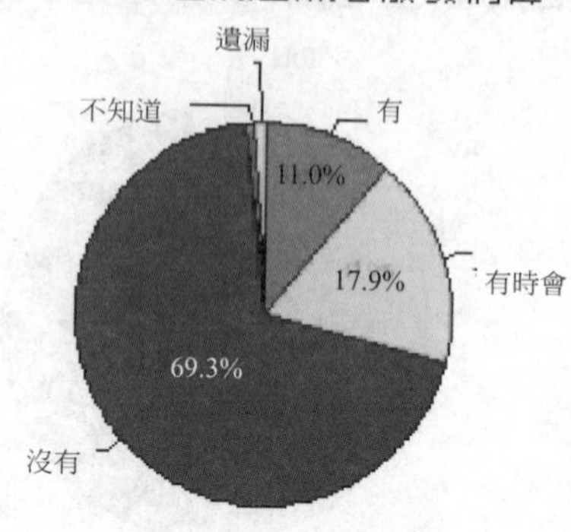

6.如有必要，不惜散發病毒癱瘓敵對單位電腦的動機，也是可以理解的。

☐ 是

☐ 不是

☐ 不知道

如有需要,散發電腦病毒癱瘓敵對電腦,是可理解

		次數	百分比	有效百分比	累積百分比
有效的	是	181	62.4	63.5	63.5
	不是	75	25.9	26.3	89.8
	不知道	29	10.0	10.2	100.0
	總和	285	98.3	100.0	
遺漏值	9.00	5	1.7		
總和		290	100.0		

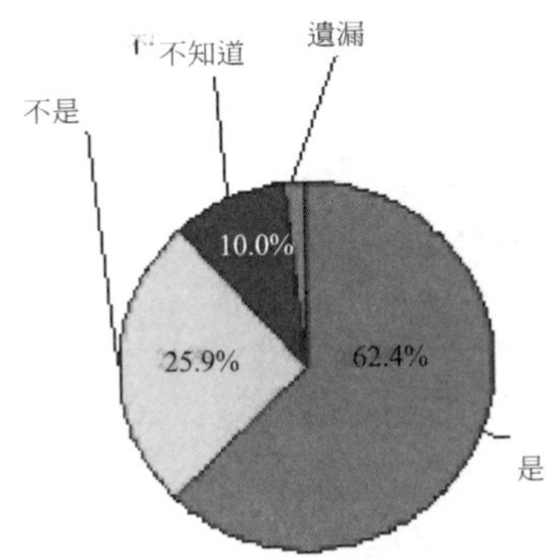

三、散播電腦病毒

1.請問您有接收垃圾電子郵件？（回答「有」的人請回答下列第2、3、4題問題）

□ 有

□ 沒有

□不清楚

接收過垃圾電子郵件

		次數	百分比	有效百分比	累積百分比
有效的	有	279	96.2	96.2	96.2
	沒有	9	3.1	3.1	99.3
	不清楚	2	.7	.7	100.0
	總和	290	100.0	100.0	

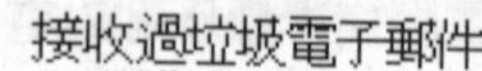

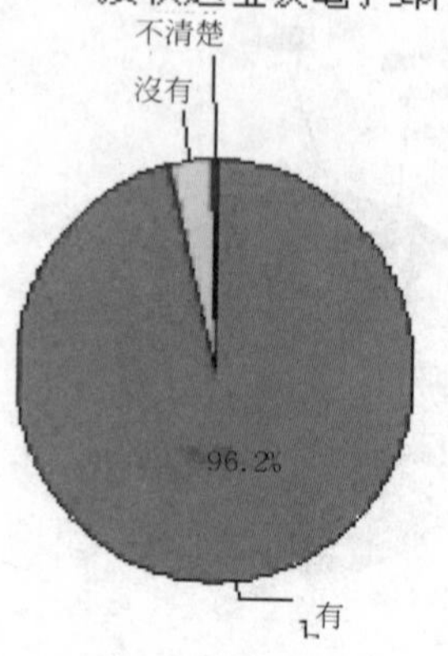

2.請問您接收垃圾電子郵件之頻率如何？一星期

☐ 1-5次

☐ 6-10次

☐11次以上

一星期接收垃圾電子郵件之頻率

		次數	百分比	有效百分比	累積百分比
有效的	1-5次	128	45.9	46.2	46.2
	6-10次	58	20.8	20.9	67.1
	11次以上	91	32.6	32.9	100.0
	總和	277	99.3	100.0	
遺漏值	9.00	2	.7		
總和		279	100.0		

一星期接收垃圾電子郵件之頻率

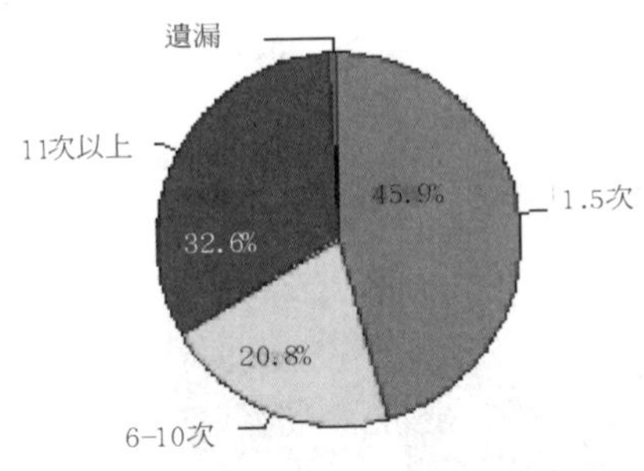

3.請問您所接收過的垃圾郵件來源多爲？

□ 色情網站

□ 朋友轉寄

□ 廣告信函

□ 來自所加入網站(爲該網站之會員)之郵件

□ 不知來源

垃圾電子郵件之來源

		次數	百分比	有效百分比	累積百分比
有效的	色情網站	25	9.0	11.1	11.1
	朋友轉寄	30	10.8	13.3	24.4
	廣告信函	130	46.6	57.8	82.2
	來自所加入網站(爲該網站會員)	22	7.9	9.8	92.0
	不知來源	18	6.5	8.0	100.0
	總和	225	80.6	100.0	
遺漏值	9.00	54	19.4		
總和		279	100.0		

垃圾電子郵件之來源

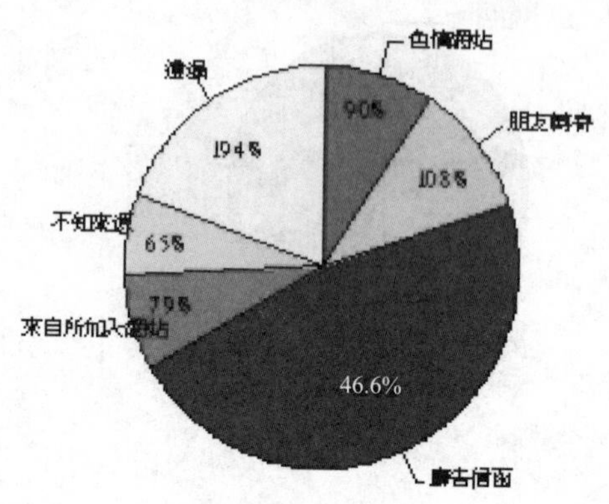

4.接收到垃圾郵件之處理方式爲何？

☐ 不打開，立即刪除

☐ 若是郵件來源清楚，會打開看

☐ 即使來源不明，因爲好奇，會打開看看

處理垃圾郵件之方式

		次數	百分比	有效百分比	累積百分比
有效的	不打開,立即刪除	196	70.3	70.3	70.3
	若是郵件來源清楚則會打開來看	62	22.2	22.2	92.5
	即時來源不明,因爲好奇會打開來看	21	7.5	7.5	100.0
	總和	279	100.0	100.0	

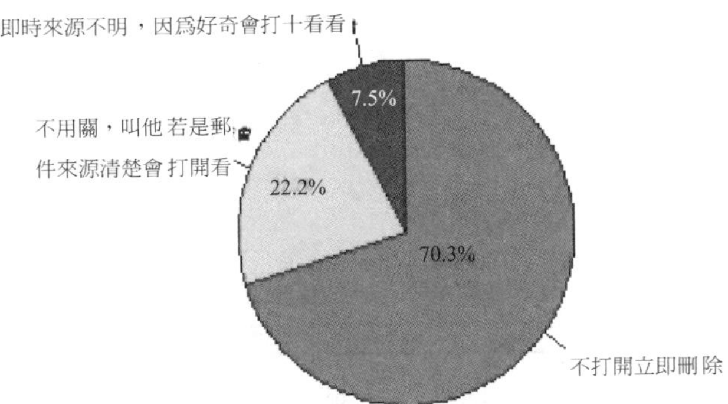

5.請問您是否曾因爲垃圾郵件導致電腦中毒？

□ 有

□ 沒有

垃圾郵件導致電腦中毒

		次數	百分比	有效百分比	累積百分比
有效的	有	81	29.0	29.3	29.3
	沒有	195	69.9	70.7	100.0
	總和	276	98.9	100.0	
遺漏值	9.00	3	1.1		
總和		279	100.0		

垃圾郵件導致電腦中毒

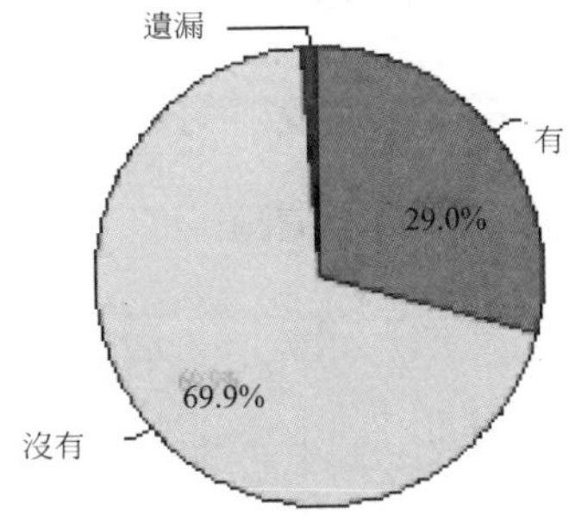

6.請問您是否認爲散發垃圾郵件是屬於一種犯罪的行爲？

□ 是

□ 不是

□ 沒意見

散發垃圾郵件是一種犯罪行爲

		次數	百分比	有效百分比	累積百分比
有效的	是	112	38.6	39.0	39.0
	不是	136	46.9	47.4	86.4
	沒意見	39	13.4	13.6	100.0
	總和	287	99.0	100.0	
遺漏值	9.00	3	1.0		
總和		290	100.0		

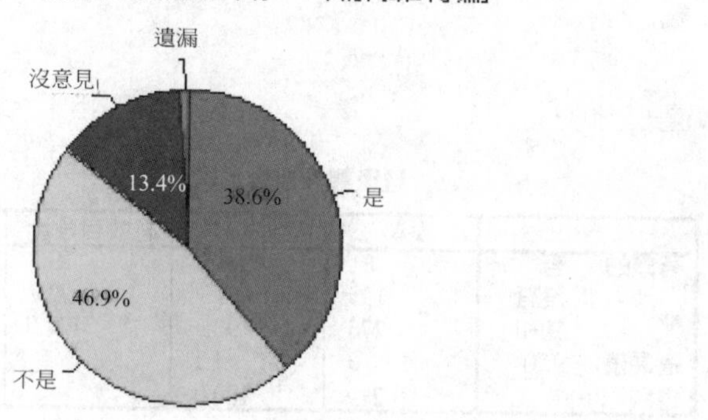

7.請問您對收到垃圾郵件的感覺？

□無所謂，其中有些郵件還頗有趣或有用

□ 頻率不高，所以還可以忍受

□ 極度厭煩，需要常清電子信箱

□ 不知道

接受垃圾郵件之感覺

		次數	百分比	有效百分比	累積百分比
有效的	無所謂,其中有些郵件還頗有趣或有用	56	19.3	19.4	19.4
	頻率不高,所以還可以忍受	98	33.8	33.9	53.3
	極度厭煩,需要常清電子信箱	135	46.6	46.7	100.0
	總和	289	99.7	100.0	
遺漏值	9.00	1	.3		
總和		290	100.0		

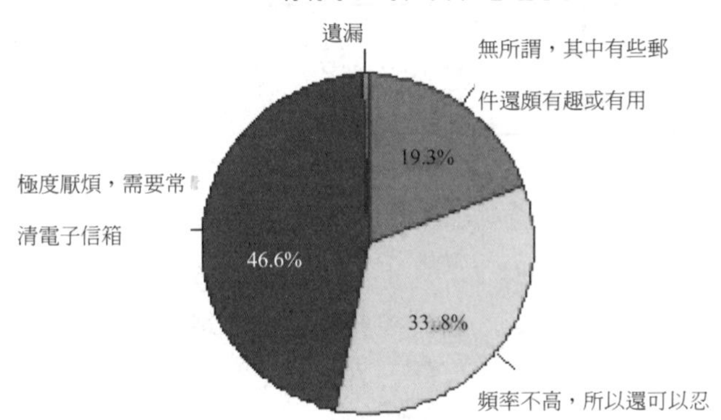

(三)色情網站

1.請問您曾經瀏覽過色情網站，或從網路上得到色情訊息一性交或三點全露的圖片嗎？（回答「有」的人請回答下列第2、3、4題問題）

□ 有

□ 沒有

曾經瀏覽過色情網站

		次數	百分比	有效百分比	累積百分比
有效的	有	221	76.2	78.1	78.1
	沒有	62	21.4	21.9	100.0
	總和	283	97.6	100.0	
遺漏值	9.00	7	2.4		
總和		290	100.0		

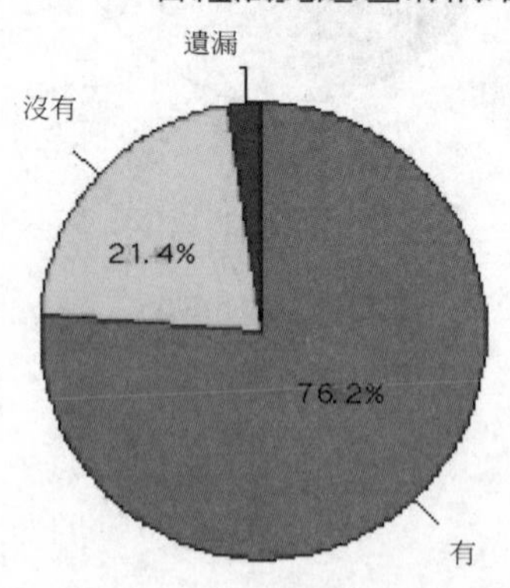

2.請問您是否曾經付費得到網路資訊？

☐ 有

☐ 沒有

☐ 不記得

曾經付費獲得網路資訊

		次數	百分比	有效百分比	累積百分比
有效的	有	19	8.6	8.6	8.6
	沒有	201	91.0	91.0	99.5
	不記得	1	.5	.5	100.0
	總和	221	100.0	100.0	

曾經付費獲得網路資訊

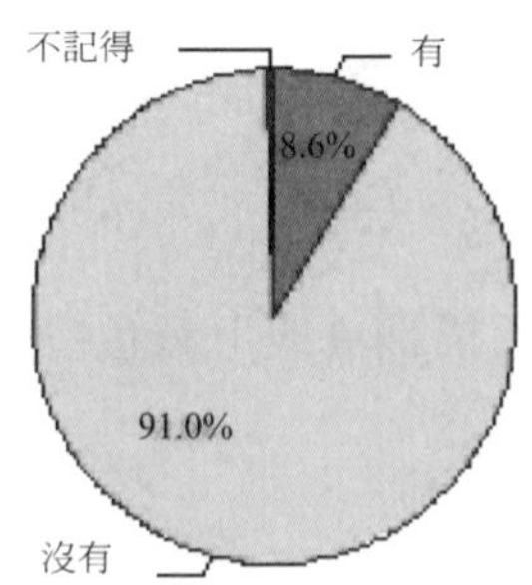

3.請問您覺得架設色情網站營利或供人瀏覽的行為？

☐ 是犯罪行為

☐ 沒有什麼不可以

☐ 視網頁的內容而定

架設色情網站營利或供人瀏覽之行為

		次數	百分比	有效百分比	累積百分比
有效的	是犯罪行為	45	20.4	20.5	20.5
	沒有什麼不可以	44	19.9	20.0	40.5
	視網頁的內容而定	131	59.3	59.5	100.0
	總和	220	99.5	100.0	
遺漏值	9.00	1	.5		
總和		221	100.0		

架設色情網站營利或供人瀏覽之行爲

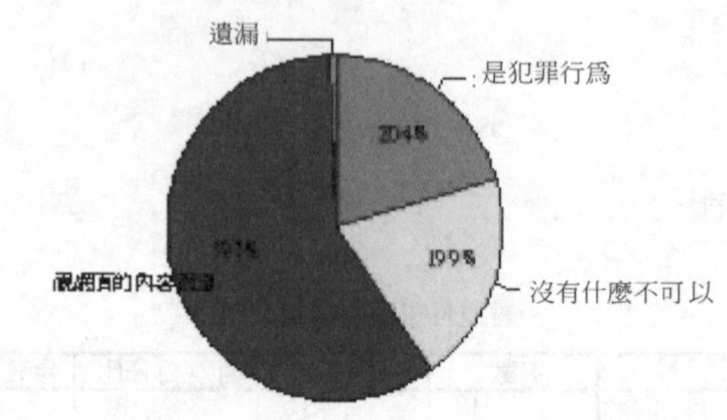

4.請問您曾經因爲瀏覽色情網頁或下載色情檔案—圖片或影片而中毒的經驗嗎？

☐ 有

☐ 沒有

☐ 不知道

因爲瀏覽或下載色情網頁而中毒

		次數	百分比	有效百分比	累積百分比
有效的	有	19	8.6	8.6	8.6
	沒有	192	86.9	86.9	95.5
	不知道	10	4.5	4.5	100.0
	總和	221	100.0	100.0	

因爲瀏覽或下載色情網頁而中毒

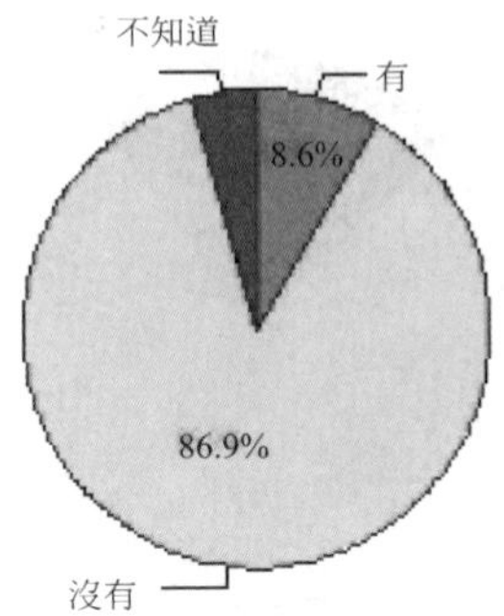

5.請問您是否會因爲接觸網路色情而影響與異性的接觸或交往模式？

□ 會

□ 不會

□ 不知道

因爲接觸網路色情而影響與異性之接觸或交往模式

		次數	百分比	有效百分比	累積百分比
有效的	會	22	10.0	10.0	10.0
	不會	170	76.9	76.9	86.9
	不知道	29	13.1	13.1	100.0
	總和	221	100.0	100.0	

接觸網路色情而影響與異性之接觸或交往

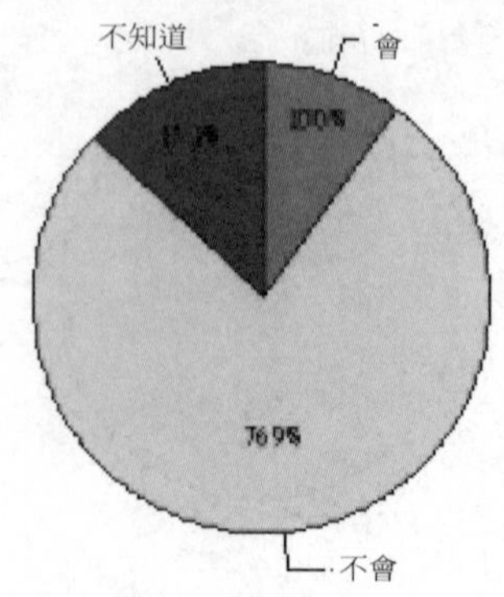

6.請問您是否同意瀏覽色情網站是種可以接受的休閒活動？

☐ 是

☐ 不是

☐ 不知道

瀏覽色情網站是種可接受之休閒活動

		次數	百分比	有效百分比	累積百分比
有效的	是	159	54.8	57.2	57.2
	不是	86	29.7	30.9	88.1
	不知道	33	11.4	11.9	100.0
	總和	278	95.9	100.0	
遺漏值	9.00	12	4.1		
總和		290	100.0		

瀏覽色情網站是種可接受之休閒活動

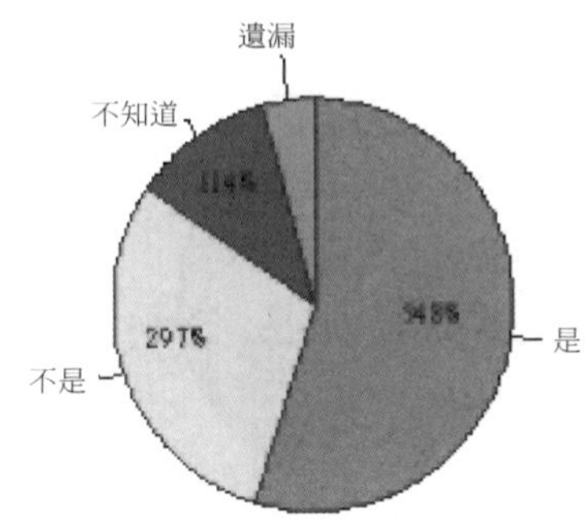

7.請問您是否認爲網路會助長色情的氾濫？

□會

□ 不會

□不知道

網路會助長色情氾濫

		次數	百分比	有效百分比	累積百分比
有效的	會	237	81.7	85.3	85.3
	不會	27	9.3	9.7	95.0
	不知道	14	4.8	5.0	100.0
	總和	278	95.9	100.0	
遺漏值	9.00	12	4.1		
總和		290	100.0		

網路會助長色情氾濫

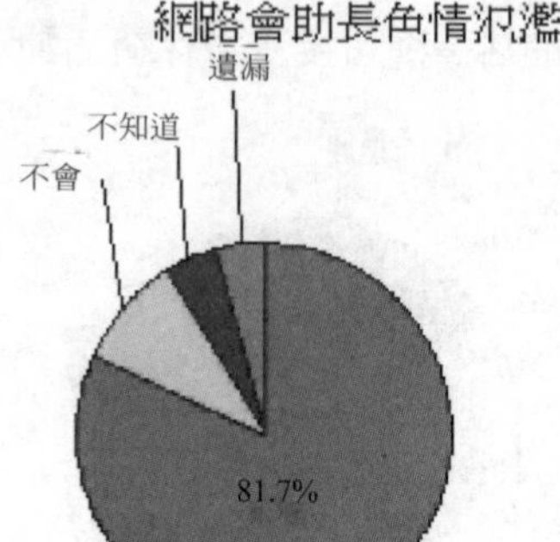

＊統計數據當中人口基本統計

年齡

		次數	百分比	有效百分比	累積百分比
有效的	15.00	1	.3	.3	.3
	18.00	16	5.5	5.6	5.9
	19.00	68	23.4	23.6	29.5
	20.00	58	20.0	20.1	49.7
	21.00	35	12.1	12.2	61.8
	22.00	32	11.0	11.1	72.9
	23.00	20	6.9	6.9	79.9
	24.00	19	6.6	6.6	86.5
	25.00	17	5.9	5.9	92.4
	26.00	10	3.4	3.5	95.8
	27.00	3	1.0	1.0	96.9
	28.00	6	2.1	2.1	99.0
	29.00	3	1.0	1.0	100.0
	總和	288	99.3	100.0	
遺漏值	99.00	2	.7		
總和		290	100.0		

性別

		次數	百分比	有效百分比	累積百分比
有效的	男生	126	43.4	43.6	43.6
	女生	163	56.2	56.4	100.0
	總和	289	99.7	100.0	
遺漏值	9.00	1	.3		
總和		290	100.0		

教育程度

		次數	百分比	有效百分比	累積百分比
有效的	國小程度(畢.肄業;含以下)	2	.7	.7	.7
	國(初)中程度(畢.肄業)	1	.3	.3	1.0
	高中(職)程度(畢.肄業)以上	286	98.6	99.0	100.0
	總和	289	99.7	100.0	
遺漏值	9.00	1	.3		
總和		290	100.0		

兄弟姊妹數目

		次數	百分比	有效百分比	累積百分比
有效的	.00	8	2.8	2.8	2.8
	1.00	78	26.9	27.1	29.9
	2.00	98	33.8	34.0	63.9
	3.00	68	23.4	23.6	87.5
	4.00	24	8.3	8.3	95.8
	5.00	11	3.8	3.8	99.7
	6.00	1	.3	.3	100.0
	總和	288	99.3	100.0	
遺漏值	9.00	2	.7		
總和		290	100.0		

兄弟姊妹中排行

		次數	百分比	有效百分比	累積百分比
有效的	老大	128	44.1	44.1	44.1
	中間排行	72	24.8	24.8	69.0
	老么	83	28.6	28.6	97.6
	獨生子	7	2.4	2.4	100.0
	總和	290	100.0	100.0	

父母的婚姻狀況

		次數	百分比	有效百分比	累積百分比
有效的	父母親住在一起	253	87.2	87.2	87.2
	父母親分居	7	2.4	2.4	89.7
	父母親離婚,未再婚	10	3.4	3.4	93.1
	父母親友一方再婚	2	.7	.7	93.8
	父母親友一方已死亡	18	6.2	6.2	100.0
	總和	290	100.0	100.0	

父親教育程度

		次數	百分比	有效百分比	累積百分比
有效的	國小程度(畢,肄業;含以下)	52	17.9	18.1	18.1
	國(初)中程度(畢,肄業)	41	14.1	14.2	32.3
	高中(職)程度(畢,肄業)	73	25.2	25.3	57.6
	專科程度(畢,肄業)	47	16.2	16.3	74.0
	大學程度(畢,肄業;含以下上)	75	25.9	26.0	100.0
	總和	288	99.3	100.0	
遺漏值	9.00	2	.7		
總和		290	100.0		

母親教育程度

		次數	百分比	有效百分比	累積百分比
有效的	國小程度(畢,肄業;含以下)	72	24.8	24.8	24.8
	國(初)中程度(畢,肄業)	53	18.3	18.3	43.1
	高中程度	82	28.3	28.3	71.4
	專科程度	37	12.8	12.8	84.1
	大學程度	46	15.9	15.9	100.0
	總和	290	100.0	100.0	

父親職業

		次數	百分比	有效百分比	累積百分比
有效的	2.10	1	.3	.4	.4
	3.10	1	.3	.4	.7
	3.20	2	.7	.7	1.5
	4.10	3	1.0	1.1	2.6
	5.10	2	.7	.7	3.4
	5.20	14	4.8	5.2	8.6
	9.00	1	.3	.4	9.0
	11.00	1	.3	.4	9.4
	12.00	2	.7	.7	10.1
	13.00	2	.7	.7	10.9
	16.00	12	4.1	4.5	15.4
	18.00	4	1.4	1.5	16.9
	19.00	2	.7	.7	17.6
	21.00	1	.3	.4	18.0
	22.00	7	2.4	2.6	20.6
	24.00	1	.3	.4	21.0
	25.00	11	3.8	4.1	25.1
	26.00	12	4.1	4.5	29.6
	28.00	17	5.9	6.4	36.0
	29.00	3	1.0	1.1	37.1
	31.00	15	5.2	5.6	42.7
	32.00	1	.3	.4	43.1
	33.00	11	3.8	4.1	47.2
	34.00	2	.7	.7	47.9
	35.00	1	.3	.4	48.3
	36.00	25	8.6	9.4	57.7
	38.00	1	.3	.4	58.1
	39.00	1	.3	.4	58.4
	41.00	19	6.6	7.1	65.5
	42.00	14	4.8	5.2	70.8
	43.00	20	6.9	7.5	78.3
	44.00	12	4.1	4.5	82.8
	45.00	7	2.4	2.6	85.4
	48.00	1	.3	.4	85.8
	51.00	23	7.9	8.6	94.4
	52.00	1	.3	.4	94.8
	53.00	5	1.7	1.9	96.6
	54.00	2	.7	.7	97.4
	56.00	2	.7	.7	98.1
	57.00	3	1.0	1.1	99.3
	132.00	1	.3	.4	99.6
	321.00	1	.3	.4	100.0
	總和	267	92.1	100.0	
遺漏值	99.00	23	7.9		
總和		290	100.0		

母親職業

		次數	百分比	有效百分比	累積百分比
有效的	1.00	1	.3	.4	.4
	3.10	2	.7	.7	1.1
	3.20	1	.3	.4	1.5
	4.00	1	.3	.4	1.8
	4.10	2	.7	.7	2.5
	5.10	123	42.4	44.7	47.3
	5.20	15	5.2	5.5	52.7
	8.00	1	.3	.4	53.1
	9.00	1	.3	.4	53.5
	11.00	2	.7	.7	54.2
	12.00	2	.7	.7	54.9
	16.00	6	2.1	2.2	57.1
	21.00	1	.3	.4	57.5
	22.00	9	3.1	3.3	60.7
	23.00	2	.7	.7	61.5
	26.00	3	1.0	1.1	62.5
	28.00	5	1.7	1.8	64.4
	31.00	2	.7	.7	65.1
	32.00	11	3.8	4.0	69.1
	33.00	11	3.8	4.0	73.1
	34.00	7	2.4	2.5	75.6
	36.00	4	1.4	1.5	77.1
	41.00	3	1.0	1.1	78.2
	42.00	4	1.4	1.5	79.6
	43.00	17	5.9	6.2	85.8
	44.00	5	1.7	1.8	87.6
	45.00	2	.7	.7	88.4
	46.00	3	1.0	1.1	89.5
	47.00	3	1.0	1.1	90.5
	51.00	17	5.9	6.2	96.7
	53.00	2	.7	.7	97.5
	54.00	1	.3	.4	97.8
	55.00	2	.7	.7	98.5
	56.00	1	.3	.4	98.9
	57.00	1	.3	.4	99.3
	58.00	2	.7	.7	100.0
	總和	275	94.8	100.0	
遺漏值	99.00	15	5.2		
總和		290	100.0		

最喜歡上網的時段

		次數	百分比	有效百分比	累積百分比
有效的	淩晨(0-3時)	19	6.6	7.3	7.3
	清晨(4-7時)	4	1.4	1.5	8.8
	早上(8-11時)	6	2.1	2.3	11.2
	中午(11-13時)	3	1.0	1.2	12.3
	下午(13-16時)	11	3.8	4.2	16.5
	傍晚(16-19時)	11	3.8	4.2	20.8
	晚上(19-21時)	76	26.2	29.2	50.0
	深夜(21-24時)	130	44.8	50.0	100.0
	總和	260	89.7	100.0	
遺漏值	9.00	30	10.3		
總和		290	100.0		

最喜歡上網的場所

		次數	百分比	有效百分比	累積百分比
有效的	家裡	192	66.2	68.1	68.1
	網咖	34	11.7	12.1	80.1
	學校	51	17.6	18.1	98.2
	其他	5	1.7	1.8	100.0
	總和	282	97.2	100.0	
遺漏值	9.00	8	2.8		
總和		290	100.0		

參考文獻

除本文以外，本文尚有下數引用文獻：

中文部分

1、尹文新（民89）《網路色情管制與國際合作》。國立中正大學政治學研究所碩士論文。

2、林宜隆（民88）《預防網路犯罪整合安全體系之研究架構與未來發展》。中央警察大學學報第35期，頁449-472。

3、林宜隆（民86） 網路犯罪與網路預防之探討。《犯罪學期刊》第3期，頁139-166。

4、張嘉彬（民87） 電腦犯罪及其防治方法之探討--以電腦病毒爲例。《書府》。第十八、十九期，頁67。

3、張台先、陳玥菁 編譯*Thomas J. Smedinghoff*主編；（民87）《網路法律》。儒林圖書公司出版。

4、葉國隆（民　） 台灣地區網際網路法律規範。《印刷傳播管理》 頁23-28。

8、廖有祿（民86） 《電腦犯罪的刑法問題》。中央警察大學學報第31期，頁25-40。

9、蔡美智（民88） 談網路犯罪。《資訊法務透析》頁35-42。

10、鍾明通（民89）《網際網路法律入門》。台北市：新自然主義。

11、蘇宏文（民84） 向電腦病毒說「不」！—淺談電腦病毒與電腦犯罪。《法律與你》。頁140-147。

相關網站

聯邦病毒調查局，http://www.youthwant.com.tw/fvbi/billboard4.htm。

非色情網站．網路犯罪防制網之網路上散布電腦病毒，http://www.crime.org.tw/data01.htm - 03

http://www.tcc.gov.tw

http://bel.udnnews.com

http://www.crime.org.tw

http://www.police.org.tw

http://www.lifelaw.com.tw/law/lawbasic/legalnews3.asp?NID=N263919...

http://bel.udnnews.com/2001/6/15/NEWS/INFOTECH/INTERNET/329253.shtml

http://tech.smartnet.com.tw/sample/print.asp?no=20001113009&prttype=A...

http://www.hotlaw.com.tw/laliveall.php3?laonel=網路法律&latwo=其他&latree=&laid=296

http://www.ndhu.edu.tw/~cindy/Law/acc1223.htm

http://www.comp4.com/whatisvirus.htm

註釋

1. 本論文原名爲：《青少年網路犯罪之探討與防範教育宣導》爲國科會計畫NSC90-2511-S-192-002結案報告成果之一。亦發表於2003年青少年犯罪研討會，日本比較法雜誌第38卷第1號

（2004年）。

2.陳慈幸，《法律的詮索》，濤石文化。

3.亦爲*Literature Review Method*。

4.即問卷調查法（*Survey Research Method*）。

5.蔡承志、林禎舜、蔡麗瓊，電子郵件調查穩定度的探討，收入中央研究院調查研究工作室，本文引自翟本瑞，網路文化，揚智書局，頁11-12。

6.教育部校園網路使用規範（教育部90電創184016號文，中華民國90年12月26日核定）

一、規範目的

爲充分發揮校園網路（以下簡稱網路）功能、普及尊重法治觀念，並提供網路使用者可資遵循之準據，以促進教育及學習，特訂定本規範。

二、網路規範與委員會

各校應參考本規範訂定網路使用規範，並視實際需要設置委員會或指定專人辦理下列事項：

（一）協助學校處理網路相關法律問題。

（二）採取適當之措施以維護網路安全。

（三）宣導網路使用之相關規範，並引導網路使用者正確使用資訊資源、重視網路相關法令及禮節。

（四）其他與網路有關之事項。

三、尊重智慧財產權

網路使用者應尊重智慧財產權。

學校應宣導網路使用者避免下列可能涉及侵害智慧財產權之

行為：

（一）使用未經授權之電腦程式。

（二）違法下載、拷貝受著作權法保護之著作。

（三）未經著作權人之同意，將受保護之著作上傳於公開之網站上。

（四）BBS或其他線上討論區上之文章，經作者明示禁止轉載，而仍然任意轉載。

（五）架設網站供公眾違法下載受保護之著作。

（六）其他可能涉及侵害智慧財產權之行為。

四、禁止濫用網路系統

使用者不得為下列行為：

（一）散布電腦病毒或其他干擾或破壞系統機能之程式。

（二）擅自截取網路傳輸訊息。

（三）以破解、盜用或冒用他人帳號及密碼等方式，未經授權使用網路資源，或無故洩漏他人之帳號及密碼。

（四）無故將帳號借予他人使用。

（五）隱藏帳號或使用虛假帳號。但經明確授權得匿名使用者不在此限。

（六）窺視他人之電子郵件或檔案。

（七）以任何方式濫用網路資源，包括以電子郵件大量傳送廣告信、連鎖信或無用之信息，或以灌爆信箱、掠奪資源等方式，影響系統之正常運作。

（八）以電子郵件、線上談話、電子佈告欄（BBS）或類似功能之方法散布詐欺、誹謗、侮辱、猥褻、騷擾、非法軟體交易或其他違法之訊息。

（九）利用學校之網路資源從事非教學研究等相關之活動或違法行爲。

五、網路之管理

學校爲執行本規範之內容，其有關網路之管理事項如下：

（一）協助網路使用者建立自律機制。

（二）對網路流量應爲適當之區隔與管控。

（三）對於違反本規範或影響網路正常運作者，得暫停該使用者使用之權利。

（四）BBS及其他網站應設置專人負責管理、維護。違反網站使用規則者，負責人得刪除其文章或暫停其使用。情節重大、違反校規或法令者，並應轉請學校處置。

（五）其他有關校園網路管理之事項。

使用者若發現系統安全有任何缺陷，應儘速報告網路管理單位。

六、網路隱私權之保護

學校應尊重網路隱私權，不得任意窺視使用者之個人資料或有其他侵犯隱私權之行爲。但有下列情形之一者，不在此限：

（一）爲維護或檢查系統安全。

（二）依合理之根據，懷疑有違反校規之情事時，爲取得證據或調查不當行爲。

（三）爲配合司法機關之調查。

（四）其他依法令之行爲。

七、違反之效果

網路使用者違反本規範者，將受到下列之處分：

（一）停止使用網路資源。

（二）接受校規之處分。

網路管理者違反本規範者，應加重其處分。

依前兩項規定之處分者，其另有違法行爲時，行爲人尙應依民法、刑法、著作權法或其他相關法令負法律責任。

八、處理原則及程序

各校訂定之校園網路使用規範應明定於校規。

前項校規和網路管理單位對違反本規範之行爲人，或爲防範違反本規範，對行爲人或非特定對象所採取之各項管制措施，應符合必要原則、比例原則及法律保留原則。

各校對違反本規範之行爲人所爲之處分，應依正當法律程序，提供申訴和救濟機制。

學校處理相關網路申訴或救濟程序時，應徵詢校內網路委員會或指定專人之意見。

7.例如法務部目前所推行之「*Fun*暑假*Fun*青春—法務部暑期青少年犯罪預防網路」已由今年七月七日正式上線啓用。

第七章

青少年網路性被害：援助交際法論理之廣義探究[1]

- 援助交際之廣義論
- 從社會經濟觀點探討援助交際產生之原因
- 援助交際歪風在台灣結構弔詭現象的縮影
- 援助交際之法論理

摘要

本文旨在說明青少年網路性被害當中，有關援助交際之法律層面之廣義性探究。除在於援助交際之廣義論述上做一詳細性說明之外，並從社會經濟學之論點方式簡要說明之。期在於使讀者對於援助交際之法論理上獲致更深切之認識。

原論文名爲：《無色的薔薇：談援助交際》發表於2002年於國立中正大學犯罪防治研究所所召開之新興犯罪研討會，本內容部分並發表日本比較法雜誌第37卷第3號（2003年)。

壹、援助交際之廣義論

Shiseido、*Chanel*、*Parada*、*PHS*電話....等，在日本眾多的女孩子心目中都是夢寐以求的物質享受，但又有多少女孩子的家長願意支持自己的女兒去追求這樣的物質生活享受呢？

這些女孩子爲爭取自己響往的物質享受，有部份會找份好的兼職工作賺錢，有部份會替人補習努力賺錢，這般的賺錢方式對這群女孩子來說未免過分刻板了，但試問有哪些人不願意賺外快錢呢？

在九十年代，日本的高中女生，放學後不是去同學家溫習功課，不是留在學校參與課外活動，更不會在圖書館中找參考書籍，這樣一來，那些高中女生究竟那兒去了？

大家如果有機會去到日本，可能在涉谷、池袋、六本木等地方的街頭，或至色情場所，都可以見到那些16至20歲的高中女生的行蹤，這究竟是怎麼回事？其實這樣的事情都是因爲「援助交際」的出現！

援助交際(*enjoukousai*)這個名詞，有人稱之為「收費拍拖」，其實真正的解釋是一些上了年紀或一些想擁有一個年輕女友的男性，以交易為性質，按月/星期/日/次，給那些高中女生錢，而他們就負責令那些客人開心，陪他們逛街、看電影、吃飯、*Karaoke*，更有些會提供〝特別服務〞，而這也滿足了一般男性所陶醉的拍拖生活吧！

故此援助交際在日本幾乎影響了傳統的色情事業，令色情場所的主持單位甚為頭痛！

貳、從社會經濟觀點探討援助交際產生之原因

研究援交行為之重點，首先需從援交當事人之性別、身分等之背景探討之。

一般而言，日本援交當事人之性別界定，多數僅限於援交者為男性（中年男性），被援交者為高中女性，此與我國援交當事人無法界定之多樣性有所差別[2]。日本援交之當事人，易言之，即為一些中年以上或一些想擁有一個年輕女友之男性，以交易為性質，按月/星期/日/次，付錢給一些高中女生，而女生就負責陪同「雇主」逛街、看電影、吃飯…等等，有的甚至發展至性交易，滿足某些男性對於刺激性的情慾生活之憧憬。

再者，若探討援交產生之原因，若以社會經濟觀點而論，便可一窺其因。

以社會經濟觀點與從事援交當事人交會而論，可發現社會經濟影響援交當事人（援交者與被援交者），呈現相當不同之面貌。

若再以援交者與被援交者分別與社會經濟之交互影響，可得知日本援交產生之原因。

以社會經濟與被援交者而言，此部分主要以被援交者少女對於物質需求而導致援交行爲論之。

日本爲世界上先進國家之一，亦是亞洲地區首屈一指之先進國。此可從社會高度物質文明與資訊流通快速情形一覽而知。在此種社會風潮之驅使，日本青少年崇尚時尚，尤爲對於高價物品之喜愛，更甚於其他國家。多數青少年爲求一償物質需求之慾，便紛紛以打工方式取得利益。從一般餐飲服務業到勞力工作，日本青少年打工種類五花八門，惟其中所共通之處，乃在於追求利益。此種狀況，免不了有一些少女對於不花體力、時間即可賺錢之性產業發生興趣。雖援交於日本早期發生時並非爲賣春，惟物慾之驅動，導致少女們利用援交時同時從事賣春現象，此風漸長，便也導致援交行爲逐漸轉化爲賣春。

日本發生援交情形最多之地爲在東京、大阪等大都市，其中以東京最多。此可印證犯罪率與都市發展成正比之論。於東京，又以年輕人聚集最多的涉谷、池袋、六本木等繁華地區最多，可輕易見到尋求援助交際對象之高中女生行蹤。因此，尋求援交的男子也會特意到上述地區，搜尋他們的對象。

再以社會經濟與被援交者消費狀況言之，日本經濟於崩潰之狂浪中，已顯得憔悴不堪，唯一能延續經濟命脈的來源，商人是汲汲尋覓的。惟經濟不景氣並無影響青少年，甚而，青少年之強大消費能力亦是成人無法比擬的。因青少年強大之消費購買能力，導使市場需進行變革，故有著強大消費能力之高中女學生，亦是成爲商品上市之重大顧客群[3]。因日本女高中生普遍盛行打工，故經濟狀況較爲良好，對於市面上發售的新商品有極大的消費能力。此種狀況於景氣蕭條之時，實在頗使商人們振奮。許多廠商紛紛以高中女生爲第一顧客群，而產品設計也以高中女生的喜好爲主，故目前日本消費市場之取向，主要針對年輕女子（特別爲高中女生）爲主要的顧客群，尤其是高中女生的高消費能力常導致目前日本商品之流動率與消費市場之變化。

基於爭取消費市場之理由，商人們覦視高中女生高消費能力之理由，因而相當可以被理解，然而，在高中女生高消費力之背景下所產生的援交問題，相信許多商人們皆有所知，惟僅不願去涉及之灰色地帶。

再以社會經濟與援交者而論，日本經濟不振主要爲八〇年代後期經濟不景氣之闇影，多數企業爲求生存，便捨其日本特有之「終身雇用制度」，轉採以歐美裁員制度，以求再創事業之第二春。因採用歐美企業經營理念，日本企業從八〇年代爾後裁員狀況嚴重，此波裁員風潮亦裁掉日本企業之中堅工作人員，此些被裁員工多半曾締造日本經濟成長，締造日本七〇年代經濟奇蹟之功臣。此些人於屆臨退休之前突遭公司以裁員方式解雇，此些中年男性員工面對茫然之未來，以及突需返回家庭生活之愕然[4]等總總之心理壓力，遂選擇迷失於都會塵囂，並以利益所交換的「性」來麻醉自己，於此種落寞悵然之情緒，尋求利益之高中少女拾起了中年男子的苦悶，此雖爲援助交際故事之啓端，亦是社會經濟所帶給人之悲劇。

參、援助交際歪風在台灣結構吊詭現象的縮影

在城市都會暗夜的角落裡，幼齒少女集體賣春墮落，辣妹縱情揮霍青春美色，顛覆慾望的失樂園，e世代出賣靈肉、另類性交易，暑假即將來臨，讓人不禁憂心少女援助交際問題又浮上檯

面，從台北席捲全台流行起來。

台灣哈日風成迷，連社會現象也洋溢東瀛化，「援助交際」風潮就是老男人與小女生的速食戀曲，高中女生用肉體換取金錢援助，男人則排遣寂寞得到慰藉，引進來台放學後的危險遊戲，辣妹無所不在，佔領情色新地標，儼然成爲新社會問題。

在台灣社會的底層處處充滿著陷阱，西門町是青少年的大本營，但在熱鬧繁華的背後卻隱藏玄機，「男來店，女來電」電話交友已經流行了十多年，早已成爲隱密性交易的媒介，男子在包廂中和女孩盡情享受聲音的愉悅，但一不小心卻往往成爲色情陷阱。

每逢暑假，每逢電話交友的電話特別多，國中、高中、高職日夜校女學生放假找刺激，打電話進來，形成「援助交際團」，有的則是一個人跑單幫，直接電話開價一晚多少錢，少個人拆帳抽成，自己賺暑假生活費，早已不是單純的交友中心，而是臨時應召站。

另外，*pub*也是援助交際的重鎭、都會夜生活的所在，常見到孤男寡女到此尋找艷遇，但在燈紅酒綠、五光十色下卻有可能是桃色陷阱，年輕辣妹專挑有可能是多金的男子下手，等到一上床之後就以各式花招詐財，常有男客最後會發現人去財也空。

最近台北街頭出現一群追逐名車的「哈車族」，*pub*前每當午夜時分，就有一堆穿著打扮極前衛暴露的辣妹，時髦光鮮的站在門口，等待男生搭訕，一看到對方若開的是百萬名車就主動出擊，經常短暫的金錢交易一夜情就此發生了。

網際網路是新興的援助交際場所，上網路交友早已是許多e世代生活的一部分，但在BBS、聊天室、留言板或免費廣告上卻不時看到小女生公開要求援助，驚爆網路新焦點，但曠男怨女一見面發現恐龍遇見青蛙，有的用金錢來解決，網路扮演賣春新推手。

其實無論是在西門町、東區、蔓延到士林，從電話交友中心、泡沫紅茶店到速食店、電動玩具場，都流連著年輕、幼齒、打扮入時又愛玩的小女孩，玩著援助交際愛情遊戲，甚至有大學生都下海應召，他們敢脫、敢做的開放程度讓舊世代實在感到不可思議。

台北都會是個愈夜愈美麗的地方，每逢夜幕低垂，許多光怪陸離的景象就赤裸裸的發生，援交小女孩用身體換取金錢討生活，但他們卻都覺得自己是販賣快樂，市場供需機制，你情我願，「誰玩誰還不知道」，並不違反傳統道德觀念，單純享受人生、未曾虛度青春。

根據調查當今e世代青少年最愛錢，最害怕就是沒有錢，其次才是怕死，因此可見青少年次文化中著有錢賺就好，沒有錢就會活不下去的心理狀態，以此分析辣妹援交一族趕時髦、拼流行、熱愛賺錢、作風大膽的現象其實是可以理解，但卻讓人不禁搖頭喟嘆。

綜合學者專家對援助交際現象反思，認為是反應日益墮落迷失的時代氛圍，新世代年輕人在開放的社會中可走的路雖多，但更加迷惘，因此只有一切向錢看比較實際，嬌又俏的少女以身體作為商品在人肉市場上販賣，如何幫助她們成長，力挽時代狂瀾是社會共同的責任。

援助交際文化在社會發燒，突顯出台灣病了，正向下沉淪於物質的慾望中 而積重難返，小辣妹與怪叔叔之間的速食愛情遊戲，丈量虛無空泛的青春，深沉思考台灣應如何向上提昇？e世代的未來在哪裡？福爾摩沙何時能回到單純的美麗？徘徊在人性情慾掙扎難解，解構援助交際歪風的背後，我們似乎看到台灣弔軌現象的縮影。

肆、援助交際之法論理

目前所謂的「援助交際」，在法律層面上，有許多相關的法律條文是必須注意的。即使援助交際是「一個願打、一個願挨」的買賣交易，但是援助交際過程中所發生的各種行為，都是可能觸犯法律規定的。

譬如甲男與乙女在援助交際過程中發生了性行為，即使是兩情相悅，但因其涉及到金錢的交易行為，則觸犯了「社會秩序維護法第80條」，可處三日以下拘留或新台幣三萬元以下罰鍰。又假如與甲男發生性行為的乙女是尚未成年（年未滿18歲），甲男觸犯的法律可能更為嚴重，比如「兒童及少年性交易防治條例第22條」，與未滿十六歲之人進行性交易，處三年以下有期徒刑，得併科新台幣十萬元以下罰金；十六歲以上未滿十八歲，科新台幣十萬元以下罰金。

或許有人認為「援助交際」並不一定有進行到性行為，但是當雙方的行為有猥褻、引誘發生性行為的情形，所觸犯法律的嚴重性，是與上例同樣的。

意圖替進行援助交際雙方仲介的人，觸犯了刑法第231、233條，犯了妨害風化罪。可處三年以下有期徒刑，得併科五百元以下罰金；假使仲介者引誘未滿十六歲之男女和他人有猥褻和姦淫行為，可處五年以下有期徒刑。

註釋

1.原論文名為：《無色的薔薇：談援助交際》發表於2002年於立

中正大學犯罪防治研究所所召開之新興犯罪研討會，本內容部分並發表日本比較法雜誌第37卷第3號（2003年）。

2.我國援交之當事人並非僅爲中年男子與少女，此與日本有相當大之落差。

3.日本從事援助交際的高中女生多以行動電話聯絡顧客，也因爲這些女孩大量使用行動電話，對於八〇年代末期以來的日本經濟不景氣引起了強大刺激。

4.一般而言，日本男性主要以事業爲重，多半不參與家庭生活。...摘自陳慈幸，《青少年法治教育與犯罪預防》一書當中「論援助交際」一文，濤石文化。

第八章

青少年網路性被害：援助交際問題比較實證論理[1]

- 日本高中女生對於性別意識之觀點，以實證量化研究而言
- 日本援交法令探析
- 結語

摘要

關於「援助交際」（以下簡稱：援交）之名詞界定，我國與日本皆有不同之詮釋。

於我國，援交原爲來自東瀛之名詞，其主要意涵泛指男女間以金錢爲前提之不正當性交易行爲，又，行爲人並無性別與年齡等外在侷限性。援交於我國而言並非爲外來之犯罪文化，早期盛行之「伴遊」，即與現代援交有異曲同工之妙。惟援交面貌隨社會演變，呈現與東瀛相歧之風貌。

以日本援交之歷史濫觴而論，援交於日本原不代表賣春行爲，僅代表一個暫時性、以金錢交易而起之男女交往行爲。惟此種以金錢交易爲前提之交往行爲，易成爲一個詭譎之意境，易使身涉其中之人無法自拔，尤其於青少年而言，亦因年幼無知，無法抗拒金錢之誘惑，而無法自我。

本文擬以探析日本援交現象爲主題，承此，本文主要討論問題有下：

（一）援交少女對於性別意識之觀點，以實證量化研究而言。

（二）日本援交法令探析

壹、日本高中女生對於性別意識之觀點，以實證量化研究而言

本部分爲介紹「女性高中生對於援助交際之意識問題」之實證研究結果[2]。此研究發現，日本從事援交，或者是對於援交不表

示抗拒之高中女生，對於男女平權之規範意識較為低，故旨在以提高少女之兩性平權意識，藉而減少援交情形發生。故本研究之目的，除從對於女性高中生之問卷調查當中一窺援交之實態與發生原因外，並圖從援交發生之社會問題上家庭與學校如何對應提出方針。本研究結果如下：

本研究乃從環境因素導致援交之產生而分析，環境因素共分為：家庭、學校與社會等，首先就針對家庭因素分析如下：

從家庭環境因素解釋為何產生援交之原因，研究發現除家庭成員當中互動不良以外，父母管教方式不良亦是關鍵所在;亦就是，對於援交不表示抗拒之少女，對於父母之情感互動與信賴感較低。此外，研究亦發現，對於子女採取高壓政策之教養方式，易促成援交之危險因子以外，對於子女過於溺愛者，亦容易發生援助交際之狀況。

【圖表45】 對於家庭生活有厭惡感（針對無援交經驗者而言）

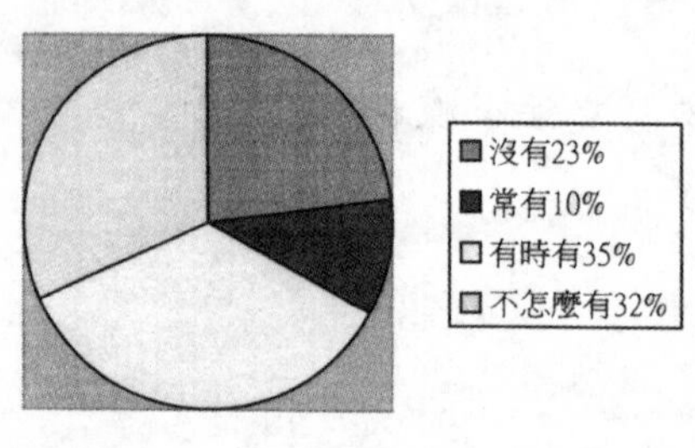

（有援交經驗者）

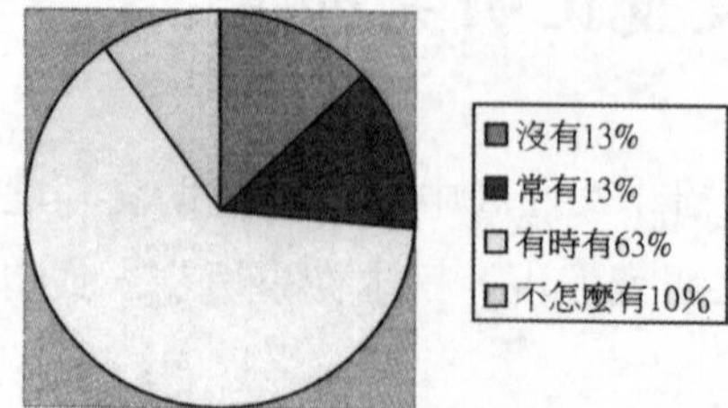

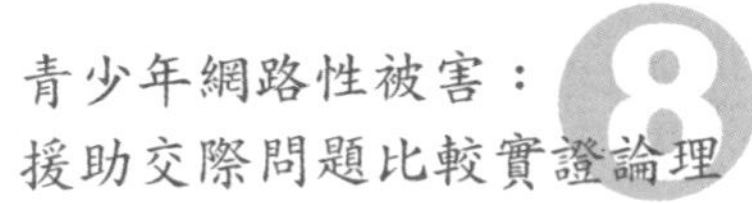

此外，在於學校環境因素而言，本研究發現有30%之援交經驗者表示有課業無法跟上，且不喜歡學校環境以及朋友較少。

對於學校課業程度，可得到以下之結果：

【圖表46】 學校課業無法跟得上

經驗者　肯定率　14%

經驗者　肯定率　36%

於學校同儕方面之部分，研究發現，有援交經驗之少女有九成以上與朋友聚會時聽到援交經驗。此可推論，有援交經驗少女經常以援交話題談論其日常生活經驗，此種狀況易使得少女認為援交為一種非常普及於高中年齡層之限向，對於援交行為之抗拒因而減低。

此外，從研究中亦可發現，有援交經驗少女對於同儕積極暢談其援交經驗，此導使對於援交經驗抗拒感比較低的少女容易認為「自己周遭朋友都已經從事援交了，作了也沒關係」此種情形發生。

【圖表47】 與同儕友人有談論過援交情形者

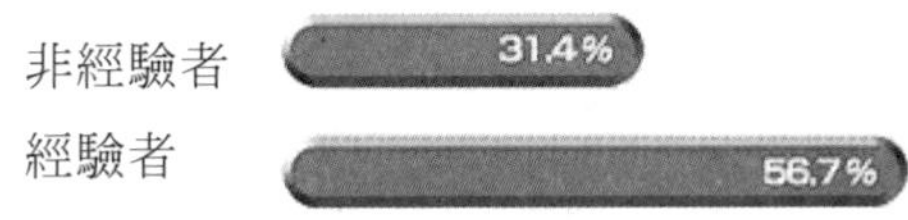

於經濟環境方面，援交少女並非因「貧困」、「零用錢少」等原因從事援交，而是對於現代消費社會金錢至上主義，使得自我價值觀曲解而影響。

【圖表48】 援交經驗與「金錢至上」主義之尺度得點（尺度範圍：1-至4點）

於資訊情報環境上，因媒體大幅度報導援交，使得高中少女對於援交無陌生感，此外是目前青少年網路資訊發達，電腦、手機等一些資訊情報機器所有率相當高，與外界交際範圍因此擴大，此些原因亦使得一般青少年對於援交態度轉變，除上述對於援交行爲無陌生感之外，也促其對於援交產生興趣，進而發生援交。

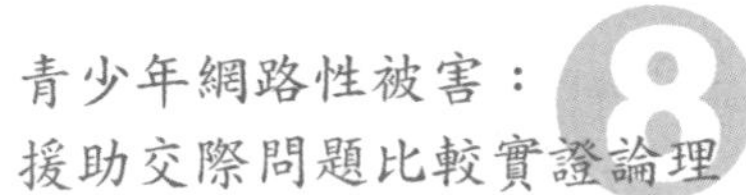

【圖表49】 因媒體大幅度報導，對於援交抗拒感減低

此外，在於整體社會環境（特專指於社會意識與行動方面）之調查研究結果發現，援交或是對於援交表示認同之少女有「以自己的力量無法改變社會與周遭環境」之消極性之意識表示，簡言之，「欲改善社會環境或改善自己周遭環境，需從個人做起」從社會宏觀角度肯定自我存在之人非常少數。

欲研究援交行爲，主要針對於社會結構問題爲中心，並需從「賣春」此種反社會行爲而論。也就是，欲使少女理解援交爲不好的行爲時，需以自己在於社會扮演什麼角色以及存在之角度而之。

【圖表50】 援交行為與社會觀（認為靠自己無法改變社會）

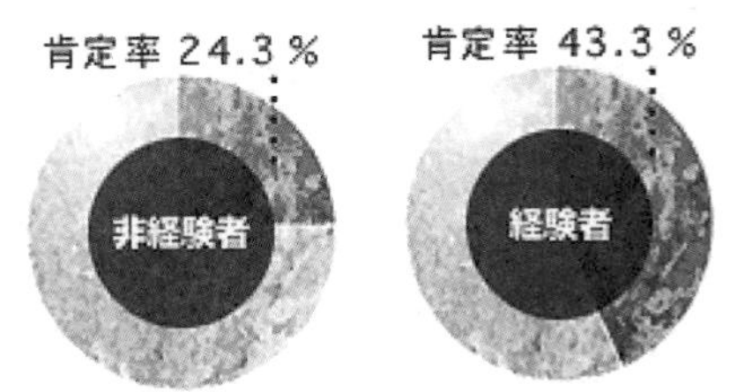

【圖表51】 為使社會更好，我想從事義工等服務社會的工作

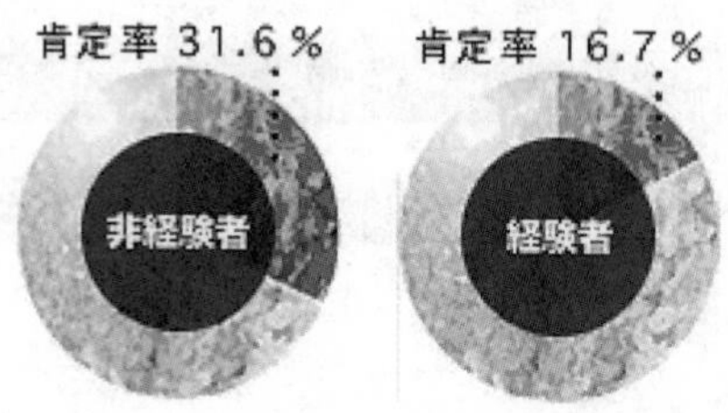

對於援交行爲不表示抗拒或有援交少女對於流行資訊非常敏感，對於外界對於自己外表之褒貶非常在意，此種重視外在之虛榮感亦促成少女努力獲取金錢之要因。易言之，日本國內媒體、雜誌報導少女流行資訊非常頻繁，一些流行業者爲牟取商機亦製造所謂「少女流行品牌」，此些現代社會所營造之物質環境下，爲追求時髦因而產生援交動機者，大有所在。故爲使少女正確培養其正確價值觀，需培養其對於日常事物有正確判斷之機會與能力。

【圖表52】 援交的經驗與對於名牌喜好的程度（尺度範圍從1至4點）

與異性交往方面，有援交經驗少女三個人當中有平均有二人有男友。對於與異性交往方面，親吻、一夜情等肉體親密行爲採較積極之態度，惟對於戀愛、婚姻之觀點卻持有反對之觀點，其認爲結婚需要負責不想擔負此責任。

此外，對於認同援交行爲之少女，有性行爲經驗者相當多數，亦就是對於婚前性行爲採認同態度，會造成認同婚前性行爲甚至認同援交行爲者，在此研究發現，有些少女是因童年遭到性騷擾等性侵犯行爲，或是被陌生男子搭訕等有性的被害或性的誘惑經驗，導致其對於性的正確意識發生曲解，進而認同性行爲。

【圖表53】 援交與性經驗率

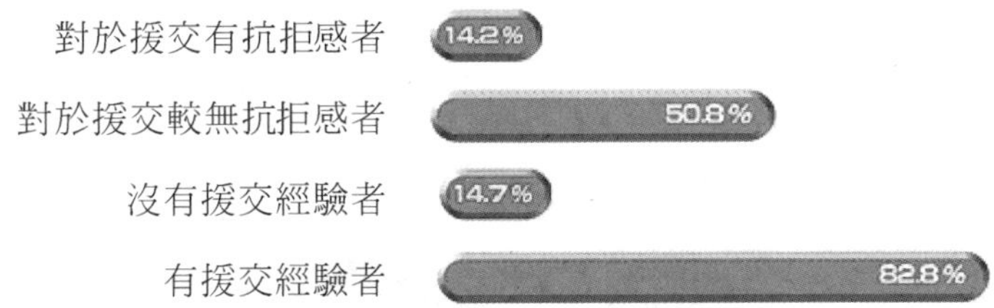

再者，利用電話俱樂部（類似我國0204之色情電話），或其他雜誌、網路等交友網站接觸到有關色情訊息之少女爲多數。

此外，本研究亦發現，對於援交行爲表示贊同之少女或有援交經驗少女在風俗營業店打工者亦佔有多數，其中有援交經驗少女八成左右打過色情電話，此可推測因接觸色情風俗營業與情報訊息，直接導致其發生援交行爲之原因。

【圖表54】 援交經驗與接觸色情風俗營業

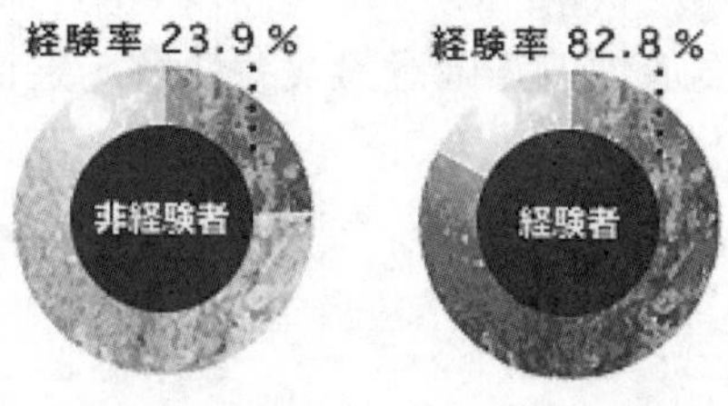

【圖表55】 於色情營業店打工過的人

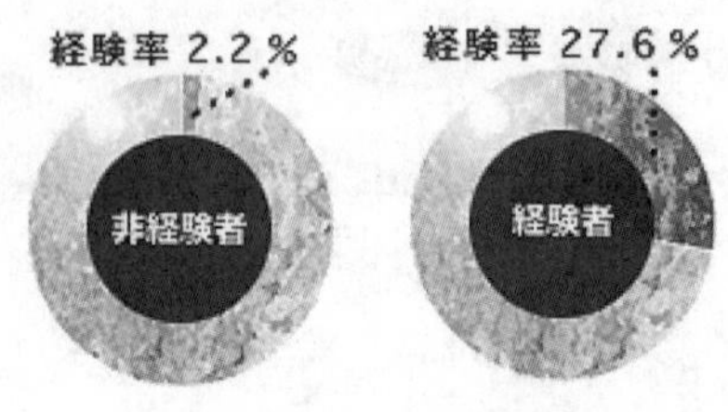

此研究亦探討日本女高中生對於男女平權之意識。於此研究發現，對於援交行爲表示認同之少女，對於男女平權之意識較爲

低，例如，對於援交抗拒感低及有援交經驗者有七成認爲男女之能力是生來不同的，女性地位永遠低於男性。此種情形亦可發現日本社會當中男女不平權之狀況，需加強青少年男女平權教育。

【圖表56】 認為男女生來不平等，女性永遠比男性地位低者

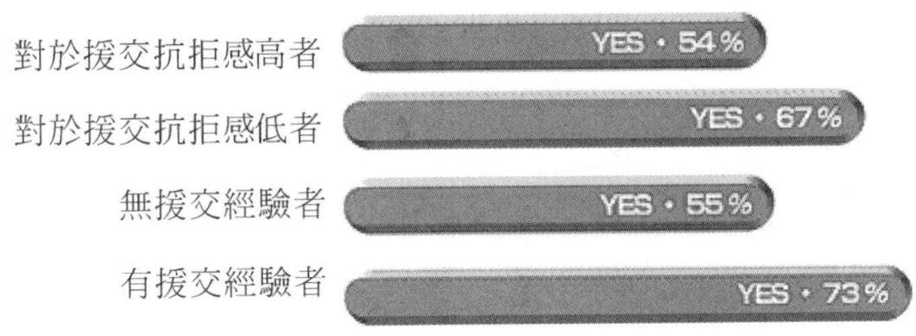

在於結婚、就業方面，對於女性而言，婚後要選擇工作或家庭是件兩難之事。此研究當中發現，一般日本女高中生認爲

「婚後仍繼續工作，但生小孩後想把工作辭掉」...33%

「婚後繼續工作，生小孩後也想繼續工作」...26%

「婚後將工作辭掉，好好照顧家庭」...19%

但此研究也發現，畢業後不想工作者，亦佔總人數之4%，其中對於援交抗拒感較低之少女佔12%，有援交經驗者佔14%，呈

現較高之數據。

【圖表57】 援助交際的經驗與畢業後不就業者

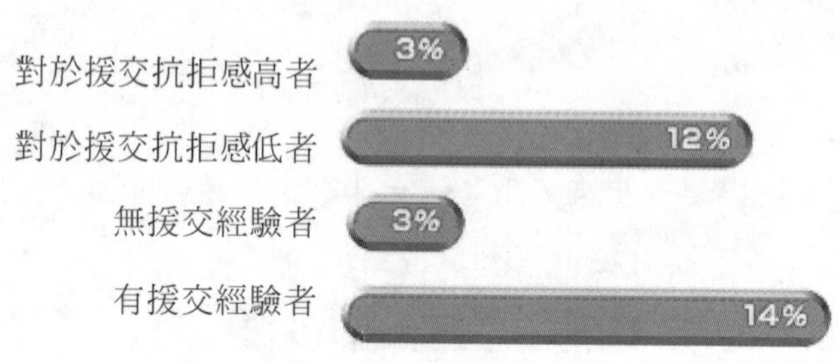

從本研究當中，除可發現日本少女之心態與日本之社會現象外，亦可發現援交行爲發生，亦是因腐蝕之社會現象而起之因素。在於探討援交行爲時，一般研究多鎖定於援交少女個人行爲或成人所塑造之社會環境誘導其犯罪行爲等等數點，惟針對少女對於個人於社會當中所應扮演之角色，或確立自我方向等之正面解決援交等社會病態行爲之研究，在於學術上相當少數，實爲憾事。

貳、日本援交法令探析

一般而言，日本援交行爲共可分爲「路上援交行爲」與「網路援交行為」等二種。「路上援交行為」為傳統於路上招攬客人之不正行為，而「網路援交行為」為以網路為媒介等之援交行為。一般「路上援交行為」，日本法律有「對於未成年人買春行為等色情行為相關處罰暨未成年人保護法」（如以下圖表）規範之。惟相較於「路上援交」，最近利用網路進行援交者日益嚴重，根據研究顯示[3]，可發現以下幾點概況：

（一）利用「網路交友」之觸法行為急遽發生

*其中尤為未成年人被害急增：2002年被害者人數1273人，相較於2000年約增加18倍。

*強盜、強姦重大案件增加：2002年被害件數100件，相較於2000年約增加7倍。

（二）未成年色情商品化、不法引誘未成年人案件氾濫

*從交友網頁中不法引誘未成年人：經調查約有六成上網成年男性有此經驗。

*經由交友網頁之媒介進行未成年者買春案件增加2002年發生787件，相較於2000年增加19.7倍（其發生原因有94%是由未成年者自己引誘成年人）

為防止網路援交行為發生，日本於2003年6月13日公布「利用網路交友網頁，不正誘導未成年人之相關法令」並於9月13日正式實行。本法可謂為日本實務當中，最新防範援交行為之法律。

本法中所謂「交友網頁」，需具備下列要件：（一）登載異性交友情報者；（二）網頁使用者可利用其登載網址相互聯絡；（三）為重複性、繼續性之「事業」。

本法針對援交行為之罰責為，禁止利用網路與未滿十八歲發生性行為或是有償之交際行為，如有違反者，不論年齡、性別皆

處100萬日圓之罰金。此外，網頁所有者需明確告知未成年不可利用交友網頁，並有嚴加確認使用者年齡之義務，如有違反者，需處六月以下有期徒刑或100萬日圓之罰金。

雖日本因援交行情氾濫，在於實務預防策略當中，已明訂上述二者法律來規範。惟相較於一般傳統「路上援交行爲」，「網路援交行爲」在於取締方面較爲困難，而利用此點漏洞之違反者相信佔多數。雖於網路上之取締行爲較爲困難，惟日本實務已針對網路援交等網路不當之行爲明訂於法，雖於實務上無法確知此法之成效爲何，相信於網路虛擬世界欲取締個人違法行爲，爲相當困難之事，惟從立法之觀點而言，可窺見日本實務當中取締網路援交與保護未成年者之實際決心與行動，亦可稱之爲幸。

【圖表58】 對於未成年人買春行為等色情行為相關處罰暨未成年人保護法（1999年5月22日法律第五十二號）

Temporarily Translated Version

Law for Punishing Acts Related to Child Prostitution and Child Pornography, and for Protecting Children

Article 1 Objective

The objective of this Law is to protect the rights of children by prescribing punishment for acts related to child prostitution and child pornography, and by establishing measures including the giving of appropriate protection to children who have suffered physically and/or mentally from the said acts, in light of the fact that sexual exploitation and sexual abuse of children seriously infringe upon the human rights of children.

Article 2 Definitions

1. For the purpose of this Law, a "child" means a person under the age of 18 years.
2. For the purpose of this Law, "child prostitution" means the act of performing sexual intercourse, etc. (i.e., sexual intercourse, an act similar to sexual intercourse, or an act for the purpose of satisfying one's sexual curiosity, of touching genital organs, etc. (i.e., genital organs, anus and nipples; the same shall apply hereinafter) of a child or of making a child touch one's genital organs, etc.; the same shall apply hereinafter) with a child in return for giving, or promising to give, a remuneration to any of the persons listed below:

(i) the child;

(ii) the person who acts as an intermediary in sexual intercourse, etc. with the child;

(iii) the protector of the child (i.e., a person who exercises parental power over the child or who is the guardian or suchlike and who is taking actual care of the child; the same shall apply hereinafter) or a person who has placed the child under his or her supervision.

3. For the purpose of this Law, "child pornography" means photos, videotapes and other visual materials which:

(i) depict, in a way that can be recognized visually, such a pose of a child relating to sexual intercourse or an act similar to sexual intercourse with or by the child;

(ii) depict, in a way that can be recognized visually, such a pose of a child relating to the act of touching genital organs, etc. of the child or of having the child touch someone else' s genital organs, etc. in order to arouse or stimulate the viewer' s sexual desire; or

(iii) depict, in a way that can be recognized visually, such a pose of a child who is naked totally or partially in order to arouse or stimulate the viewer' s sexual desire.

Article 3 Caution in Applying This Law

In the application of this Law, care should be exercised so as not to infringe upon the rights of the people without due cause.

Article 4 Child Prostitution

A person who commits child prostitution shall be punished with imprisonment with labor for not more than three years or a fine of not more than one million yen.

Article 5 Intermediation of Child Prostitution

1. A person who acts as an intermediary in child prostitution shall be punished with imprisonment with labor for not more than three years or a fine not exceeding three million yen.
2. A person who, as his or her business, acts as an intermediary in

child prostitution shall be punished with imprisonment with labor for not more than five years and a fine not exceeding five million yen.

Article 6 Solicitation of Child Prostitution

1. A person who solicits another person to commit child prostitution for the purpose of intermediating in child prostitution shall be punished with imprisonment with labor for not more than three years or a fine not exceeding three million yen.
2. A person who, as his or her business, solicits another person to commit child prostitution for the purpose mentioned in the preceding paragraph shall be punished with imprisonment with labor for not more than five years and a fine not exceeding five million yen.

Article 7 Distribution, etc. of Child Pornography

1. A person who distributes, sells, lends as a business, or displays in public, child pornography shall be punished with imprisonment with labor for not more than three years or a fine not exceeding three million yen.
2. A person who produces, possesses, transports, imports to or exports from Japan child pornography for the purpose of conducting any of the acts mentioned in the preceding paragraph shall be punished with the same penalty as is described in the said paragraph.
3. A Japanese national who imports to or exports from a foreign country child pornography for the purpose of conducting any of

the acts mentioned in paragraph 1 of this article shall be punished with the same penalty as is described in the said paragraph.

Article 8 Trade, etc. in Children for the Purpose of Child Prostitution, and Suchlike

1. A person who buys or sells a child for the purpose of making the child be a party to sexual intercourse, etc. in child prostitution, or for the purpose of producing child pornography by depicting any of the poses provided for in items (i) to (iii) of paragraph 3 of Article 2 shall be punished with imprisonment with labor for not less than one year and not more than ten years.
2. A Japanese national who, for any of the purposes mentioned in the preceding paragraph, transports a child, who has been abducted, kidnapped, sold or bought in a foreign country, out of that country shall be punished with imprisonment with labor for a limited term of not less than two years.
3. Attempts of the crimes mentioned in the two preceding paragraphs shall be punished.

Article 9 Awareness of the Age of the Child

No one who uses a child shall be exempt from the punishments specified in Articles 5 to 8 on the grounds of not having been aware of the age of the child excepting cases where there is no negligence.

Article 10 Crimes Committed by Japanese Nationals Outside Japan

The crimes specified in Articles 4 to 6, paragraphs 1 and 2 of

Article 7, and paragraphs 1 and 3 (limited to the part thereof which relates to paragraph 1) of Article 8 shall be dealt with according to the provision of Article 3 of the Penal Code (Law No. 45 of 1907).

Article 11 Dual Liability

Where a representative of a legal entity or a proxy, employee or any other servant of a legal entity or of a natural person has committed any of the crimes mentioned in Articles 5 to 7 with regard to the business of the legal entity or natural person, the legal entity or natural person shall, in addition to the punishment imposed upon the offender, be punished with the fine described in the relevant article.

Article 12 Consideration Which Should Be Given in the Course of Investigations and Trials

1. Those who are officially involved in investigations or trials concerning the crimes under Articles 4 to 8 (referred to as "related officials" in the following paragraph) shall, in performing their official duties, pay consideration to the rights and characteristics of children, and shall take care not to harm their reputation or dignity.
2. The State and local public entities shall endeavor to give training and enlightenment to related officials in order to deepen their understanding of the rights and characteristics of children.

Article 13 Prohibition of Publication of Articles and Suchlike

In respect to a child involved in a case relating to any of the crimes mentioned in Articles 4 to 8, such articles, photographs or broadcast programs as contain his or her name, age, occupation, the name of the school he or she attends, dwelling, looks, etc. which may identify him or her to be the person involved in that case shall not be published in newspapers or other publications, or shall not be broadcast.

Article 14 Education, Enlightenment, Research and Study

1. In light of the fact that such acts as child prostitution and the distribution of child pornography would seriously affect the mental and/or physical growth of children, the State and local public entities shall, to allow for the prevention of such acts, endeavor to educate and enlighten the public to deepen their understanding of the rights of children.

2. The State and local public entities shall endeavor to promote researches and studies that can help prevent such acts as child prostitution and the distribution of child pornography.

Article 15 Protection of Children Who Have Suffered Mental or Physical Damage

1. With regard to children who have suffered mental and/or physical damage as a result of having been a party to child prostitution or having been depicted in child pornography, the relevant administrative agencies shall, in cooperation with one another, taking into account the mental and physical conditions of the children as well as the environment in which they have been placed, properly take necessary measures for their protection so

that they can recover physically and mentally from the damage they have suffered and grow with dignity. Such measures include consultation, instruction, temporary guardianship and placement in an institution.

2. The relevant administrative agencies shall, in the case of taking the measures mentioned in the preceding paragraph, provide the protector of the child with consultation, instruction or other steps if such steps are deemed necessary for the protection of the child mentioned in the said paragraph.

Article 16 Improvement of Systems for the Protection of Children Who Have Suffered Mental or Physical Damage

In order to be able to properly provide protection based on professional knowledge with regard to children who have suffered mental and/or physical damage as a result of having been a party to child prostitution or having been depicted in child pornography, the State and local public entities shall endeavor to promote researches and studies on the protection of such children, improve the qualities of persons who undertake the protection of such children, reinforce systems of cooperation and liaison among relevant agencies in case of the urgent need of protection of such children, arrange systems of cooperation and liaison with private organizations which undertake the protection of such children, and arrange other necessary systems.

Article 17 Promotion of International Cooperation

For the prevention of acts relating to the crimes mentioned in Articles 4 to 8 as well as for proper and swift investigation of cases relating to such crimes, the State shall endeavor to secure close international cooperation, promote international researches and studies, and promote other forms of international cooperation.

Supplementary Provisions

Article 1 Effective date

This Law shall come into force on the date to be specified by a Cabinet Order within the scope not exceeding six months counting from the ate of its promulgation .

Article 2 Relation with local governments' ordinances

1. Upon enforcement of this Law, any provision of the local government's ordinances which provides punishments to the crimes under this Law shall be superceded by this Law and lose its effect.
2. Even when a provision of local government's ordinance loses effect upon enforcement of this Law in accordance with the paragraph 1 of this Article, any illegal act which was committed prior to such invalidation shall be punished under the provision in question, unless the local government rules otherwise in its ordinance.

Article 3 Partial revision of the Law Regulating Adult Entertainment Businesses

Law Regulating Adult Entertainment Businesses (Law No. 122 1948)

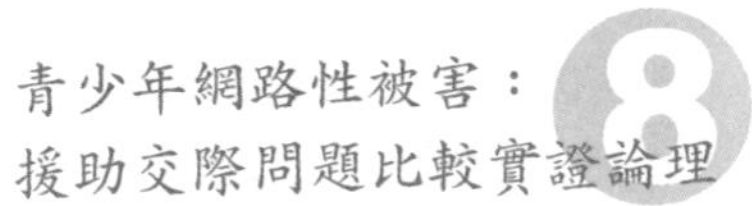

shall be partially revised as follows:

- The following description shall be added to Article 4.1.2, in the position after "crimes controlled under Article 2": "as well as the crimes under the Law for Punishing the Acts related to Child Prostitution and Child Pornography and for Protecting Children who are Suffering from Such Activities (Law No. __, 1999)

- The existing description, "or the crimes under Chapter 2 of the Anti-Prostitution Law," in Article 30.1, Article 31quinquies, and Article 31sexies.2.2 shall be replaced by the following description: ", the crimes under Chapter 2 of the Anti-Prostitution Law or the crimes under Law for Punishing the Acts related to Child Prostitution and Child Pornography and for Protecting Children who are Suffering from Such Activities"

- The existing description, "or the crimes under Article 175," in Article 35 shall be replaced by the following description: ", the crimes under Article 175 or under Article 7 of the Law for Punishing the Acts related to Child Prostitution and Child Pornography and for Protecting Children who are Suffering from Such Activities"

Article 4 Partial revision of the Hotel Business Law

Hotel Business Law (Law No. 138, 1948) shall be partially revised as follows:

- The existing description, "paragraph 1 of Article 3," in Article 8 shall be replaced by "paragraph 1 of the said Article." Also, following description shall be added to Article 8: "4. Crimes under the Law for Punishing the Acts related to Child Prostitution and Child Pornography and for Protecting Children who are Suffering from Such Activities (Law No. __, 1999)"

Article 5 Partial revision of the Law for Prevention of Illegal Acts by Crime Group Members

Law for Prevention of Illegal Acts by Crime Group Members (Law No. 77, 1991) shall be partially revised as follows.

- The following description shall be added to Schedule in the position after No. 31: "No.31-2 Crimes under the Law for Punishing the Acts related to Child Prostitution and Child Pornography and for Protecting Children who are Suffering from Such Activities (Law No. __, 1999)"

Article 6 Further efforts

Considering the situation of the implementation of this Law, international trends concerning the protection of the rights of the child ,etc., review shall be made, by the end of a three years' period after the enactment

of this Law, on the control of child prostitution and child pornography and other systems in force for protecting children from sexual exploitation and sexual abuse, and necessary measures should be taken on the basis of the results of such review.

參、結語

前已有述，本文乃從社會經濟所引伸之個人意識與價值觀來探討日本援交行爲，雖僅爲初探性研究，惟從此可窺知日本社會文化與援交行爲其背後所隱藏之社會問題。

「性」、「道德」與「色情」間之探討，似乎從亙古以來爲人類所積極探討之問題，惟因個人背景思想不同，對於此三者之界定似乎難以求得標準，而涉及色情等相關案件爲犯罪學理上歸屬於「無被害者」犯罪，於刑事政策上之取決，亦是最爲困難。摒除無被害者犯罪、色情微罪除罪化等刑事學理之論述，一種犯罪之背後，必定顯示出其社會病理之現象，此種現象僅能以改善社會環境之方式，或許才能求得成效。

於本文中之實證研究發現，日本援交現象多屬男女平權思想不爲普及之結果，此乃在於日本援交當事人之屬性是援交者爲中年男性，而被援交者爲高中少女之由。而相較於我國，援交當事人已不僅限於中年男性與高中少女之間之性行爲，此種當事人屬性多樣化之狀況，在於探討整個社會環境與個人意識上，我國與日本會呈現極端相歧之結果。

援交行爲等反社會性之行爲雖僅爲反應總總社會病理現象之鏡，此亦反應人類社會價值觀崩解之態樣。於日益變化之社會，個人價值觀易產生失序，而此，亦是直接誘導人從事反社會性之行爲之因素所在，在於價值觀不確定之狂流當中，自我存在之體驗與認知爲青少年所欠缺，亦是亟待培養之觀念。探討犯罪、偏差行爲等反社會性行爲，依據刑事學理上之應報原則，爲最便捷之處理方式，然隱藏於其後之社會病理現象卻是人類無法觸及，或者是不敢涉及之禁地，然而欲除犯罪等反社會性行爲爲挑戰人類極限之理性，此種理性之驅使，實憑個人之信念，而此信念即爲至上之善。

註釋

1.原論文名：《日本援助交際概況之探析：一種對於違反人權社會的反社會性行為之思考》，原發表於高雄地方法院援助交際實務與學術研討會（2004年），本論文亦將發表於日本比較法雜誌第39卷第2號（2005年）。

2.針對本研究之概況介紹如下：

研究者：福富護教授（東京學藝大學），調查期間:1997年10月9日至10月28日。地查區域：首都（東京）40公里範圍。調查對象：女高中生（15至18歲），

問卷測量：以街道為單位分為80個地區並隨意取樣(第　一階段)，從各地區區公所所登記住民簿當中將符合本研究年齡者隨機抽出12名（第二次階段）。

調查方法：問卷（至被採樣者家中要其填寫問卷，並當場回收）。

有效問卷數：600（高一185，高二206，高三209）

3.http://www.avis.ne.jp/~police/seian/shonen/jidou-q.a.htm，2003/11/15造訪

第九章

青少年網路性被害：援助交際之比較法理探析[1]

- 網路援助交際法制之比較
- 法規範背後之思索
- 結論

摘要

關於「援助交際」（以下簡稱：援交）之名詞界定，我國與日本皆有不同之詮釋。

於我國，援交原爲來自東瀛之名詞，其主要意涵泛指男女間以金錢爲前提之不正當性交易行爲，又，行爲人並無性別與年齡等外在侷限性。援交於我國而言並非爲外來之犯罪文化，早期盛行之「伴遊」，即與現代援交有異曲同工之妙。惟援交面貌隨社會演變，呈現與東瀛相歧之風貌。

以日本援交之歷史濫觴而論，援交於日本原不代表賣春行爲，僅代表一個暫時性、以金錢交易而起之男女交往行爲。惟此種以金錢交易爲前提之交往行爲，易成爲一個詭譎之意境，易使身涉其中之人無法自拔，尤其於青少年而言，亦因年幼無知，無法抗絕金錢之誘惑。

援助交際此一來自日本之名詞起初並不代表賣春行爲，其僅代表一個暫時性的，以金錢交易而起之交往行爲[2]。一般認爲，援助交際之所以在台灣盛行起來，主要是拜哈日風之盛。惟在台灣，早期的「伴遊」就與現在的援助交際有異曲同工之妙。

網際網路之發達，則爲援助交際提供另一個活動之場域。雖然網路援助交際並不是全新之名詞，其僅爲是實存社會現象之反應。然而，當其進入法律領域成爲評價客體時，其背後所蘊含之兩個要素：「網路」與「性」，卻使得評價論罪上相對顯得棘手。故特別刑法之立法似乎可加以「解套」。我國兒童（未成年者）及少年性交易防制條例第二十九條之修正充分反映此一企圖，無獨有偶，日本甚至以整部特別刑法之方式試圖對網路援交之行爲一網打盡。弔詭的是，相關法律之修正或通過，對於網路援交問題並沒有就此迎刃而解，反而引發更多之爭議。

在於「援助交際」之議題，其若以比較法學而爲探討，其所擴及之面向甚廣，本文僅就於我國兒童及少年性交易防治條例第二十九條與日本兒童福利法、刑法所貫連之青少年「淫行罪」而爲主要探討方向。亦即，本文除將台、日網路援交法制加以比較並整理學說、實務相關見解之外，爲在法律爭議之紛擾中求得較清晰之思路，不得不先跳脫固有領域，探求援助交際之社會背景以及性交易與刑法規制之關聯性，以此爲基礎，重新賦予網路援交相關法規範應然之詮釋。

壹、網路援助交際法制之比較

一、台灣網路援助交際之規範

(一)兒童（未成年者）及少年性交易防制條例第二十九條

1.概說

網路援交雖然名爲「援交」，惟實際上當然不可能在網路上直接爲性交易行爲，充其量僅是透過網路傳播性交易之訊息。換言之，就整個援助交際之過程之中，網路援交僅是前階段之行爲。如果討論之焦點限縮在網際網路上援助交際訊息之傳播，則評價之重擔無疑落在兒童（未成年者）及少年性交易防制條例第二十九條之上。

關於本條，學說實務相關爭議變從未停歇，甚至民國八十八年本條修正通過之後，反而引發全新之課題。

【圖表59】 兒童（未成年者）及少年性交易防制條例第二十九條修正前後條文比較

88年6月2日修正前條文	88年6月2日修正後條文
第29條　利用宣傳品、出版品、廣播電視或其他媒體刊登或播送廣告，引誘、媒介、暗示或以他法使人爲性交易者，處一年以上七年以下有期徒刑，得併科新臺幣一百萬元以下罰金。	第29條　以廣告物、出版品、廣播、電視、電子訊號、電腦網路或其他媒體，散布、播送或刊登足以引誘、媒介、暗示或其他促使人爲性交易之訊息者，處五年以下有期徒刑，得併科新台幣一百萬元以下罰金。

2.行爲態樣與內容

本條之行爲態樣係「散布、播送或刊登」，而行爲內容必須「足以引誘、媒介、暗示或其他促使人爲性交易之訊息者」。在網路援交具體個案中，實務對於行爲態樣與內容有如下之爭議：

首先，所謂「暗示」，實務採取較爲寬鬆之認定標準。其認爲既稱「暗示」即非以明示方式而得此性交易之訊息，凡一般稍具社會經驗者依此廣告內容，足以引發性交易之聯想即屬之，否則本條文將形同具文[3]。

其次，對於網路聊天室援交之行爲，是否構成本條例之「散布、播送或刊登」行爲，實務間見解亦有重大歧異。有實務採取否定說，認爲本條例之行爲係以足以使不特定人或特定多數人得以閱知該訊息而爲性交易之行爲，破壞社會善良風俗，其可罰性甚爲顯著，此與網際網路聊天室之「悄悄話」僅供一對一之特定人相互對談，他人無法知悉二人聊天內容之情形有別[4]。惟另有實務認爲，將暗示性交易之內容張貼於聊天網站上，不僅與之直接交談之人得以獲知訊息，即使其他上網瀏覽該項聊天主題之不特定人，亦均可輕易明瞭被告渴求性交易之意圖，形同刊登暗示性交易之廣告訊息，此與實體世界中言語交談或紙筆對談所具備私密性之期待大相逕庭。故仍認爲該當本條之罪[5]。

3.行爲對象

關於行爲對象，本條文字僅有「促使人爲性交易」，然而，是否包括使人與自己性交易之情形？或是否限於「未滿十八歲之少年或兒童（未成年者）」？實務學界爭議頗大，茲分述如下：

(1) 是否包括使人與自己性交易之情形？

實務有認爲不包括與自己性交易之情形。所持理由，首先提供性服務者爲被害人，本條例並不處罰；其次，縱認爲其已滿十八歲，而不認爲其爲被害人，然而賣淫拉客僅受社會秩序維護法第八十條第一項行政罰之處罰，而刊登引誘人與自己爲性交易之廣告，乃一種類似在公共場所或公眾得出入之場所拉客之行爲，若以特別刑法處罰，兩相比較顯輕重失衡[6]。惟亦有實務決議肯定包括使人與自己性交易之情形。所持理由有三，第一，法條文字並未標明「他人」。第二，就影響層面而言，在大眾傳播媒體刊登使人與自己爲性交易之廣告，對於社會善良風俗之危害與挑起社會大眾（包括未滿十八歲者）從事性交易之動機，與在大眾傳播媒體刊登使人與他人爲性交易之廣告無異。第三，如依否定說，則日後所有類似廣告均標明是與自己進行性交易，前開處罰規定勢將形同具文[7]。

(2)是否限於「未滿十八歲之少年或兒童（未成年者）」？

從本條文字而言，其本法從第二十二條開始一直到第二十八條，都是以未滿十八歲或未滿十六歲之人爲直接或間接性交易對象爲要件。然而第二十九條並沒有對於性交易之當事人有任何年齡上的限制，因此在學說與實務上造成爭議：此所謂「人」，是否限於「未滿十八歲之少年或兒童（未成年者）」？

1) 實務見解

實務上有認爲，本條關於犯罪客體之規定，雖無「兒童（未成年者）、少年」等字樣；但依同條例第一條規定：「爲防止、消弭以兒童（未成年者）、少年爲性交易對象事件，特制定本條例」觀之，除其第二十一條、第三十七條有例外明示規定外，應依立法目的爲限制之解釋，以兒童（未成年者）、少年爲限，不得擴張解釋及於十八歲以上之人[8]。

亦有實務認爲，本條之制定係鑒於各種媒體上色情廣告泛濫，助長淫風，且因廣告內容通常不記載被引誘對象之年齡，而特設處罰規定，並非僅以未滿十八歲之兒童（未成年者）、少年爲保護對象。又自條文之比較觀之，本條並無如同條例第二十二條至第二十七條明定以未滿十八歲或未滿十六歲，或十六歲以上未滿十八歲之人爲性交易對象，且第三十七條亦規定：對十八歲以上之人犯第二十四條之罪者，依本條例規定處罰。足見本條所稱之「人」不以未滿十八歲爲限。實務多數採之[9]。

2）學說見解

相對於實務將本條解釋爲「不以未滿十八歲之人爲限」之說法，學說多持相反意見。

有學者以爲，本條例第二十九條規定有異於同法前面所有條文的規定。該法罰則從第二十二條開始一直到第二十八條，在一般文義理解上，都是針對侵害未滿十八歲或未滿十六歲之「個人利益」的處罰。然而第二十九條之規定似乎並不是針對侵害「特定」未滿十八歲或十六歲之個人所做的刑罰規定，而是性交易風氣的助長同時會帶來「不特定」範圍的未滿十八歲或十六歲之個人利益遭受侵害的危險。[10]換言之，本條仍舊是針對未滿十八歲或十六歲之個人所做的刑罰規定，只是範圍上應是「不特定」。

另有學者針對實務以「第三十七條亦規定：對十八歲以上之人犯第二十四條之罪者，依本條例規定處罰。足見本條所稱之『人』不以未滿十八歲爲限」之推論，提出批評。首先，本法第三十七條現在已經刪除。其次，縱或在尚未刪除的當時，最高法院根據此條的規定而認爲二十九條所謂的「人」並不限於十八歲以下之人的見解，仍舊是有問題的。因爲三十七條是一個特別規定，其使得法院就「對於十八歲以上的成年人爲強制性交的任何人」，均得科處同於「對十八歲以下之人爲強制性交」的罪刑，姑不論這個規定荒謬之處，僅就法院以這個特別規定就「類推」二十九條所規定的「人」不限於十八歲以下之人一事而言，其見解已經是違背了刑法第一條罪刑法定主義的規定[11]。

4.條文定位：行爲犯或結果犯？

另一個重要之爭點在於，法條文字「使人爲性交易」，是僅指宣傳之內容涉及性交易，或是指宣傳行爲事實上所產生之結果？換言之，本條性質究竟是行爲犯或結果犯？修正前、後學說、實務之見解如下：

(1) 修正前學說、實務之見解

實務對此一問題素來向有爭議，爲此最高法院特召開刑事庭會議，最後採取結果犯之見解，亦即對於刊登色情廣告、援助交際訊息，法院認爲仍應實際上有人因此而爲性交易時，始得科以重罰。其所持理由大抵基於同條例或刑法相關規定所載之「使(未滿十八歲之人)爲性交易」、「使人爲猥褻之行爲」、「使之墮胎」，文字體例既相同，上開諸罪實務上俱解釋爲已發生一定之結果爲要件，本條自亦應爲同一之解釋[12]。雖然最高法院已經作成結果犯之決議，惟實務界認爲應採行爲犯之意見卻未曾停歇，從法務部對此問題之研究意見便可窺知一二[13]。

無獨有偶，學者對於實務上採結果犯之見解亦多所質疑。有認爲，如果採取了「結果犯」的見解，則處罰「助長淫風的色情廣告」藉此維護性道德之企圖，除宣示的效果外，實際上因爲很難成案，並沒有發揮多少利用刑法的威嚇效力而強制性道德的效果。除非法院利用「一般經驗法則」或「有罪推定原則」恣意地、概括地予以認定，不然散布廣告等行爲與性交易結果間的因果關係是非常難以認定的[14]。

亦有學者進一步認爲，若就純文字解釋，條文用字「使人爲性交易」，係指現實上發生一定之結果，似乎是結果犯之立法。惟如果從前述第二十九條之立法目的來看，本條係基於：「性交易風氣的助長同時會帶來『不特定範圍』的未滿十八歲或十六歲之個人利益遭受侵害的危險」，故本條規定應屬保護超個人法益之立法，解釋上並不以一定結果之發生爲要件[15]。

(2) 現行法之解釋

民國八十八年將本法第二十九條修訂爲「 足以引誘、媒介、暗示或其他促使人爲性交易之訊息者」，亦即明顯不待結果之發生，而往行爲犯、危險犯方向修正。當初被最高法院決議捨棄之見解，於今反而被法條明文承認。

然而修法僅是形式上之確認，實質問題之爭點不會就此消弭。蓋在行爲犯之前提之下，搭配前述實務行爲對象不限未成年人之觀點，亦即該訊息不需要有與未成年人爲性交易的內容。二者結合則形成學者所謂「形成現在於民主社會中令人難以置信的箝制言論自由的狀況」[16]。故如何在法定條文文義範圍內，就本條行爲犯性質作最妥適之解釋，不僅是本條全新之課題，亦連帶牽動法規範對網路援交應有之評價。本文將於後段一併說明之。

(二) 其他可能觸犯之法條

如果網路援交進一步發生性行爲，即使是兩情相悅，但因其涉及到金錢的交易行爲，則觸犯了社會秩序維護法第八十條，可處三日以下拘留或新台幣三萬元以下罰鍰。如果與未滿十八歲之人爲性交或猥褻行爲，則可能構成兒童（未成年者）及少年性交易防治條例第二十二條，刑法第二二七條之重罪。

若意圖替援助交際的雙方而仲介者，可能觸犯刑法第二三

一、二三三條的妨害風化罪。惟本文討論重心置於網路上援助交際訊息傳播等前階段行為之評價，故對於上述實際為援交行為等後階段行為評價，因篇幅所限只能予以割捨。

二、日本網路援助交際之規範

(一) 目前日本關於援助交際之相關法規範之介紹

關於日本現行關於援助交際之相關法規範，主要有各縣市青少年保護條例、兒童（未成年者）福利法[17]、刑法之規定。一九九九年之後，日本政府對於關於青少年賣春行為之防範，特制訂「對於未成年人買春行為等色情行為相關處罰暨未成年人保護法[18]」與二〇〇三年六月十三日公布「利用網路交友網頁，不正誘導未成年人之相關法令」之特別法。需注意的是，「對於未成年人買春行為等色情行為相關處罰暨未成年人保護法」與日本少年法修正公布之時期相似，此亦是日本政府針對少年事件頻發之現代社會中，以立法重申國家保護主義外，亦是輔映實務中處應日益增加青少年「性」的案件之立法潮流[19]。「對於未成年人買春行為等色情行為相關處罰暨未成年人保護法」我國「兒童（未成年者）及少年性交易防制條例」性質與內容大致相似，然於字彙使用，雖我國與日本稍有相歧之處，然不影響其法文內容[20]。「對於未成年人買春行為等色情行為相關處罰暨未成年人保護法」公佈施行爾後，日本政府遂又針對網路援助交際案件，於二〇〇三年六月十三日公布「利用網路交友網頁，不正誘導未成年人之相關法令」之特別法，專門處理網路援助交際之案件。「利用網路交友網頁，不正誘導未成年人之相關法令」為二〇〇三年六月十三日甫才公布，並於九月十三日正式施行，本法可謂為日本現今最新之防治網路援交之法律。

「利用網路交友網頁，不正誘導未成年人之相關法令」制訂之鍥始，主要爲網路主流風潮之下所衍生之結果。近年來因涉足於交友網頁，不幸險遭性犯罪被害者亦益增多。根據東京警視廳之統計，東京地區目前因交友網頁所產生之未成年犯罪被害之狀況簡述如下[21]：

1.「交友網頁」之未成年被害者遽增：

於所有被害者之統計中，尤爲未成年人被害者遽增，例如二○○二年未成年被害者人數約有一,二七三人，相較於二○○○年約增加十八倍。此外，因「交友網頁」所導致強盜以及強制性交等暴力案件增加，例如二○○二年被害件數一○○件，相較於二○○○年約增加七倍。

未成年色情商品化、經由交友網頁達至與兒童（未成年者）進行援交行爲者增多：

經日本警視廳統計當中指出，於交友網頁誘導兒童（未成年者）援交並遭取締者，二○○二年有七八七件，相較於二○○○年增加一九.七倍，此數據有百分之九十四由兒童（未成年者）自行登載援交訊息。

需注意的是，本法中所謂「交友網頁」，需具備「登載異性交友情報者」、「網頁使用者可利用其登載網址相互聯絡」、「爲重複性、繼續性之『事業』」。此外，根據本法，對援交行爲之罰則爲，禁止利用網路與未滿十八歲發生性行爲或是有償之交際行爲，如有違反者，不論年齡、性別皆處一百萬日圓之罰金。此外，網頁所有者需明確告知未成年不可利用交友網頁，並有嚴加確認使用者年齡之義務，如有違反者，需處六月以下有期徒刑或一百萬日圓之罰金。

承此，現行日本法制對於援交行爲之處理，除涉及網路虛擬世界之部分需以特別法之「利用網路交友網頁，不正誘導未成年人之相關法令」處應外，一般援助交際行爲主要以「對於未成年人買春行爲等色情行爲相關處罰暨未成年人保護法」、刑法、兒童（未成年者）福利法、與各縣市青少年保護條例等規範之。

雖日本目前實務上對於有針對援助交際等之青少年色情之問題有具體法規範，然實務與學術論理當中，卻有一些法理上之疑義，此主要爲導引至「淫行」之基本概念與「促其兒童（未成年者）與之性行爲...」等法解釋方面之問題，以下就相關疑義介紹如下：

(二)「淫行」之概念與青少年保護條例

若論「援助交際」或者「網路援助交際」等涉及青少年色情相關行爲，需從「淫行罪」當中「淫行」之相關概念釐清。

若論「淫行」之改念，需從各縣市所規定之青少年保護條例中之「淫行保護規定」談起（參考圖表2）。廣義而言，學理上所謂「淫行處罰之規定之要點在於：「禁止與未滿十八歲之少年男女進行紊亂之性行爲」（十八歳未滿少年少女とのみだ性行爲を禁じるも）[22]。下表當中除極少數仍未制訂條文之縣市以外，日本各縣市各有制訂禁止對於兒童（未成年者）進行紊亂之性行爲相關規定以保護少年，聚焦各縣市之規範，可得到一個符合學理之交集，即爲「任何人不得對於青少年行使淫行或猥褻之行爲」[23]。

深涉「淫行」之概念，法學方面有多數關於此概念之論爭，各縣市之青少年保護條例中所採之「淫行」之義，乃承於一九八五年十月二十三日日本最高法院之判決，此判決對於「淫行」有下述定義[24]：

「所謂『淫行』，並非單指對於青少年之性行爲，而是趁以青少年身心未成熟之際，爲誘惑、脅迫、欺罔等不正當之手段對其行使性行爲或是類似性交之行爲外，亦可解爲將青少年當成滿足自己之性慾望之對象而對其進行性行爲或是性交行爲。」

承此，青少年條例當中之「淫行」之概念，主要以保護「未滿十八歲知青少年」之目的而制訂。惟於本條例當中，於法之學理上「青少年」主要無有性別之異，然日本實務當中因援交等賣春者主要以未成年女子爲多，故學者大多解釋爲本法主要以保護未成年少女而設[25]。

【圖表60】 各縣市之淫行條例可區分為以下ＡＢＣＤ四個部分[26]

	淫行條例中所謂「青少年」：爲小學就學起至滿18歲者（有合法婚姻以後即謂成年）	
	定義	所屬縣市
A	1.任何人不得對於青少年行使紊亂之性行爲或猥褻之行爲 2.任何人不得對於青少年教授或是目睹上述之行爲	神奈川（淫行條例第19、30條）愛知（淫行第14、29條）、青森（淫行條例第22、30、31條）、石川（淫行條例第20、34條）、愛媛（淫行條例第9之2、30、31條）、大分（淫行條例第13之2、18條）、岡山（淫行條例第19、20條）沖繩（淫行條例第17之2、22條）、香川（淫行條例第16、22條）、鹿兒島（淫行條例第26、32條）、岐阜（淫行條例第13之2 、201條）、熊本（淫行條例第13、26條）、群馬（淫行條例第23、39條）、琦玉（淫行條例第19、28條）、佐賀（淫行條例第22、31條）、滋賀（淫行條例第24、27條）、靜岡（淫行條例第14之2、21條）、德島（淫行條例第14、24、25條）、櫪木（淫行條例第19、25條）、鳥取（淫行條例第18、26條）、富山（淫行條例第15、27條）、長崎（淫行條例第16、22條）、兵庫（淫行條例第21、30條）、廣島（淫行條例第39、48條）、福井（淫行條例第35、51條）、福岡（淫行條例第31、38、40條）、三重（淫行條例第23 40條）、宮城（淫行條例第18、28條第8項）、宮崎（淫行條例第19、29條）、山梨（淫行條例第12、16條）、和歌山（淫行條例第26、32條）

【續圖表60】

B	1.任何人不得對於青少年行使淫亂或猥褻之行爲 2.任何人不得讓青少年做出猥褻之行爲 3.任何人不得對青少年教授或是目睹第一項之行爲	秋田（淫行條例第14、27條）、茨木（淫行條例第21、27條）、岩手（淫行條例第18、29條）、高知（淫行條例第18、31條）、新瀉（淫行條例第20、29條）、福島（淫行條例第24、34條）、北海道（淫行條例第22、38條）、山形（淫行條例第14之2 、21條）
C	禁止對青少年買春之行爲	大阪（淫行條例第23、29條）、京都（淫行條例第21、31條）、千葉（淫行條例第20、28條）、東京（淫行條例第18之2、24條之3）、山口（淫行條例第12、19條之3）
D	不明	奈良、島根

除各縣市之青少年保護條例以外，兒童（未成年者）福利法第三十四條第一項六號當中亦有「禁止使兒童（未成年者）行使淫行之行爲」之規定，實務上亦有關於「淫行」相關概念之判決27。此外，刑法第一八二條亦有「以營利爲目的，勸誘無淫行常習之女子使其姦淫者，處三年以下有期徒刑，或爲三十萬日圓以下之罰金」之「淫行勸誘」罪。

前已有述，儘管日本對於援助交際之相關法令似乎已完備，然實務與學術論理上對於「淫行」與「促其淫行」之法解釋有所爭論，於此僅就青少年「淫行」與「促其淫行」等相關法律與判例之法解釋與疑義說明如下。

(三)「淫行」與「促其淫行」與相關法律之概念

1.與刑法之關係

如被害者未滿十三歲時，同時成立刑法上之強制猥褻罪與強姦罪。此時，從保護法益之不同考慮到觀念上之競合，結論為以較重之刑法之罪責而處斷。此時，告訴乃論罪與分告訴乃論罪同時成立，假使在於強姦罪被害人無提出告訴，亦有可能僅以兒童買春罪之方式提起公訴。惟為尊重強姦罪為告訴乃論之宗旨，在於偵審階段需有特別之顧慮（刑法第十二條）。

2.與兒童福利法當中「淫行罪」之關係

此部分又可分成二部分說明之：

(1) 兒童福利法第三十四條第一項第六號當中「使兒童（未成年者）行使淫行之行為」與兒童買春罪之關係為問題之焦點

所謂「促使兒童（未成年者）使其淫行」之該屬之對象，一般解釋為「買春者以外之第三者（即指斡旋者），促使未成年者使其淫行」，此時若非為斡旋者而僅為買春當事人時，僅不牴觸同項九號之規定（促使兒童（未成年者）行使有害行為），則不處罰[28]。此規定之根據在於：

1.刑法第一八二條之「淫行勸誘罪」中「促使其為姦淫...」一語當中，姦淫行為之相對人並非為犯人。

2.在於賣春防治法中，賣春行為之關係人（相對人）不受處罰。

3. 相對於青少年保護條例當中：「不得行使淫行或猥褻之行為」或「不得行使紊亂之性行為」等字句之日語文法「能動型」之表現，兒童福利法當中「促使兒童（未成年者）而為淫行」之用語為日語文法「使役型」之用法。

相對於此，亦有學說採否定之論，即爲「買春當事人亦該當『促其淫行』」之說，亦成最近之有力說，其理論之根據爲：

1.本號所規定之罪原本即爲直接保護兒童（未成年者）爲目的，並非如賣春防治法般將以取締賣春之周邊行爲，而達成對於賣春女性之保護。

2. 因此，促使兒童（未成年者）而爲自己淫行之對象者，直接侵害兒童（未成年者）之法益，承此，將賣春行爲之關係人從處罰之範圍除卻，此種思維難以理解。

判例當時採較消極之看法，以最高法院平成十年（一九九八年）十一月月二日之判決[29]之論，「促使兒童（未成年者）而爲淫行」之意義，不僅是行爲人促使第三人與兒童（未成年者）而爲淫行，應涵括行爲人本身與兒童（未成年者）而爲淫行[30]。

(2) 「行爲人自己成爲淫行之對象」之情形若亦成立兒童（未成年者）福利法第三十四條第一項六號之罪時

「行爲人自己成爲淫行之對象」之情形若亦成立兒童（未成年者）福利法第三十四條第一項六號之罪時，將又回歸至與兒童買春罪之問題。此時，同號當中「促其（淫行）...」之文彙爲決定所適用條文之基準。

關於「促其（淫行）...」之文彙之解釋，最高法院曾有指出：「在於此犯罪之構成要件上，行爲人並不需製造出非拉客不可之有形或無形之情境。[31]」，此判例因對於「促其（淫行）...」之定義尺度非常鬆，爾後最高法院又對於「促其淫行」之規定說明爲：「直接或間接以事實上之影響力助長未成年人行使淫行之行爲，促進之行爲亦包括在內[32]。」，雖此定義爲當時之主流，惟事實上之影響力所擴及之處與以助長或促進淫行爲要件、現實上無法發揮何種限定之功能。被告與未成年之間淫行，若有事實上之因果關係，即使有介入兒童（未成年者）自發性之意思，亦無爭議可言[33]。若以強調兒童（未成年者）之健全發展之觀點而言，其原因之癥結可解釋兒童（未成年者）福利法禁止如同行使淫行般對於兒童（未成年者）行使侵害之行爲。惟此思緒下，又需重新思考兒童（未成年者）買春罪存在之意義。「促其淫行」罪之法定刑與兒童（未成年者）買春罪相較之下較爲重，最高法院對於自己成爲淫行之對象時，亦以兒童（未成年者）福利法第三十四條第一項第六號之規定，對於兒童（未成年者）買春行爲可能懲處十年以下之懲役。儘管如此，兒童（未成年者）買春罪因爲新規定之故，對於成爲經濟對價爲前提之性行爲之相對人，最高僅可處三年以下之有期徒刑，此是明顯非常不合理。倘若如此，如該屬兒童（未成年者）買春之事例，是否也可解釋爲有該當兒童（未成年者）福利法第三十四條第一項六號之處？的確，在於審議過程當中，因強調二罪之保護法益之相岐點，卻在於保護兒童（未成年者）性權利之主要目的方面，此二罪之保護狀況有何不同仍有不明之處。

(3) 若以兒童（兒童（未成年者））福利法上之淫行罪與兒童（未成年者）買春罪之關係作合理性之說明

若以兒童（未成年者）福利法上之淫行罪與兒童（未成年者）買春罪之關係作合理性之說明兒童（未成年者）福利法第三十四條第一項六號中「促其淫行...」之狀況，僅限定對於兒童（未成年者）有事實上程度之影響力所擴及之狀況，若未成年者是自發性成爲淫行對象之情形，即可從本法處罰對象除卻。此外，在於思考「促其淫行罪」之法定刑輕重之問題，綜合「淫行」本身之有害性與「促其（淫行）」之行爲手段等整體性之顧慮，除妨害未成年者之健全發展外，筆者認爲，需聚焦於妨害未成年者健全發展之具體危險性。承此，爲確保兒童福利法適用範圍，同法第三十四條第一項六號，不限於對於兒童（未成年者）以自己爲優勢之情形，或是利用未成年人窮困時等等之狀況，也就是二者屬於「支配性之關係」時之淫行行爲。

（四）小結：青少年保護條例之功能

如同就以上之方式限定解釋淫行罪之罪責，各縣市自治團體之青少年保護條例可說是補足淫行罪之缺漏，亦即在所有法之規範之後才有青少年保護條例之適用。一九九九年之「對於未成年人買春行爲等色情行爲相關處罰暨未成年人保護法」與二〇〇三年「利用網路交友網頁，不正誘導未成年人之相關法令」公布施行爾後，各縣市青少年保護條例已成爲捍衛援助交際行爲之最後一個關卡。雖日本學理亦有認爲各縣市青少年保護範圍不一，亦有招致惡法之嫌[34]。

【圖表61】 對於未成年人買春行為等色情行為相關處罰暨未成年人保護法（一九九九年五月二十二日法律第五十二號）

Temporarily Translated Version

Law for Punishing Acts Related to Child Prostitution and Child Pornography, and for Protecting Children

Article 1 Objective

The objective of this Law is to protect the rights of children by prescribing punishment for acts related to child prostitution and child pornography, and by establishing measures including the giving of appropriate protection to children who have suffered physically and/or mentally from the said acts, in light of the fact that sexual exploitation and sexual abuse of children seriously infringe upon the human rights of children.

Article 2 Definitions

1.For the purpose of this Law, a "child" means a person under the age of 18 years.

2.For the purpose of this Law, "child prostitution" means the act of performing sexual intercourse, etc. (i.e., sexual intercourse, an act similar to sexual intercourse, or an act for the purpose of satisfying one's sexual curiosity, of touching genital organs, etc. (i.e., genital organs, anus and nipples; the same shall apply hereinafter) of a child or of making a child touch one's genital organs, etc.; the same shall apply hereinafter) with a child in return for giving, or promising to give, a remuneration to any of the persons listed below:

(i) the child;

(ii) the person who acts as an intermediary in sexual intercourse, etc. with the child;

(iii) the protector of the child (i.e., a person who exercises parental power over the child or who is the guardian or suchlike and who is taking actual care of the child; the same shall apply hereinafter) or a person who has placed the child under his or her supervision.

3.For the purpose of this Law, "child pornography" means photos, videotapes and other visual materials which:

(i) depict, in a way that can be recognized visually, such a pose of a child relating to sexual intercourse or an act similar to sexual intercourse with or by the child;

(ii) depict, in a way that can be recognized visually, such a pose of a child relating to the act of touching genital organs, etc. of the child or of having the child touch someone else’s genital organs, etc. in order to arouse or stimulate the viewer’s sexual desire; or

(iii) depict, in a way that can be recognized visually, such a pose of a child who is naked totally or partially in order to arouse or stimulate the viewer’s sexual desire.

Article 3 Caution in Applying This Law

In the application of this Law, care should be exercised so as not to infringe upon the rights of the people without due cause.

Article 4 Child Prostitution

A person who commits child prostitution shall be punished with imprisonment with labor for not more than three years or a fine of not more than one million yen.

Article 5 Intermediation of Child Prostitution

1.A person who acts as an intermediary in child prostitution shall be punished with imprisonment with labor for not more than three years or a fine not exceeding three million yen.

2.A person who, as his or her business, acts as an intermediary in child prostitution shall be punished with imprisonment with labor for not more than five years and a fine not exceeding five million yen.

Article 6 Solicitation of Child Prostitution

1.A person who solicits another person to commit child prostitution for the purpose of intermediating in child prostitution shall be punished with imprisonment with labor for not more than three years or a fine not exceeding three million yen.

2.A person who, as his or her business, solicits another person to commit child prostitution for the purpose mentioned in the preceding paragraph shall be punished with imprisonment with labor for not more than five years and a fine not exceeding five million yen.

Article 7 Distribution, etc. of Child Pornography

1.A person who distributes, sells, lends as a business, or displays in public, child pornography shall be punished with imprisonment with labor for not more than three years or a fine not exceeding three million yen.

2.A person who produces, possesses, transports, imports to or exports from Japan child pornography for the purpose of conducting any of the acts mentioned in the preceding paragraph shall be punished with the same penalty as is described in the said paragraph.

3.A Japanese national who imports to or exports from a foreign country child pornography for the purpose of conducting any of the acts mentioned in paragraph 1 of this article shall be punished with the same penalty as is described in the said paragraph.

Article 8 Trade, etc. in Children for the Purpose of Child Prostitution and Suchlike

1.A person who buys or sells a child for the purpose of making the child be a party to sexual intercourse, etc. in child prostitution, or for the purpose of producing child pornography by depicting any of the poses provided for in items (i) to (iii) of paragraph 3 of Article 2 shall be punished with imprisonment with labor for not less than one year and not more than ten years.

2.A Japanese national who, for any of the purposes mentioned in the preceding paragraph, transports a child, who has been abducted, kidnapped, sold or bought in a foreign country, out of that country shall be punished with imprisonment with labor for a limited term of not less than two years.

3.Attempts of the crimes mentioned in the two preceding paragraphs shall be punished.

Article 9 Awareness of the Age of the Child

No one who uses a child shall be exempt from the punishments specified in Articles 5 to 8 on the grounds of not having been aware of the age of the child excepting cases where there is no negligence.

Article 10 Crimes Committed by Japanese Nationals Outside Japan

The crimes specified in Articles 4 to 6, paragraphs 1 and 2 of Article 7, and paragraphs 1 and 3 (limited to the part thereof which relates to paragraph 1) of Article 8 shall be dealt with according to the provision of Article 3 of the Penal Code (Law No. 45 of 1907).

Article 11 Dual Liability

Where a representative of a legal entity or a proxy, employee or any other servant of a legal entity or of a natural person has committed any of the crimes mentioned in Articles 5 to 7 with regard to the business of the legal entity or natural person, the legal entity or natural person shall, in addition to the punishment imposed upon the offender, be punished with the fine described in the relevant article.

Article 12 Consideration Which Should Be Given in the Course of Investigations and Trials

1.Those who are officially involved in investigations or trials concerning the crimes under Articles 4 to 8 (referred to as "related officials" in the following paragraph) shall, in performing their official duties, pay consideration to the rights and characteristics of children, and shall take care not to harm their reputation or dignity.

2.The State and local public entities shall endeavor to give training and enlightenment to related officials in order to deepen their understanding of the rights and characteristics of children.

Article 13 Prohibition of Publication of Articles and Suchlike

In respect to a child involved in a case relating to any of the crimes mentioned in Articles 4 to 8, such articles, photographs or broadcast programs as contain his or her name, age, occupation, the name of the school he or she attends, dwelling, looks, etc. which may identify him or her to be the person involved in that case shall not be published in newspapers or other publications, or shall not be broadcast.

Article 14 Education, Enlightenment, Research and Study

1.In light of the fact that such acts as child prostitution and the distribution of child pornography would seriously affect the mental and/or physical growth of children, the State and local public entities shall, to allow for the prevention of such acts, endeavor to educate and enlighten the public to deepen their understanding of the rights of children.

2.The State and local public entities shall endeavor to promote researches and studies that can help prevent such acts as child prostitution and the distribution of child pornography.

Article 15 Protection of Children Who Have Suffered Mental or Physical Damage

1.With regard to children who have suffered mental and/or physical damage as a result of having been a party to child prostitution or having been depicted in child pornography, the relevant administrative agencies shall, in cooperation with one another, taking into account the mental and physical conditions of the children as well as the environment in which they have been placed, properly take necessary measures for their protection so that they can recover physically and mentally from the damage they have suffered and grow with dignity. Such measures include consultation, instruction, temporary guardianship and placement in an institution.

2.The relevant administrative agencies shall, in the case of taking the measures mentioned in the preceding paragraph, provide the protector of the child with consultation, instruction or other steps if such steps are deemed necessary for the protection of the child mentioned in the said paragraph.

Article 16 Improvement of Systems for the Protection of Children Who Have Suffered Mental or Physical Damage

In order to be able to properly provide protection based on professional knowledge with regard to children who have suffered mental and/or physical damage as a result of having been a party to child prostitution or having been depicted in child pornography, the State and local public entities shall endeavor to promote researches and studies on the protection of such children, improve the qualities of persons who undertake the protection of such children, reinforce systems of cooperation and liaison among relevant agencies in case of the urgent need of protection of such children, arrange systems of cooperation and liaison with private organizations which undertake the protection of such children, and arrange other necessary systems.

Article 17 Promotion of International Cooperation

For the prevention of acts relating to the crimes mentioned in Articles 4 to 8 as well as for proper and swift investigation of cases relating to such crimes, the State shall endeavor to secure close international cooperation, promote international researches and studies, and promote other forms of international cooperation.

Supplementary Provisions

Article 1 Effective date

This Law shall come into force on the date to be specified by a

Cabinet Order within the scope not exceeding six months counting from the ate of its promulgation .

Article 2 Relation with local governments' ordinances

1.Upon enforcement of this Law, any provision of the local government's ordinances which provides punishments to the crimes under this Law shall be superceded by this Law and lose its effect.

2.Even when a provision of local government's ordinance loses effect upon enforcement of this Law in accordance with the paragraph 1 of this Article, any illegal act which was committed prior to such invalidation shall be punished under the provision in question, unless the local government rules otherwise in its ordinance.

Article 3 Partial revision of the Law Regulating Adult Entertainment Businesses

Law Regulating Adult Entertainment Businesses (Law No. 122 1948) shall be partially revised as follows:

- The following description shall be added to Article 4.1.2, in the position after "crimes controlled under Article 2" : "as well as the crimes under the Law for Punishing the Acts related to Child Prostitution and Child Pornography and for Protecting Children who are Suffering from Such Activities (Law No. __, 1999)

- The existing description, "or the crimes under Chapter 2 of the Anti-Prostitution Law," in Article 30.1, Article 31quinquies, and Article 31sexies.2.2 shall be replaced by the following description: ", the crimes under Chapter 2 of the Anti-Prostitution Law or the crimes under Law for Punishing the Acts related to Child Prostitution and Child Pornography and for Protecting Children who are Suffering from Such Activities"

- The existing description, "or the crimes under Article 175," in Article 35 shall be replaced by the following description: ", the crimes under Article 175 or under Article 7 of the Law for Punishing the Acts related to Child Prostitution and Child Pornography and for Protecting Children who are Suffering from Such Activities"

Article 4 Partial revision of the Hotel Business Law

Hotel Business Law (Law No. 138, 1948) shall be partially revised as follows:

- The existing description, "paragraph 1 of Article 3," in Article 8 shall be replaced by "paragraph 1 of the said Article." Also, following description shall be added to Article 8: "4. Crimes under the Law for Punishing the Acts related to Child Prostitution and Child Pornography and for Protecting Children who are Suffering from Such Activities (Law No. __, 1999)"

Article 5 Partial revision of the Law for Prevention of Illegal Acts by Crime Group Members

Law for Prevention of Illegal Acts by Crime Group Members (Law No. 77, 1991) shall be partially revised as follows.

- The following description shall be added to Schedule in the position after No. 31: "No.31-2 Crimes under the Law for Punishing the Acts related to Child Prostitution and Child Pornography and for

Protecting Children who are Suffering from Such Activities (Law No. __, 1999)"

Article 6 Further efforts

Considering the situation of the implementation of this Law, international trends concerning the protection of the rights of the child ,etc., review shall be made, by the end of a three years' period after the enactment

of this Law, on the control of child prostitution and child pornography and other systems in force for protecting children from sexual exploitation and sexual abuse, and necessary measures should be taken on the basis of the results of such review.

貳、法規範背後之思索

從上述我國與日本法制之比較可知，對網路援交之刑法規範並不缺乏，爲形式條文之建構卻帶來一連串適用上之爭議。法規範應然之詮釋，若不就其評價客體之社會背景與本質加以探討，則提出甲說、乙說，最後在採取其一之模式，只不過是法律人對於實存問題恣意之回應。

本文之重點雖然置於網路援交此一前階段散播訊息行爲之評價，惟刑罰前置化之所以合理，不僅是社會上對於該行爲之制止有所需求，重點是該行爲本身對於法益之侵害有高度危險性。法律領域行爲可以（而且應該）分別檢視評價，惟法律所反映之社會問題卻不能切割看待。因此本文接下來必須對於援助交際之社會背景、性交易與刑法規制、加以探討，方能尋求網路援交可罰性基礎與法規範之應然詮釋。

一、 援助交際之社會背景

日本是一個充滿物慾誘惑的國家，日本人極容易接觸到許多繁華的訊息，這似乎也是一個現代國家普遍的現象。日本青少年（尤其是少女們）所接觸到的物質文明，屬於高價貨品的相當多，例如高級名牌服飾、皮包、化妝品等。這些名牌貨在日本少女心目中都是夢寐以求，然而，一般家庭的經濟狀況無法允許青少年購買高價物品，因此，在無法滿足虛榮心的驅使之下，少女們為爭取自己嚮往的物質享受，便積極從事打工等的兼職工作賺錢。從一般的餐飲服務業到勞力工作，青少年從事的打工業種五花八門，這其中免不了有一些少女對於不花體力、時間即可賺錢的性產業產生興趣。雖然，援助交際在日本早期不等於賣春，但在物慾的驅使下，少女們利用援助交際賣春的現象漸多，於是，援助交際逐漸成為賣春的代名詞。

日本發生援助交際最多的地方是在東京、大阪等大都市，其中以東京最多。這印證了犯罪率與都市發展成正比的說法。在東京，又以年輕人聚集最多的涉谷、池袋、六本木等繁榮地區最多，可以輕易見到尋求援助交際對象的高中女生行蹤。因此，尋求援助的男子也會特意到上述地區，搜尋他們的對象。

少女們任意出賣靈肉的心理，許多人歸咎於過度崇尚物質。其實，高度的社會化、崇尚物質只是青少年賣春的原因之一。少年縱其肉慾的心態，如果只依一般人的思索來詮釋，恐怕無法得到正確的解答。

在援助交際的另一個面向，是社會經濟的問題。日本從事援助交際的高中女生多以行動電話聯絡顧客，也因為這些女孩大量使用行動電話，對於八〇年代末期以來的日本經濟不景氣引起了強大刺激。高中女生在「打工」之餘經濟狀況逐漸良好，因此，對於市面上發售的新商品有極大的消費能力，這在景氣蕭條之時，令商人們振奮。許多廠商紛紛以高中女生爲第一顧客群，而產品設計也以高中女生的喜好爲主，因此，日本目前消費的取向是以年輕女子爲主要顧客群，尤其是高中女生的高消費能力常導致目前日本商品的流動。因此援助交際在日本已經不只是高中女生與中年男子放縱情慾的呈現，而同時也是一個導致社會經濟狀況改變的問題。

此外，在經濟不景氣之下，多數日本企業紛紛裁掉中堅工作人員，這些被裁的員工多半曾是締造日本經濟成長的功臣。這些人在即將退休時突遭公司裁員，這些中年男子的不解與心痛，加上面對茫然的未來，以及家庭生活刻意被排除等等的心理壓力下，他們選擇了迷失於都會的塵囂中，尋求刻意用利益所交換的「性」來麻醉自己。就在這樣的落寞悵然下，尋求利益的高中少女於是拾起了中年男子的苦悶。這雖然是援助交際故事中的啓端，但也是社會悲劇的開始。

日本經濟在崩潰的狂浪中，已顯得憔悴不堪，唯一能延續經濟命脈的來源，商人是亟亟尋覓的。在積極求取經濟生存之道中，高中女生的高消費能力得到商人們的覷視的理由，就也顯得非常可以理解。然而，在高中女生高消費力的背景下所產生的援助交際問題，相信許多商人們都有認知，但是卻不願去涉及的灰色地帶。

世間事皆有消長，從援助交際的概念變化，我們知道援交的動機，其實並非單純的肉慾。我們似乎可以從此而印證，這是一個非常詭譎的社會現象。因此，對於援助交際的內涵與處罰，我們需要重新思考。

二、性交易與刑法規制

援助交際之成因，其社會背景或許複雜，然而當刑法欲介入管制時，則必須涉及更深一層「性交易與刑法規制」間關聯性之探討。茲分述如下：

(一) 性交易之起源與定義

性交易一般又稱之爲賣淫，而性交易之起源，據考究性交易最早出現在美索不達米亞平原一帶，一開始是爲了提升該地區的人口繁殖率，當地牧師要求該地所有婦女必須在教堂中提供性交易服務，而接受服務者則必須向教堂捐獻財物。而商業意義上的賣淫行爲，則源於古希臘，約於西元前五五０年，雅典的立法者制訂法律並發給妓院營業執照，而妓院之收入則作爲神廟管理及維修之費用，而使妓院成爲當時一個公眾聚會與享樂之場所。今日對於性交易之定義係指「男女以獲取金錢或物質爲目的，提供自己身體之使用以滿足其他男女之性慾。」而娼妓係指「繼續性從事性交易活動，以其所得之金錢作爲生活之一部或全部之經濟來源。」[35]

(二) 性的機能與刑法之關聯[36]

在刑法的領域中，或許有關於「性」與「勞動」的社會秩序是最值得爭議的議題之一。就勞動之規制而言，因爲有不勞動者不得食的一般觀念，所以刑法處罰不勞而獲的賭博行爲。就性行爲的規制而言，首先將性行爲區分成公與私的兩領域，原則上國家法律是無法干涉到私領域中的性行爲，諸如婚姻、生育、墮胎等；反之，基於性的隱私性，對於公開的性行爲，則國家會擁有發動權力予以管制的基礎。除這種區分外，因爲性行爲通常都會牽涉到行爲人與對方間的關係，所以既然說要尊重自由，則未得到同意的性行爲，不論是屬公或私，國家都要發動權力保障關係人的自我決定權。這個「同意／非意願」的區分是貫穿了「公／私」的領域，所以縱是私領域中的性行爲，只要破壞了這個尊重自我決定的原則，則仍會受到國家法律的干涉。

基本上勞動是生產的活動，而性則是一種讓勞動能夠再生的活動，前者具有生產性，而後者則具有再生產性，兩者形成無限的循環，造就了席捲全球的資本主義的鐵則。換言之，與生產的勞動不同，從事再生產的性行爲，其必須拒絕商品化，不然就無法與商品化的勞動結合起來。在勞動的領域中，商品化的性被視爲是違法的勞動進而受到法律直接或間接的規制。反之，非商品化的性則是被讚揚，並且與愛結合後，發展出愉悅的特性。

刑法透過不積極規範勞動秩序的規制模式，將性與勞動切離關係，不將性視爲一種勞動，其後又以商品化與非商品化來作爲兩者的共通區分標準，並進一步（消極地）肯定商品化的勞動，但卻（積極地）處罰商品化的性。加上利用「公／私」的區分界定公領域中商品化的性的反道德本質。而正是這種的規範模式產生了許多極爲詭異的刑法規制。

兒童（未成年者）及少年性交易防治條例第二十九條基本上即是管制公領域中將性的「性安慰機能」予以商品化行爲之規範。亦即，公領域中商品化的性服務是一種沒有（正常）生殖機能的性活動，對於這種性活動的壓制，一方面可以加強性行爲應有生殖機能的論述能量，另一方面也可以使得性活動的（正常的）生殖與性安慰機能被鎖進私領域中，此一私領域中的性活動在與愛、家庭結合後，當然會被認爲是一種基於性自主權而進行的性活動，於是性的純潔性、無私性、非商品化性自然會得到一般的肯認，進而盡情地發揮使勞動再生產的機能。

三、援助交際之可罰性基礎

處罰援助交際所要保護的法益，其實並不清楚。立法者似乎認爲以性交或猥褻爲內容的交易行爲，是所謂妨害風化或傷風敗俗的行爲，當然亦不容許網路上散播援助交際之訊息。惟社會上所存在「包養」、「包二奶」等怪相，名詞雖然不一而足，但與性交易之本質並無二致，不也是以獲取金錢或物質爲目的，提供自己身體之使用以滿足其他男女之性慾嗎？更極端之說法，如果未婚男女結婚之目的純粹是在獲取「長期飯票」、追求「少奮鬥二十年」，亦不過是以婚姻作爲屏障，以掩蓋獲取金錢或物質爲目的之企圖罷了。如果我們認爲上述行爲不需處罰，那處罰援助交際之理由何在？

我們當然可以大聲反駁，結婚是天經地義，短暫性交易屬於婚姻領域外之「反常行爲」，違反公序良俗，所以需要加以非難。然而，性交易是否眞的值得加以非難？我們知道，社會上有無數的交易種類，而援助交際係以性交或猥褻爲內容的交易，只是以提供服務爲內容的交易類型當中的一種。這麼多的交易類型，應該被禁止、被容許，或是甚至應該被鼓勵，完全看其交易類型對於社會所帶來的利害關係是什麼。那麼以性交或猥褻爲內容的交易類型，存在有什麼侵害，以致於我們必須動用刑罰去禁止它？我們可以理解，大多數人在自己行爲的價值判斷上是不願意把性交行爲作爲交易的標的，並且往往也把此一價值標準套到所有人的頭上。就性交這一個行爲，除非性交行爲會製造什麼侵害，例如傳染病或是孩童身心健康的損害，否則根本無理由禁止某一類型之性交。至於有金錢對價的性交亦然，如果不是會造成具體的損害，也沒有處罰的理由。換言之，性交行爲基本上是自由的。其實從刑法第十六章章名「妨害性自主」一詞可見立法者本身也已經肯定了性行爲自主的基本原則。如果立法者透過「妨害風化」此一空洞理由來剝奪色情交易者性行爲的自主權，又如何能自圓其說[37]？

若從援助交際可能侵害少年及兒童（未成年者）必須以刑法加以制裁而言，亦非充分之理由。對於兒童（未成年者）及少年性交易防治條例第二十九條，有學者從立法嚴格之正當性切入，認爲就青少年免於性侵害的普遍性的保護而言，在一個從教育體制上迷失青少年的自我的大環境裡，刑罰色情營業似乎已非禁絕色情營業的相當有效的手段。反面而言，國家並非行政手段已經窮盡，而必須對於非以青少年爲對象的性交易宣傳或引誘行爲科以五年以下有期徒刑徒刑。再衡諸社會成人必然存在的對於性交易的需求，對於性交易之廣告行爲的絕對禁止與五年以下有期徒刑的刑罰，並不合於衡平原則。從這些角度的考量，本條應該並不是一個有相當正當性的規定[38]。

四、法規範之應然詮釋

從上述「一、援助交際之社會背景」之分析，援助交際之產生有其社會經濟面向之成因；從「二、性交易與刑法規制」之分析，刑法對於援助交際乃至於公開、商品化的「性」之壓制，實際上係維護性的道德機能與資本主義之運作；而「三、援助交際之可罰性基礎」更透露出援助交際可罰性基礎之薄弱。綜上所述，在處罰援助交際之理由不明與標準浮動之情形下，正如同學者所言，處罰援助交際「只是人們在爲自己性觀念上之自我奴役尋找維護尊嚴之藉口[39]」；「大體的人在談論到性的時候，都會不自覺將自己之實存貼附上去，所以會經常將實存之問題（個人好惡）與社會問題（善與惡）混淆在一起，我刻意地選擇了性的問題來加以討論，這不僅是因爲在性的討論中大多數的人都會將自己的實存貼附上去，更是因爲關於性的議題許多人都不是自由的。[40]」

如果援助交際之可罰性都不是如此堅強，而處罰網路援交此一刑罰前置化之合理性，勢必有所動搖。惟依據罪刑法定原則，兒童（未成年者）及少年性交易防制條例第二十九條之立法我們無法視而不見，而透過法律詮釋限縮刑罰權發動之範圍，成爲現階段可以努力之目標。

如前所述本條修法後幾乎已經無異認定係「行爲犯」之規定。而所謂之行爲犯，係相對於結果犯而言，一般學說見解以爲，行爲犯乃指行爲人只要單純實現不法構成要件所描述之行爲，無待任何結果之發生即足以成立犯罪，故亦有文獻稱之爲舉動犯[41]。惟若僅止於此一定義，並不足以充分解釋行爲犯之所以被處罰之理由。行爲犯之立法實際上是從預防法益侵害之目的出發，出於不法意志完全評價原則，所作之技術層面考量而產生之立法。具體言之，對於行爲人行爲時不確定其被害人之範圍之行爲，如果造成個人法益實害之結果，當然可論以既遂犯。不過對於未造成實害之部分，亦應對其未遂責任之追究。只是因爲被害人範圍不確定，技術上無法論以未遂，必須另行立法。故行爲犯技術上自然形成二原則：第一個，行爲犯本質係無法控制實害範圍的危險行爲，主要彌補未遂責任部分，構成不以客觀上的實害結果爲要件，是一種刑罰之前置化。第二個，直接以不確定多數人作爲一個利益主體之單位。然而所謂之「前置」，僅是客觀要件部分，不包含主觀要件。在主觀要件上行爲犯與結果犯都相同，以實害結果之故意爲要件[42]。換言之，就主觀不法而言，屬於故意犯罪之行爲犯，主觀上仍以一定實害之認知爲要件。就非特定對象之行爲犯（侵害超個人法益犯罪），行爲人必須對於可能造成不確定範圍之對象的實害有所認知。

衡諸本條例保護青少年的立法目的，兒童（未成年者）及少年性交易防制條例第二十九條的意旨也應該是在保護青少年，所以要構成本條犯罪，行爲人應該必須對於可能造成不確定範圍之未滿十八歲之人的實害有所認知。所以如果事實上難以確定，行爲人會認知到自己的行爲可能造成不確定範圍之未滿十八歲之人因爲性交易遭受實害，因此，即使本條是所謂行爲犯的規定，行爲人也因爲欠缺不確定範圍的實害故意，所以不構成犯罪[43]。

參、結論

若論援助交際行爲，學術論理多半從「性」、「道德」與「色情」三種面向之交會而探討，而此三種問題亦似乎爲亙古以來人類社會所欲理解，卻因時代背景導致論述尺度與各地文化思想之相岐，對此三者之界定似乎難以求得標準。相較於人類對於色情現象面之探討與研究的社會學論理模式，法學之論理較集中於法解釋與論罪之評定，因而有目前「色情應否除罪化」之論爭。

「色情應否除罪化」之立場，學理上對於贊成與否定呈現二極化之現象，抱持「色情應除罪化」之肯定說，此恰可與闡述「不應剝奪與藐視性工作者之工作權」之社會運動與憲法保障個人工作權之理念不謀而合。反之，反對說之立場則以不應妨害「風化」捍衛道德而堅持其立論。對於此二極化之論述似乎皆有其模糊之空間，例如以反對說之論點而言，學者認爲「風化」之論點似乎更應以具體化方式呈現[44]，因而導使實務解釋則擇以文字密度最大之方式，以求論爭之衡平[45]。惟筆者認爲，援助交際等色情產業若涉及未成年人，若單以「色情應否除罪化」而爲論爭，是否忽略保護主義之本質，亦即，「色情應否除罪化」之探討不應擴及於青少年色情行爲，甚而，爲貫徹保護主義之思維，青少年若單純僅爲自己之自由意識下選擇性產業而從事之，或許更有思索之空間，然而，此種狀況似乎微乎其微，諸多社會學理顯示，絕大多數「自主性」選擇從事性產業之未成年人，其背後似有更大之催使其從事性產業之成因，其中尤以金錢爲首[46]，而以謀利爲目的之青少年涉足色情之行爲，其導火線大多與成年人不當誘導及不良社會風氣相關（例如笑貧不笑娼等）。憑依此思緒之引導，於青少年涉足於色情行爲之議題，若明確有成年人不當誘導之因素存在，即可直接導引至入罪化之問題，此亦是日本二○○三年針對網路援交行爲之立法宗旨。

承此，日本在於援助交際之議題已進入虛擬網路世界，然於虛擬之網際網路世界當中，尋求保護青少年之界點，似有更細緻探討之空間。從我國與日本援助交際法令之制訂比較，可發現二國之援助交際法令之制訂，除以貫徹未成年人保護主義之外，亦可隱約窺視出捍衛社會失序的性道德之要素存在。

援交行爲等涉及色情之行爲雖僅爲一種社會病理現象，此亦反應於日益變化之社會，個人價值觀易產生失序，而此，亦是直接誘導人從事反社會性之行爲的因素所在，在於價值觀不確定之狂流當中，自我存在之體驗與認知爲青少年所欠缺，亦是亟待培養之觀念。探討犯罪、偏差行爲等反社會性行爲，依據刑事學理上之應報原則，爲最便捷之處理方式，然隱藏於其後之社會病理現象卻是人類所無法觸及，或是不敢涉及之禁地，依學理所述一言，或許能道出此種境界：

「大體上的人在談論到性的時候，都會不自覺地將自己的實存貼附上去，所以會經常將實存的問題（個人好惡）與社會問題（善與惡）混淆在一起；我是主張在不侵害他人人權的限度內個人可以自由做任何事的自由主義者，爲了表現出這個理念的核心，我刻意地選擇了性的問題來加以討論，這不僅是因爲在性的討論中大多數的人都會將自己的實存貼附上去，更是因爲關於性的議題許多人都不是自由的」[47]。

參考書目

除註釋已有標明之外，另參考下述文獻：

王銘勇（民90）。《網路犯罪相關問題之研究》。新竹：台灣新竹地方法院。

李茂生（民91）。《論性道德的刑法規制》。台灣法學會2002年年度法學會議報告，台灣法學會主辦。

林山田（民90）《刑法通論》（上）（下）。台北：自刊。

陳慈幸（民91）。《無色的薔薇－青少年援助交際與賣春行為，青少年法治教育與犯罪預防》，濤石文化。

黃榮堅（民87）。《今夜你寂寞嗎？》月旦法學雜誌，42，18-19。

黃榮堅（民87）。《刑罰的極限》。台北：元照出版社。

黃榮堅（民88）。《刑法妨害風化罪章增修評論》。月旦法學雜誌，51，81-92。

黃榮堅（民92）。《基礎刑法學》（上）（下）。台北：元照出版社。

黃世銘（研究主持人），謝名冠（研究員）（民90）。台灣台北地方法院檢察署八十九年度研究報告：網路行為規範之研究。台北：台灣台北地方法院檢察署。

黑沼克史著，劉滌昭譯（民88）。《援助交際－中學女生放學後的危險遊戲》。台北：商業周刊出版。

註釋

1.本論文原名爲《網路援助交際台日法制之比較與思索》。爲國科會三年計畫之第二年成果論文，計畫編號：*NSC 90-2511-S-194-002*。發表於2003青少年網路犯罪研討會，部分發表於日本比較法雜誌第37卷第3號（2003年）。

2.援助交際（日語：enjoukousai）這個名詞，其實較爲通俗的說法是，一些中年以上或一些想擁有一個年輕女友的男性，以交易爲性質，按月/星期/日/次，付錢給一些高中女生，而女生就負責陪同「雇主」逛街、看電影、吃飯、等等，有的甚至發展至性交易，滿足某些男性對於刺激性的情慾生活的憧憬。參閱陳慈幸，《青少年法治教育與犯罪預防》，濤石文化。

3.民國92年06月30日臺灣臺南地方法院檢察署法檢字第0920802915 號。因此刊登「個人０９××××××××××」或「個人質佳０９×××××××××」或「仙蒂０９××××××××」即足以構成本條之「暗示」。

4.民國92年06月16日台灣士林地方法院檢察署法檢字第0920802694 號

警員化名ㄚ杰，在奇○網站聊天室「今晚可以陪我ㄇ」之主題聊天室內，點選化名「安娜」之甲女，與甲女進行「悄悄話」聊天，經雙方以「安娜：晚上有空」、「ㄚ杰：妳是找援ㄇ （是） 一次多少錢 （3000） 妳多高多重 （160/56） *how old*(26) 有援過ㄇ （有） 那要怎麼聯絡 （0917377335)那明天中午我打電話給你好了 （嗯 OK)」達成援交之合意，於約定時間爲警當場查獲，甲女並坦承曾以此方式與不特定人完成過數次性交易，甲女是否構成兒童（未成年者）及少年性交易防制條例第二十九條之犯罪？

台灣高等法院檢察署研究意見：多數採乙說（否定說）。

法務部研究意見：同意台灣高等法院檢察署之研究結論，採否定說。按兒童（未成年者）及少年性交易防制條例第二十九條規定，係以行為人利用廣告物、出版品、廣播、電視、電子訊號、電腦網路或其他媒體，散布、播送或刊登足以引誘、媒介、暗示或其他促使人為性交易之訊息者始足當之，考其立法目的，以此等行為足以使不特定人或特定多數人得以閱知該訊息而為性交易之行為，破壞社會善良風俗，其可罰性甚為顯著，此與網際網路聊天室之「悄悄話」僅供一對一之特定人相互對談，他人無法知悉二人聊天內容之情形有別，是其所傳布性交易之訊息既未達不特定人或特定之多教人可得而知之狀態，自與該罪之構成要件有間。

5.臺灣彰化地方法院91年訴字第1125號：網路聊天室係屬對外開放之公共空間，雖個別聊天網站之網頁設計及訊息整合尚有差異，但為增加對談內容之豐富性，一般而言均會任由對於聊天主題有興趣之人得以參與其中。以本件雅虎奇摩聊天室網站為例，網站管理者在網頁中列出聊天主題及成員代號，有意參與對談之人得以隨時進入瀏覽聊天內容，此觀卷附網頁及對談資料甚明。是以被告將上開暗示性交易之內容張貼於聊天網站上，不僅與之直接交談之化名〔○○美月〕之人得以獲知訊息，即使其他上網瀏覽該項聊天主題之不特定人，亦均可輕易明瞭被告渴求性交易之意圖，形同刊登暗示性交易之廣告訊息，此與實體世界中言語交談或紙筆對談所具備私密性之期待大相逕庭。另現行兒童（未成年者）及少年性交易防制條例第二十九條所處罰之行為，係以行為人有刊登、散布足以引誘、媒介、暗示或其他促使人為性交易訊息之犯行為已足，而不以雙方進而發生性交易為結果要件，則被告既有前揭刊登性交易訊息之犯罪事實，即已合致於該項處罰條文之構成要件，至於被告如何同意赴約或有無確實發生性交易之結果，均與本案犯

行成立與否不相關涉。(裁判要旨內容由法源資訊整理)

6.民國90年11月22日臺灣高等法院暨所屬法院九十年法律座談會

法律問題：被告在報紙或網際網路留言板上刊登：「我是A，今年二十一歲，1××CM，××KG，家住臺北市，因爲缺錢，所以想被援助，可以配合您想要作任何事，北市女來電：0938290×××」內容之廣告，引誘、暗示不特定人女性與之聯絡爲性交易行爲，是否涉犯兒童（未成年者）及少年性交易防制條例第二十九條之罪？

討論意見：甲說：按兒童（未成年者）及少年性交易防制條例第一條規定，爲防制、消弭以兒童（未成年者）少年爲性交易對象事件，特制定本法，開宗明義揭明爲保護兒童（未成年者）及少年，不得以渠等爲性交易對象。而該條例有關性交易過程中參與之當事人，主要有下列三種：_支付金錢、財物等對價者(即所謂之嫖客或買春客）、_提供性服務者（即所謂之雛妓）、_協助、促成性交易者（包括所謂之老鴇、應召站、女中、司機、保鏢等；其中法律所處罰之對象者爲前述第_種人（第二十二條）及第_種人（第二十三條至第二十六條），而前述第_種人，不論其係自願、被引誘或被脅迫，均視爲被害人，並予以安置、輔導　。故本條例第二十九條規範之對象，亦應指前述第_種人之「協助、促成性交易者」，而非「提供性服務者」。再按八十八年六月二日修正公布之兒童（未成年者）及少年性交易防制條例第二十九條之罪，係以「以廣告物、出版品、廣播、電視、電子訊號、電腦網路或其他媒體，散布、播送或刊登足以引誘、媒介、暗示或其他促使人爲性交易之訊息者」爲其要件。而所謂「使人爲性交易」，應係指使人與他人爲性交易而言，尚不包括使人與自己爲性交易，　從立法目的及體系解釋上，該「促使人爲性交易之訊息」應只限於「促使人與他人爲性交易之訊息」。蓋類似本件被告此等提供性服務者，縱因其已滿十八歲，而不認為其為被害人，其意圖得利與人姦淫，或在公共場所或公眾得出入之場所，意圖賣淫而拉客（即引誘行為之一種）等行為，依社會秩序維護法第八十條第一項規定，亦僅將之視為「妨害善良風俗」之行政法上不法行為，而科處拘留或罰鍰，尚無刑法之可責性。再者，賣淫拉客僅受行政罰之處罰，而刊登引誘人與自己為性交易之廣告，乃一種類似在公共場所或公眾得出入之場所拉客之行為，若認「促使人為性交易之訊息」包括「促使人與自己為性交易之訊息」，則無異強以特別刑法處罰僅受行政罰處罰之「拉客」行為，造成法律體系上之矛盾與混淆。是以，若將本條例第二十九條所規範者，解釋為包括本件被告刊登色情廣告以引誘人與自己為性交易之行為，非僅紊亂法律體系，且其處罰顯然過重而失衡，亦非立法者之本意。綜上，應認為前述條文所欲規範者僅係前揭所述之協助、促成性交易者，不包括提供性服務之人。是本件被告之行為不成立兒童（未成年者）及少年性交易防制條例第二十九條之罪。

初步研討結果：多數採甲說。

7.台灣新竹地方法院檢察署(90) 法檢字第 001708 號。多數採取肯定說，詳細理由如下：

(1)所謂「促使人為性交易」應包括促使人與自己為性交易，因該規定與刑法第二百三十一條第一項規定不同，刑法第二百三十一條第一項已明確規定須意圖使男女與「他人」為性交或猥褻之行為，兒童（未成年者）及少年性交易防制條例第二十九條並非規定促使人與「他人」為性交易，自包括促使人與自己為性交易之情形。

(2)於大眾傳播媒體刊登促使人為性交易之廣告對於一般民眾之影響力，顯非個人在公共場所拉客之影響力所能及，絕非如否定說所言，僅類似在公共場所或公眾得出入之場所拉客之行爲，且在大眾傳播媒體刊登使人與自己爲性交易之廣告，對於社會善良風俗之危害與挑起社會大眾（包括未滿十八歲者）從事性交易之動機，與在大眾傳播媒體刊登使人與他人爲性交易之廣告無異。

(3)如依否定說，則日後所有類似廣告均標明是與自己進行性交易，前開處罰規定勢將形同具文，且此種廣告用語多曖昧不明，除非已查獲嫖客因此一廣告與非刊登廣告者進行性交易，否則嫌犯到案只要辯解是促使人與自己性交易，則本條處罰規定即無適用之餘地，換言之，本條處罰規定可能在已經實際發生有性交易存在播媒體獲取性交易管道之立法本意。

8. 最高法院87年度第2次刑事庭會議之甲說。

9. 參照最高法院87年度第2次刑事庭會議最後見解。88年台上字第4208號、88年台上字第2057號、88年台上字第1339號判決。

10. 黃榮堅，《今夜你寂寞嗎？》月旦法學教室刑事法學篇，頁130，2002年3月。

11. 李茂生，《論性道德的刑法規制》，台灣法學會2002年年度法學會議報告，台灣法學會主辦，2002年11月。

12. 最高法院87年度第2次刑事庭會議：「又本條犯罪是否以有性交易之結果爲成立之要件，亦有子說及丑說之不同見解，其說明如左：

子說：本條規定，依立法原意，旨在處罰利用媒體刊登或播送足以引誘他人爲性交易之廣告者，藉以防止助長淫風，淨化社會風氣，其所欲規範之對象，並非爲性交易之人，其犯罪類型屬於舉動犯，只須著手於該種廣告行爲，即成立犯罪，不以結果之發生爲必要。

丑說：本條所謂「引誘、媒介、暗示或以他法使人爲性交易」

之「使人爲性交易」與同條例第二十三條第一項、第二十四條第一項之「使（未滿十八歲之人）爲性交易」及刑法第二百三十一條第二項所定「使人爲猥褻之行爲」、同法第二百八十九條第一項、第二百九十八十九條第一項所定「使之墮胎」，文字體例相同，上開諸罪實務上俱解釋爲以發生一定之結果爲要件，本條自亦應爲同一之解釋，始符罪刑法定主義從之嚴解釋之本旨。是必行爲人有以媒體廣告爲引誘、媒介、暗示等方法，使接受該廣告之人因而發生性交易之結果爲要件，始克成立本罪。」

86台上字第6492號亦同此見解。

13.臺灣高等法院檢察署暨所屬各級法院檢察署八十六年度法律問題座談會法務部檢察司研究意見：「有關兒童（未成年者）及少年性交易防制條例第二十九條所謂『引誘、媒介、暗示、或以他法使人爲性交易』是否以發生性交易之結果爲要件一節，本部向來持否定之看法（詳見本部八十四年十二月四日法八四檢字第二八〇九四號函），其間院、檢之見解時有岐異，台高檢署「兒童（未成年者）及少年性交易防制督導小組」亦曾爲貫徹本部見解，要求各地檢署檢察官對法院不同之見解提起上訴，以爭取最高法院之認同。唯最高法院既已於八十七年三月三日第二次刑庭會議決議採肯定說，本部雖仍認該決議意旨不符合立法原意，並非妥當，然爲免同類案件法律見解不能統一，有損法律之公平性，仍請各檢察署檢察官參考最高法院前開決議之見解，妥適適用法律。」

14.同註11。李茂生教授並舉出88年台上字第4208號判決爲例，認爲最高法院與高等法院間意見上的衝突，即充分表現出採證上的困難。而李教授較贊同高等法院的見解。判決內容如下：

又本條所謂之「使人爲性交易」，解釋上固應以「行爲人有以媒體廣告爲引誘、媒介、暗示等方法，使接受該廣告之人因而發生性交易之結果」爲要件，但依卷內資料，被告係經營「有女侍陪酒喝歌」之ＫＴＶ酒店，其印製之傳單內有「清純美女加上性感清涼誘惑的制服及熱情肌膚接觸，能夠滿足您嗎？......當然不能，本聯誼會還擁有讓您意想不到的〃消魂〃，請注意這不是一個廣告宣傳，這裡一切的一切卻都是眞眞實實，您看到的、想到的或想要的，都會讓您一一如願，......」等字句共印製三萬張，且自八十二年十二月中旬即開始散發，至八十六年一月十一日爲警查獲，共已散發二萬張（偵字第二九九九號卷第三頁至第九頁），如果屬實，則被告印製引誘、暗示使人爲性交易之傳單，廣爲散發，招徠顧客至其經營之「有女侍陪酒唱歌」之ＫＴＶ酒店消費之時間已達近月，其間是否果無人接受廣告，因而至該酒店消費，與該店女侍發生性交易之結果，尚非全無可疑，實情究何？原審未進一步詳予查明，率以「兒童（未成年者）及少年性交易防制條例第二十九條所規範者，係以對未滿十八歲之少年、兒童（未成年者）爲性侵害者爲限」，而以被告散發之傳單，「其上所載文字並未觸及引誘未滿十八歲之少年、兒童（未成年者），使之爲性交易之內容，其上之圖像，亦無法認定係未滿十八歲之少年、兒童（未成年者），而有利用該宣傳品引誘他人與未滿十八歲之人爲性交易，且更難據該傳單內容即遽而認定被告確有使人爲性交易之行爲」云云（原判決第一頁反面倒數第一、二行，第二頁正面第五行至第八行），而爲被告無罪之諭知，尚嫌速斷而不足以昭折服，檢察官上訴意旨指摘原判決違法，非無理由，認應發回更審，期臻翔適。

15.同註10。

16.同註11。

17.此法之「兒童（未成年者）」泛指青少年與兒童（未成年者），其年齡層次主要指十八歲以下。

18.一九九九年五月二十二日法律第五十二號。

19.陳慈幸，日本少年犯罪與少年法修正之研討，中輟生研討會研討論文，二〇〇〇年十二月，頁。

20.例如日本「對於未成年人買春行爲等色情行爲相關處罰暨未成年人保護法」當中，所謂未成年人之定義爲十八歲以下之未成年人（兒童（未成年者））（參閱「對於未成年人買春行爲等色情行爲相關處罰暨未成年人保護法」第二條規定），此與我國將未成年人各分屬「兒童（未成年者）」與「少年」二面向稍有不同，惟其性質大致相似。

21.本部分參考日本東京警視廳調查資料所改寫而成，http://www.avis.ne.jp/~police/seian/shonen/jidou-q.a.htm，2003/11/15造訪

22.山本功，社會問題としての「淫行」—東京都青少年条例の改正をめぐる攻防—，中央大學大學願研究年報文學研究科26，1997，頁121以下。

23.飯田守，「いん行」ないし「みだらな性行爲」の処罰規定...摘自「青少年条例　自由と規制の争點」，三省堂，1992年，頁120。

24.最高裁判所刑事判例集第39卷第6號，頁413-414。

25.參考陳慈幸，日本援助交際概況之探析：一種對於違反男女平權社會的反社會性行爲之思考，高雄少年法院青少年網路違犯行爲實務與學術研討會報告，二〇〇三年十二月十日。

26.此部分參照http://www6.plala.or.jp/fynet/2law-seisyonen-kenzen-ikusei-inko.htm，2004年4月12日參訪。

27.警察廳少年課監修·福祉犯罪注釋研究會編著，「注釋　福祉犯罪」，立花書房，1993年、頁36-42。

28.東京高判昭和50年3月10日家裁月報27卷12號76頁。

29.本案例中被告乃一國中英文教師，用電動按摩棒按摩自己班上女學生性器。

30.最決平成10年11月2日刑集52卷8號505頁。

31.最判昭和30年12月26日刑集9卷14號3018頁。

32.最判昭和40年4月30日裁判集刑155卷595頁。

33.東京家判昭和50年7月17日家裁月報29卷7號86頁。

34.山本功，社會問題としての「淫行」：東京都青少年条例の改正をめぐる攻防，中央大學大學院研究年報文學研究科26，1997年，頁121。

35.謝康，論賣淫制度形成的原因，法商學報第七期，頁310；張天一，引誘媒介性交或猥褻之問題檢討-以性交易行爲之可罰性爲中心，軍法專刊第47卷第7期，頁33。

36.以下係整理自李茂生教授《論性道德的刑法規制》之相關論述，同註11。關於性、勞動之機能與刑法規制之關聯，該文有相當深入且精闢之論述，頗值一讀。

37.黃榮堅，刑法妨害風化罪章增修評論，月旦法學雜誌第51期，頁84以下，1999年8月。

38.同註10。

39.黃榮堅，《基礎刑法學》（上），頁20，元照出版社，2003年5月初版一刷。

40.宮台眞司，援交から天皇へ，頁183，朝日新聞社，2002年。轉引自李茂生，.論性道德的刑法規制。

41.林山田，《刑法通論》（上），頁169，自刊，2001年10月七版二刷。

42.黃榮堅，《刑罰之極限》，頁227-246，元照出版社，1998年12

月一版一刷。

43.同註10。

44.在基本上，我們不接受以所謂的風化作爲本章犯罪的保護法益。本章犯罪，所要保護的具體法益依然是個人的性自主。因此，此處刑罰的前置化，在理論基礎上就有問題。至於以營利之意圖爲加重之要件，亦如上所述，並沒有正當性。黃榮堅，刑法妨害風化罪章增修評論。

45.例如日本查泰萊夫人的情人判決（最大判昭32・3・13）與我國的釋字407號解釋。其後，我國的判決幾乎全都是採用這類的主觀標準。

46.關於青少年涉及援助交際等原因，亦有學者鄭瑞隆提出「缺愛症候群」。
http://news.yam.com/bcc/life/news/200309/0200309240133.html，2004年4月15日參訪。

47.宮台眞司，援助 から 天皇へ，頁183（昭日新聞社，2002年）：引自李茂生（民91）。《論性道德的刑法規制》。摘自《台灣法學新課題》（一）元照出版，頁328。

國家圖書館出版品預行編目資料

組織犯罪與被害者學：二個犯罪論理之延伸概念
／陳慈幸著
－－初版．－－
嘉義市：濤石文化，2005【民94】
面；　公分
參考書目：面
ISBN 986-81049-1-2（平裝）
1.集團犯罪-論文，講詞等 2.被害者學-論文，講詞等 3.性犯罪-論文，講詞等
548.54807　　94004410

組織犯罪與被害者學：二個犯罪學論理之延伸概念

作　　者：陳慈幸／著
出 版 者：濤石文化事業有限公司
責任編輯：徐淑霞
封面設計：白金廣告設計 梁淑媛
地　　址：嘉義市台斗街57-11號3F-1
登 記 證：嘉市府建商登字第08900830號
電　　話：(05)271-4478
傳　　真：(05)271-4479
户　　名：濤石文化事業有限公司
郵撥帳號：31442485
印　　刷：鼎易印刷事業有限公司
初版一刷：2005年5月(1-1000)
I S B N：986-81049-1-2
總 經 銷：揚智文化事業股份有限公司
定　　價：新台幣450元
E-mail：waterstone@giga.net.tw
http://home.kimo.com.tw/tw_waterstone

濤石文化

濤石文化